LASOURCE

DÉPUTÉ A LA LÉGISLATIVE ET A LA CONVENTION

AF391489

In 27/
38141

LASOURCE

(22 janvier 1763 — 31 octobre 1793)

LASOURCE

DÉPUTÉ A LA LÉGISLATIVE ET A LA CONVENTION

D'APRÈS SES MANUSCRITS ET LES DOCUMENTS ORIGINAUX

(22 janvier 1763 — 31 octobre 1793)

PAR CAMILLE RABAUD

PASTEUR

PRÉSIDENT DU CONSISTOIRE DE CASTRES

> Quelqu'abondance qu'il y ait de ces sortes d'ouvrages,
> — biographies ou histoires provinciales, — nous souhai-
> terions qu'il y en eût encore davantage ; car ils seront un
> jour la substance de cette histoire dont le *Moniteur* ne
> nous a conservé que la trame chronologique.
>
> F. BRUNETIÈRE.

PARIS

G. FISCHBACHER, LIBRAIRE, 33, RUE DE SEINE

CENTENAIRE DE 1789

AVANT-PROPOS

Bien que décimés par une persécution de deux siècles et réduits à une infime minorité, les Protestants jouèrent dans la glorieuse révolution de 1789 un rôle important, hors de proportion avec leur petit nombre.

Onze de leurs pasteurs entrèrent à la Convention, et quelques-uns y défendirent avec éclat la liberté et la justice : — Julien de Toulouse, le plus radical, Maratiste même ; — Jean Bon S¹-André, ancien pasteur de Castres (1), montagnard qui, avec Carnot et Cambon, fut un des trois éminents administrateurs de la Convention et dont Michelet a pu dire : « Une telle foi fut en lui » qu'il créa en un moment ce qui s'improvise le moins, » une marine, et la lança ; et, lancée, il la monta, la mena » à l'ennemi. » (2) — Rabaut S¹-Etienne, un des plus

(1) Jean Bon S¹-André, nommé par le Colloque Général du Haut-Languedoc, le 13 juin 1775, pasteur à Castres, y exerça dix ans le Ministère Évangélique. Il fut Membre du Comité du Salut public, Délégué à la Marine, Préfet de Mayence, où il mourut en 1813, victime de son dévouement pendant une épidémie, « l'un des administrateurs les plus distingués de l'empire. »

(2) Michelet, *Hist. de la Révolution*, VI, 379.

beaux caractères de la Convention, dont la parole faisait autorité et qui paya de sa mort la modération de ses principes ; — enfin, Lasource, Girondin comme Rabaut S'-Etienne, doué d'une intrépide énergie, qui, par son éloquence, ses rapports, ses missions, son activité, marqua à côté des meilleurs, martyr aussi de son patriotisme et auquel Magloire-Nayral rend ce flatteur témoignage : « Le Ministre Protestant Lasource, qui fut l'un des » députés du pays Castrais à la Législative et à la Con- » vention, se fit distinguer par son éloquence, à côté de » Mirabeau et de Vergniaud. » Michelet l'appelle, à son tour : « Un illustre pasteur des Cévennes, éloquent, » honnête, sincèrement fanatique. »

L'histoire de Lasource est un sujet tout nouveau, une véritable résurrection ; car jusqu'ici cet homme hors ligne a été ou bien entièrement inconnu, ou bien très injustement méconnu par la plupart de ceux qui le connaissent.

Comment se fait-il que, dans les Assemblées politiques, alors et plus tard, l'élément protestant occupe une place relativement aussi grande ? La cause en est aux habitudes d'examen, de gymnastique intellectuelle qui, de bonne heure, aiguisent les facultés, élargissent les horizons, inspirent l'amour passionné de l'indépendance et font des protestants en général d'ardents apôtres du progrès et de la liberté. « Nobles Églises » Réformées, dit un écrivain catholique, qui, au milieu

» de l'universelle décadence, comptez encore tant d'âmes
» loyales et vaillantes. Courage! un grand avenir vous
» est réservé. » (1)

La vie si courte et si pleine de Lasource en est une confirmation nouvelle. Nous nous réjouissons d'avoir pu découvrir tous les détails biographiques inédits le concernant, comme aussi, dans le *Moniteur* et dans les *Mémoires du temps,* toute la partie politique de sa vie.

C'est le prochain Centenaire de notre grande Révolution qui nous a suggéré le dessein de classer et de rédiger tant de matériaux ensevelis dans la poussière de nos cartons. Alors que tant de publications célèbreront à l'envi cet événement universel autant que national, — nous sommes heureux à la pensée que l'Église Réformée apportera sa pierre, si petite soit-elle, à l'édifice commun; et que, par l'histoire de l'un de ses héroïques pasteurs, il sera démontré une fois de plus que la Réforme Française a toujours associé à une ferme foi chrétienne le plus pur amour de la Patrie.

(1) Montégut, *Revue des Deux-Mondes,* 1er décembre 1859.

PRÉFACE

« *Dieu est aussi nécessaire que la liberté au peuple français.* »
MIRABEAU.

La Révolution de 89, qui ébranla l'Europe, se fit d'autant plus sentir dans le petit monde protestant, que celui-ci avait lieu d'en attendre la restauration de ses droits si longtemps foulés. Elle s'annonçait comme une ère nouvelle, dont les opprimés et les petits avaient tout à espérer.

Il est vrai que quelques historiens, la calomniant dans son principe, ne lui assignent pour cause qu'une grossière question de finance. Sans doute, la nation était obérée par la guerre et la dilapidation. Le Roi, après avoir arraché aux courtisans leurs économies, au Parlement leurs impôts, aux capitalistes leurs emprunts, s'adresse aux privilégiés, aux nobles, au clergé ; la lassitude est générale, l'épuisement complet ; on reste sourd à toutes les sollicitations. Réduit aux abois, le monarque en appelle alors à la France entière, convoque les États-Généraux et met les Trois Ordres en demeure de combler le gouffre du déficit. Il semblerait, à ne juger les choses que sur l'apparence, que ce fut là le point de départ, mais il y avait plus, infiniment plus; et, au fond, la révolution, quand le roi prit ces mesures, était déjà accomplie dans les esprits. Les États-Généraux ne la firent pas, ils l'enregistrèrent ; ils mirent leur sceau à ce mouvement qui partait de loin et de bas.

Depuis longtemps, en effet, de nouveaux principes fermentaient dans la nation; l'ouvrage de Tocqueville sur l'*Ancien Régime et la Révolution* en fait foi. La Révolution couronnait le mouvement bien plus qu'elle ne le commençait; elle était le dernier terme d'une graduelle concentration de toutes les forces du pays en un foyer unique. Il y avait même plus : une cause toute morale, l'avènement de l'opinion, de l'opinion de tous se substituant au despotisme d'un seul; il y avait le puissant effort pour infuser l'égalité dans les mœurs nationales, pour acclimater le droit individuel dans les institutions, pour inaugurer la tolérance étouffée par les préjugés et les cruautés de caste.

C'est de cette hauteur que veut être considérée la commotion de 89; ainsi, au lieu de la rapetisser à la mesure d'un simple événement gaulois, on est contraint de lui assigner un caractère général, une portée universelle; de la considérer comme le levier qui, soulevant le monde politiquement, socialement, moralement, l'a transformé.

Magnifique résultat que le tumulte et la poussière de la première explosion ont pu voiler un temps, que certàins, dans leur intuition de l'avenir, pressentaient vaguement et que les historiens devaient peu à peu mettre en pleine lumière. Comment un peuple d'esclaves n'eût-il pas salué sa libération avec transport? Comment, en particulier, le peuple Réformé n'eût-il pas fait un vibrant écho aux voix de cet idéal et ne se serait-il pas jeté, ses pasteurs en tête, dans le courant nouveau, — comme autrefois les chefs d'Israël, quand ils menaient ses légions en terre sainte? Ils le firent; ils marquèrent dans le mouvement des esprits; et, s'ils avaient été plus nombreux, peut-être auraient-ils empêché la Révolution de rouler dans l'abîme. En tous cas, Lasource résista de son mieux et se laissa briser plutôt que de plier.

Ce ne fut donc ni l'enthousiasme d'une heure, ni la passion politique, ni la vaine gloire qui décidèrent quelques-uns de nos pasteurs, — tous du Midi, — à embrasser la cause de la Révolution, mais la seule attraction exercée sur leur conscience par les grandes questions qu'elle soulevait et par le besoin de concourir à la refonte sociale.

Lasource, avec sa loyale nature, n'obéit pas à d'autres mobiles. S'il se dérobe à l'humilité de son ministère et accepte un rôle militant sur une scène périlleuse, ce n'est que pour mieux servir les intérêts supérieurs de ses principes, de son Église et de sa Patrie : affaire de dévouement dans une période si troublée où, en perdant sûrement sa paix, il risque encore de perdre la vie ;

apostolat d'un autre genre que celui pour lequel il avait été consacré, au sortir de ses études théologiques; mais apostolat qui a sa grandeur et n'en conduit pas moins au martyre; on le vit bien.

Du reste, l'histoire entière de Lasource met en relief l'élévation de ses sentiments et de son but.

Plus on le connaît, plus on l'admire en dépit de ses défauts; car, à mesure qu'on pénètre dans l'intimité de sa vie, on constate qu'en lui, à l'inverse de tant d'autres, le caractère moral est à la hauteur du talent, si même il ne le dépasse; et, au milieu des déplorables défaillances dont on est témoin, ce spectacle ne vaut-il pas le plus bel enseignement?

LASOURCE

D'APRÈS SES MANUSCRITS ET LES DOCUMENTS ORIGINAUX

PREMIÈRE PARTIE

LE PASTEUR

—

CHAPITRE PREMIER

SES ÉTUDES ET SON MINISTÈRE

Famille, naissance et baptême de Lasource au désert. — Sa première instruction chez Bonifas-Laroque. — Son départ pour le séminaire de Lausanne. — Sa nomination de pasteur à Lacaune. — Son zèle, sa renommée. — Son mariage et son veuvage. — Il permute avec le pasteur de Roquecourbe et de Réalmont; sa maladie. — Son conflit avec la Commission ecclésiastique de la Province; sa violence; nouvelle maladie; suppléé par Barbey. — Son second conflit avec la Commission. — Il en appelle au Synode. — Son second mariage. — Son caractère.

> *Aucune autre satisfaction que celle de la conscience n'est dévolue aux ministres du Christ.......*

C'EST entre deux tourmentes, celle du désert et celle de la révolution, que le héros de notre histoire entre dans le Ministère chrétien. Aucune autre satisfaction que celle de la conscience n'est dévolue aux Ministres du Christ; aucune autre espérance que celle de la vie éternelle ne

les soutient. L'Église Réformée n'a derrière elle que
des ruines et en perspective que la misère et le péril.
Toute mutilée au sortir de la tempête, elle respire à
peine; et, dès ce premier jour, ni organisation, ni tem-
ples, ni groupes réguliers, ni fonds; hélas! et peu de
foi! Tout est à créer: voilà le champ d'action des pasteurs au milieu de difficultés, de privations, d'humiliations
sans nombre. Nul ne l'ignore, Lasource moins que personne; mais sa vocation parle plus haut que la misère du
temps; d'avance, il se résigne à tout et il entre dans la
phalange des forts (1).

Son nom était Alba (Marc-David), dit Lasource. Les
noms des pasteurs qui, pendant la persécution et peu
après, commencent par *La*, indiquent en général un nom
de guerre tiré d'une habitation, d'un domaine, d'un fait
quelconque; tels, dans nos contrées: Lacombe, Latour,
Larivière, Lafont, Laroche, Larroque, Lasource (2). Mais,
pour ce dernier, c'était plutôt originairement un simple

(1) Les lois contre les Protestants n'étaient pas abrogées et
leur application dépendait du bon plaisir des juges: les Ministres étaient censés proscrits ou condamnés à mort.

(2) Voici les noms de guerre de quelques-uns des pasteurs du
Haut-Languedoc; ces sobriquets étaient souvent pour eux le
moyen d'échapper à la mort.

Jean Sicard	s'appelait	Déjean.
Pierre Sicard	—	Duval.
André Grenier	—	Dubosc.
Jacques Sol	—	Eleios.
François Rochette	—	Laroche.
Bonifas	—	Larroque.
Jean Gardes	—	Armand.
André Jean-Bon	—	St-André.
Viala	—	Dumont.
Fosse	—	Richard.

moyen de se distinguer des autres Alba, nombreux dans le pays. Parmi tous ces Alba, citons entr'autres la famille du Girondin, composée de six enfants : trois garçons et trois filles; le Girondin était le troisième fils. Lorsque, après l'Edit de 1787, il fallut, pour l'état civil, que les protestants fissent la déclaration officielle de leurs mariages et de leurs baptêmes au Désert, — César Alba Lasource, résidant en son domicile de Crouzet, paroisse de la Souque, et dame Esther Amalric déclarèrent, le 6 octobre 1788, devant Jean-Joseph Peyronet, Conseiller du Roi, son juge châtelain de la ville et châtellenie d'Anglès, dans l'auditoire de ladite châtellenie, avoir contracté mariage le 30 août 1753 et avoir eu de leur mariage : 1° Jean, né le 29 juillet 1754; 2° Louis-César, né le 19 mai 1759; 3° *Marc-David*, né le 22 janvier 1763; 4° Esther, née le 14 janvier 1756; 5° Marie, née le 17 mars 1767; 6° Henriette, née le 31 octobre 1774. (A.) L'aîné Jean, notaire à Anglès, administrateur pendant la révolution du district d'Anglès, porta plus spécialement le nom d'Alba, dont héritèrent ses descendants. Avant 1789, les aînés recevaient le nom de souche, patronymique; les cadets en prenaient un autre; c'est ainsi que les cadets d'Alba s'appelèrent Lasource.

Le Girondin fut donc le troisième enfant de cette nombreuse famille; il naquit, non en 1749 ou en 1762, comme l'ont prétendu ses divers historiens, mais en 1763 et le 22 janvier; il n'avait donc que 30 ans et quelques mois, lorsqu'il mourut sur l'échafaud, le 31 octobre 1793.

Nous l'appellerons désormais Lasource, puisque c'est sous ce vocable populaire qu'il est surtout connu.

Il fut baptisé au désert le 19 mars suivant, par le Ministre Sicard; et, dans l'acte de baptême conservé dans les registres de l'Église de St-Amans-Val-Thoré, (1753-1792), est confirmée la date de sa naissance : 22 janvier 1763. (B.)

De bonne heure, s'éveilla en lui le goût du Ministère chrétien. Mais, pour donner cours à ses sentiments religieux, il fallait au préalable une solide instruction préparatoire.

Sous ce rapport, les ressources n'abondaient pas dans la ville et châtellenie d'Anglès. Force fut de s'adresser à un centre plus important, à Castres. Là, il fit ses premières études, sous la direction du savant pasteur L.-J. Bonifas, dit Larroque, l'auteur de *L'Élève de l'Évangile*. Dès 1768, Bonifas avait déjà commencé à consacrer ses loisirs, selon l'usage de l'époque, à l'instruction de quelques jeunes gens; Lasource et Durand suivirent ensemble ses leçons. Et nous voyons, dans un procès-verbal, le premier d'entr'eux inscrit au nombre des *Étudiants de la Province* : « Alba, dit Lasource, originaire d'Anglès, ayant
» manifesté son désir de poursuivre ses études pour par-
» venir au ministère, sur le compte qui a été fait du
» talent de ce jeune homme, il a été résolu de l'admettre
» à la place d'Étudiant de la Province et de le faire jouir
» de la pension de 120 livres qui y est attachée. Cette
» pension, qui commencera à courir de ce jour, lui sera
» comptée l'année prochaine à la tenue du Synode, en
» supposant que ledit jeune homme persévère dans ses
» bonnes intentions et nous donne de nouvelles preuves
» de son application et de son zèle. » (1)

La pension fut renouvelée chaque année jusqu'au

(1) Procès-verbal du Syn. prov. de Haut-Languedoc, art. 11, 1er juillet 1778.

4 mai 1780, où le Synode provincial de la Virbale ajoute 30 l. « à la pension de cinq louis accordée à Lasource, étudiant. »

La pénurie des pasteurs était grande, non-seulement à cause de la rareté des vocations en ces temps difficiles, mais encore à cause des maladies, conséquence naturelle de la pénible vie du Désert et des prédications, par tous les temps, sous la voûte du ciel. Alors, pour faciliter la carrière pastorale, nombre de vieux Ministres recevaient chez eux comme externes ou comme pensionnaires des jeunes gens qu'ils formaient à la connaissance des lettres, des sciences et des éléments de la théologie. Ainsi préparés par ce premier apprentissage aux études ultérieures du Séminaire de Lausanne, leur séjour à l'étranger se trouvait abrégé d'autant. Les pasteurs du Désert, vite usés ou brisés, devaient être souvent renouvelés.

Lasource se distingua chez le pasteur Bonifas par son intelligence, son travail et ses dispositions religieuses; et, sur le témoignage flatteur de son maître, le Synode provincial de Haut-Languedoc, tenu à la Teillardié (1), le 3 mai 1781, décida (2) que : « Marc-David Alba La-» source serait envoyé à Lausanne avec 150 livres pour » le voyage et avec la promesse formelle de se consacrer » au retour à la Province. » (C.)

Après quelques années de stage auprès d'un pasteur en exercice, les Étudiants étaient, en effet, dirigés vers la Faculté protestante de théologie de Lausanne, alors appelée Séminaire; et tous, avec l'engagement de servir à leur rentrée la province qui les y envoyait et les y

____

(1) Métairie entre Roquecourbe et Réalmont.
(2) Art. IX.

entretenait ; tel est le cas de Lasource ; il figure en 1781 sur la liste des Étudiants Français de Lausanne. On ne demeurait gu're que deux ou trois ans à la Faculté ; l'apprentissage du martyre était moins long que celui de la science. D'ailleurs, la pénurie des pasteurs, les pressants besoins des Églises, les leçons déjà reçues sous l'égide des vieux pasteurs, une maturité précoce ou des aptitudes exceptionnelles abrégaient la durée de cette haute instruction.

Aussi, lisons-nous dans le manuscrit des procès-verbaux des Synodes provinciaux tenus à la Virbale, quartier de Vabre, 13 mars 1784 : « Vu les inconvénients qui
» pourraient résulter, dans les circonstances actuelles (1),
» des épreuves de nos candidats des pays étrangers et
» de leur consécration parmi nous, il a été arrêté :
» 1° Il sera adressé vocation à M. Lasource et il lui sera
» envoyé 120 livres pour son itinéraire ; 2° Le vénérable
» Comité sera prié de l'admettre incessamment aux
» épreuves ; 3° Et, enfin, parvenu au St Ministère et
» rendu parmi nous, il sera affecté au service de Lacaune
» avec les émoluments ordinaires. » (2)

Conformément à cette délibération, Lasource reçoit à Lausanne l'imposition des mains. Son certificat de consécration est daté du 18 juin 1784 ; et il entre immédiatement dans le champ de l'activité pastorale, à Lacaune, ainsi qu'il ressort de l'art. IV du Procès-Verbal du

(1) L'année précédente, le subdélégué de l'Intendant avait prévenu les propriétaires ayant prêté des locaux pour les assemblées religieuses « de ne plus permettre que les protestants y
» tinssent leurs Assemblées. » Et, à cette occasion, Paul Rabaud écrit : « Il a donc fallu retourner au Désert. »

(2) Paris, *Biblioth. du Protest. Français.*

Synode provincial de Haut-Languedoc, tenu le 5 mai
1785, à la Virbale : « M. Lasource, de retour du Sémi-
» naire, revêtu du caractère de Ministre du St-Évangile
» et muni des attestations les plus honorables, s'est mis
» en possession de l'Église de Lacaune qui lui avait été
» affectée, dans laquelle il a déjà exercé le Ministère
» avec beaucoup de succès. En conséquence des témoi-
» gnages qui lui ont été rendus, tant de la part de ceux
» qui ont dirigé ses études à Lausanne que de la part de
» son Église, l'Assemblée le reçoit avec empressement
» au nombre des pasteurs de la Province et le confirme
» dans la dite Église avec le plus grand plaisir. »

L'Assemblée ne se prononçait qu'à bon escient sur
l'attestation, non banale, que le jeune Lasource empor-
tait de ses professeurs de Lausanne. Elle est couchée
tout au long dans le procès-verbal du Synode provincial
de Haut-Languedoc du 7 mai 1785 ; nous la transcri-
vons telle que : « Nous soussignés déclarons à qui il
» appartiendra que M. Marc-David Alba Lasource, ayant
» séjourné près de trois ans dans le seminaire français de
» Lausanne et s'y étant appliqué à perfectionner ses étu-
» des de langues, de mathématiques, de morale, de phy-
» sique et de théologie, nous a priés d'examiner les
» progrès qu'il a faits dans quelques-unes de ces scien-
» ces et de lui conférer, si nous l'en jugions digne, le
» caractère de ministre du Saint-Évangile. Sur quoi, et
» après des examens qui nous ont fait connaître les heu-
» reux talents que Dieu lui a départis et nous ont con-
» firmés dans l'idée avantageuse que nous avions de son
» génie, nous l'avons consacré avec joie, ne doutant pas
» que des talents si distingués, joints à la sensibilité de
» son âme, ne le missent en même de travailler avec

» succès dans la vigne du Seigneur ; nous l'avons consa-
» cré, par l'imposition des mains, le 18 juin 1784. Nous
» implorons ardemment les bénédictions du Très-Haut
» sur sa personne et son ministère, le recommandant à
» la tendre affection de nos frères en Christ et des
» Églises au service desquelles il sera appelé à consa-
» crer les heureux dons qu'il a reçus du Père de toute
» grâce.

» Lausanne. — *Les Membres du Comité.* »

Ses dons exceptionnels percent de bonne heure et font
pressentir une brillante destinée. Entré dans le Ministère sous les plus heureux auspices, il ne tarde pas à
justifier, à dépasser toutes les espérances.

D'abord, dans sa première Église de Lacaune, il
déploie un zèle ardent et des facultés oratoires de premier ordre. Il visite assidûment pauvres et malades ; il
adresse aux affligés des lettres de consolation. (D.) De
plus, il rayonne de Lacaune dans les Églises voisines,
notamment à Anglès, son village natal ; et, de toutes les
montagnes environnantes, on accourt, même de Castres,
pour entendre sa vibrante parole. Aussi, en peu de temps,
s'acquiert-il un grand renom ; on ne s'entretient partout
que de la précieuse recrue que viennent de faire les
Églises ; on se le dispute, et l'on comprend que la famille
de Galtier de Laroque, — l'une des plus marquantes de
la contrée, — lui donne une de ses filles en mariage :
Jeanne-Antoinette-Catherine, aussi distinguée par son
intelligence que par sa beauté. Elle avait deux sœurs et
deux frères dont l'aîné, Jean-Alexandre, devint le grand-
père des deux frères de Galtier de Laroque, résidant
actuellement à Sercourt (Tarn), derniers survivants d'une
antique et noble famille huguenote.

Les talents de Lasource et son extrême amabilité lui valent cette union inespérée ; car, en outre de la modestie de sa situation, il était marqué de la petite vérole. C'est le 24 avril 1786 qu'elle fut consacrée à Lacaune, par le ministère de Bonifas-Laroque, pasteur de Castres et son ancien maître. De cette union naquit un garçon, le 27 janvier 1787 : César-Alexandre-Antoine-Bienvenu, baptisé le lendemain et qui ne vécut que quelques jours. Cruelle douleur pour Lasource que la mort du premier-né, sur lequel se réunissent tant et de si douces espérances, longtemps caressées. A cette douleur devait bientôt s'en ajouter une autre, plus profonde encore, la mort de sa compagne bien-aimée qui, épuisée par ses couches et la mort de son enfant, le suivit de près dans la tombe, le 9 mars 1787. Ce fut pour Lasource un coup terrible, qu'il supporta avec une chrétienne et stoïque force, et qui, dans son orageuse et courte carrière, ne devait pas être le seul ; l'homme propose et Dieu dispose : précieuse parole, dont toute sa vie est un lumineux commentaire. (E.)

C'est justement l'année même de son mariage qu'éclata, en 1786, un pénible conflit entre ses paroissiens et lui et dans lequel, malheureusement, il n'a pas le beau rôle : Mathieu Pomier cadet le requiert de publier dans l'Église d'Espérausse, conformément à l'autorisation du Synode provincial, ses bans de mariage avec Marie Roucayrol, veuve Julien. Lasource consulte à ce sujet la Commission et le Consistoire de Castres ; la Commission, dans un premier arrêté du 23 mai, le somme de remplir au plus tôt les vœux du Synode en publiant les bans, sans tenir compte de la résistance de l'Église d'Espérausse, non moins « invalide » que les oppositions qui s'étaient antérieurement produites. Au lieu de céder, Lasource résiste à cette injonction. De nouveau saisie, la Commission, dans un second arrêté du 12 octobre, estime insuffisantes les raisons qu'il allègue ; lui inflige un blâme sévère ; taxe sa conduite de désobéissance formelle et en appelle au prochain Synode. En attendant, elle « autorise le suppliant à s'adresser à tel autre pasteur » de la Province, persuadée qu'il n'en est aucun, » M. Lasource excepté, qui ne fasse ce que le devoir » lui prescrira » (1). Cette mercuriale est signée des noms de : Crebessac, Durand, Lanthois, pasteurs, et de Fabre, Austry, Martin, Guibal, anciens. Pour s'exposer, si jeune, à un tel blâme et tenir, seul, tête à la Commission unanime, il fallait que Lasource fût doué d'une rare énergie. Sans doute, il la puisait en partie dans le sentiment de sa valeur personnelle ; mais son tempérament de feu et son esprit résolu qui souffraient difficilement la contradiction, y contribuaient bien aussi peut-être pour quelque chose. (F.)

Sur ces entrefaites, permutant avec un de ses collègues, il descend dans la plaine. La rareté des pasteurs les obligeait à se multiplier, à desservir les localités les plus distantes et à un échange de prédications qui, tout en allégeant leur tâche, répondaient aux désirs et aux besoins des troupeaux. Après deux années passées dans la haute montagne (1785-1787), Lasource échangea son Église de Lacaune contre les Églises de Roquecourbe et de Réalmont, toutes deux à la charge du même pasteur. Ce fait est relaté dans l'article 4 du procès-verbal du

(1) *Registre* des déclarations de la Commission, commencé le 23 mai 1788 ; archives du Conseil presbytéral de l'Église Réformée de Castres.

Synode provincial du Haut-Languedoc, tenu à la Virbale,
le 3 mai 1787 : « M. Lasource, pasteur de l'Église de
» Lacaune, d'accord avec son Consistoire, ayant
» demandé à l'Assemblée l'agrément de permuter avec
» un des pasteurs de la Province, et M. Lanthois, pas-
» teur de celles de Roquecourbe et de Réalmont, aussi
» d'accord avec son Consistoire, s'étant prêté aux vœux
» de ce confrère, — à condition toutefois qu'ils seraient
» libres l'un et l'autre de rentrer dans les Églises qu'ils
» desservent actuellement, lorsqu'ils auront des raisons
» de le désirer, — l'Assemblée a vu ce changement avec
» beaucoup d'édification et y consent avec plaisir. »

Le dernier acte signé de lui au Registre ecclésiastique
de Lacaune porte la date du 25 octobre 1787 ; et c'est à
partir du 25 novembre 1787, que l'on constate au bas des
actes religieux la signature de Lanthois, son successeur.
On peut supposer que la question de son second mariage,
ajoutée à des considérations de santé, ne fut pas étrangère à son changement de résidence.

Quoi qu'il en soit, le voilà dans une situation plus en
vue, près de Castres où se concentre l'activité politique
de la région, où les orages politiques trouveront un
puissant écho et où lui-même, en relation avec les nota-
bilités du pays, sera poussé dès la première heure, par
son ardente nature, dans le courant du jour (1).

On a déjà vu fonctionner les ressorts intimes de l'organisation ecclésiastique du temps pour le placement et
le déplacement des pasteurs. J'en retrouve la trace dans

(1) Castres était alors Chef-lieu du Département. — La trans-
formation des Provinces en Départements avait été faite par la
Constituante, le 15 janvier 1790.

tous mes manuscrits : dès 1760, la restauration des débris de nos Églises était largement avancée et le fonctionnement des Synodes, régulier. Rien ne se faisait plus sans la sanction des Consistoires et des Synodes. Dans l'intervalle de leurs réunions, une Commission composée de pasteurs et d'anciens du district demeurait chargée de l'exécution des décisions prises et de l'administration générale (1). C'est aux bons offices de cette Commission que Lasource doit encore recourir, quelques mois à peine après avoir été mis à la tête des Églises de Roquecourbe et de Réalmont. Gravement atteint par la maladie, il obtient de la Commission qu'elle se réunisse à Roquecourbe, le 3 octobre 1787. Il y expose le triste état de sa santé, produit un certificat de médecin, se fait dispenser de ses fonctions jusqu'à son rétablissement et reste libre de sa résidence dans la circonscription de la Province. Les pasteurs de Castres, Bonifas, Nazon, Armand, desserviront, à sa place, l'Église de Roquecourbe et le tiers de celle de Réalmont, dont les deux autres tiers resteront à la charge provisoire du pasteur Richard (2).

C'est peu de temps après, 21 février 1788, que se réunit à la Capelle, près de la Teillardié, la Commission renforcée des autres Ministres de la Province. Elle s'occupe de l'Edit de Tolérance octroyé en novembre 1787, 102 ans après la révocation de celui de Nantes. Son art. 1er déclarait que le Catholicisme continuerait à jouir *seul* du culte public; mais il n'en accordait pas

---

(1) C'est donc à tort que M. Pédézert soutient que « nos pères » n'ont connu rien de pareil aux Commissions Synodales. » *Christianisme au XIXe siècle,* 23 août 1888.

(2) Registre de la Commission.

moins aux Réformés le droit de vivre en France, d'y exercer une profession, de s'y marier, de faire constater les naissances par le juge du lieu, de régler les sépultures. En somme, malgré les restrictions, c'était la reconnaissance légale des protestants français. Grande aussi fut la joie des Églises ; et nous la surprenons dans l'art. 1er du procès-verbal de la Commission : « Après la
» lecture faite de l'Edit donné au mois de novembre 1787,
» nous avons unanimement reconnu qu'il avait été dicté
» par la plus haute sagesse ; que, par conséquent, nous
» devons faire tout ce qui dépend de nous pour contenir
» les fidèles confiés à nos soins dans un juste milieu entre
» le murmure et le triomphe. » En outre, l'art. 2 stipule :
« Que les bans de mariage continueraient, après l'Edit
» de tolérance, à être publiés ; que les mariages seraient
» bénis, que les parties exhiberaient le certificat de la
» publication des annonces faites sans opposition devant
» la porte des Églises ; que les parties devraient de suite
» déclarer leur mariage au juge et que les pasteurs tien-
» draient toujours leurs Registres. »

Lasource assiste à ces délibérations ; sa santé s'est donc raffermie. On le voit encore assister au Synode Provincial de Haut-Languedoc, tenu le 1er mai 1788, où, malgré ses vivacités, il est assez apprécié de ses Collègues pour être nommé Secrétaire et, de plus, Membre de la Commission de la Province avec Bonifas-Laroque.

Mais à peine remis et ne ménageant pas ses forces, il est ressaisi par son mal. Son tempérament n'était sans doute pas très robuste ; car, à deux reprises durant son court ministère, il est assez malade pour suspendre toute fonction ; et, plus tard, à Paris, c'est son état de santé qui lui valut la faveur d'une incarcération au Luxembourg, tandis que ses Collègues se trouvaient entassés à la Conciergerie. Le voilà donc, une seconde fois, contraint de recourir aux bons offices des pasteurs qui l'entourent. Dans une séance de la Commission tenue à Castres le 15 décembre 1790 et renforcée de Crebessac, ministre de la Province, de Jaffard, ministre de Mazamet, — Bonifas, ministre à Castres, se récusant, — un Membre fait observer que la santé de Lasource ne lui permet pas de porter seul le poids des deux Églises de Roquecourbe et de Réalmont et qu'il l'a chargé de prier la Commission de lui adjoindre « M. Barbey, ministre suisse (1), » connu déjà dans le pays sous les rapports les plus » avantageux ; son Église y accède » (2). La Commission approuve provisoirement cette combinaison, sous la réserve de la sanction définitive du prochain Synode. Nous trouvons, justement à cette date, dans nos papiers une lettre de Lasource à M. de Caudaval, corroborant ce que nous savons de sa santé et laissant entrevoir la nature de son mal. (G.)

Aucun événement saillant ne marque plus la vie de Lasource jusqu'à sa nomination de député. Bien que ressentant vivement le contre-coup des événements qui se déroulent dans la capitale et qui secouent la France jusqu'en ses derniers recoins, il se consacre en entier à ses devoirs pastoraux ; ce qui est établi par le nombre de ses sermons manuscrits, presque tous longs, fortement travaillés, composés en six ou sept ans, que réduisirent même deux graves maladies. Son ministère,

(1) Grand-père de M. Barbey, Sénateur, ancien Ministre de la Marine et des Colonies.

(2) Registre de la Commission, Archives du Conseil Presbytéral de Castres.

d'ailleurs était dévoré par la cure d'âme, particulièrement absorbante à cette époque de restauration, où les Églises se relevaient de leurs décombres. Il faut compter aussi les luttes particulières que suscitait parfois à Lasource son ardente nature. Les registres de l'Église de Roquecourbe en portent la trace : une nouvelle dispute éclate entre lui et un de ses anciens, Ch. Montchatre ; il est vrai que, cette fois, elle se termine à son honneur, puisque Montchatre, dans la séance du 30 avril 1791, exprime son regret des paroles qui lui étaient échappées à l'adresse de son pasteur, et que celui-ci consent à raturer au procès-verbal les termes dans lesquels la discussion s'y trouvait couchée.

Mais il n'en fut pas de même pour un incident beaucoup plus sérieux que relatent les procès-verbaux du 9 août 1791 de la Commission ecclésiastique de la Province. Non-seulement au Champ-de-Mars, mais dans les moindres villages, on avait célébré, avec un grand appareil, la fête de la *Fédération* du 14 juillet 1791, pour prêter un serment solennel à la Constitution nouvelle. On l'avait célébrée à Roquecourbe comme ailleurs; et, à cette occasion, quelques jeunes gens s'étaient signalés par des démonstrations un peu bruyantes. Lasource ayant fulminé contr'eux une excommunication du haut de la chaire, le 16 juillet, ils adressent une plainte à la Commission ecclésiastique. Celle-ci, en vue d'amener la pacification, désigne Jaffard et Nazon, pasteurs, Guibal et Martin, anciens. En cas d'insuccès, ils ont pour mission de procéder à une enquête et de formuler, à la suite, un jugement qui ne serait rendu qu'après comparution des parties dans l'Église de Castres. L'insuccès des commissaires fut complet. Ils déclarent, dans

un long *Rapport,* que Lasource les a reçus avec uue extrême violence ; qu'il repousse l'autorité d'une Commission qui s'est réunie sans lui alors qu'il en est membre ; qu'on n'a pas le droit de se mêler des affaires de son Église ; qu'il méprise la plainte ; qu'il ne veut ni médiation, ni conciliation ; qu'il ne connaît pas la Commission. Cela fait, il se répand en invectives et en menaces contre quiconque entreprendrait de s'immiscer dans toute cette affaire ou oserait porter un jugement contre lui. Pendant que Nazon essuyait cette bordée, surviennent les deux autres commissaires, Jaffard et Martin, qui reçoivent un accueil « plus mortifiant encore et qui en- » tendent des choses que la charité ne permet pas de » répéter, » dit le *Rapport.* Ainsi battus, les commissaires se réfugient à l'hôtel, où Lasource les rejoint aussitôt. Là, on s'évertue à lui faire entendre raison ; peine inutile. On n'en peut obtenir que la déclaration suivante : « MM. Jaffard, Nazon et Martin m'ayant notifié qu'ils » avaient été députés pour prendre connaissance des » récriminations que quelques membres de mon Église » font contre moi, et pour terminer cette affaire, après » avoir vu les personnalités injurieuses répandues dans » un *Mémoire* revêtu de cinq signatures et pesé d'autres » motifs que j'exposerai en temps et lieu, je me suis dé- » terminé à remercier MM. les Commissaires de leurs » bons offices et à déclarer que je désire être jugé par le » Synode, devant lequel tribunal j'évoque l'affaire, afin que » lui seul prononce après m'avoir entendu, récusant tous » autres juges et rendant par là toute médiation inutile. » Roquecourbe, 8 août 1791. — Signé : *Alba Lasource.*
Vu le *Rapport* précédent, la Commission surseoit à tout jugement, « jusqu'à ce que le temps et des cir-

» constances plus favorables permettent d'agir d'une
» manière plus conforme aux Règles de la discipline et
» à l'esprit d'ordre et de paix dont il convient de ne
» jamais se départir. » (H.)

De ce qu'il est seul contre tous, il ne s'ensuit pas qu'il
ait tort; il a même le droit d'en appeler du jugement
de la Commission à celui du Synode; mais il n'en reste
pas moins qu'il a contre lui les Pasteurs et les Anciens
les plus considérables de la Province, et que, dans ses
relations avec eux, dans son langage, on ne discerne pas
l'esprit de douceur et de paix dont ils font preuve à son
égard. Tout au contraire, le feu de son âme éclate en
un transport de colère et d'âpreté. Et dans ces moments
d'éclat, l'homme étouffe en lui le ministre, alors que le
ministre eût dû commander à l'homme. Ce qui n'empêchait pas qu'il ne remplît fidèlement son devoir, qu'il ne
déployât un grand zèle, et qu'en toute occasion il n'obéît
aux mobiles les plus élevés et les plus purs. Mais, absolu
et irascible, il s'abandonne trop facilement à la chaleur
du sang, quitte à le déplorer ensuite, au retour de la
froide raison. Il manque de la possession de soi-même;
méridional à tempérament extrême, de bonne heure
l'impétuosité, l'énergie, apparaît comme son trait dominant. Ainsi doué, son cœur dut naturellement vibrer
avec force au premier souffle révolutionnaire de 89. Les
âmes passionnées sentent vivement et s'épanchent au
dehors en ardentes manifestations. Dès lors, on comprend que Lasource soit entré dans le mouvement politique avec d'autant plus d'enthousiasme qu'il y a été
entraîné par le flot populaire, et qu'il ait salué avec
enthousiasme, dans la Révolution, le triomphe des droits
sacrés et foulés de son Église.

L'issue de son conflit avec la Commission ecclésiastique ne nous est point connu ; — peut-être même n'y en eut-il point ; car, il se produisit à une époque si rapprochée de son élection à l'Assemblée législative que, vraisemblablement, le Synode ne put se réunir dans l'intervalle et trancher la question.

Lasource, du reste, était alors absorbé par d'autres préoccupations. Il avait eu, à Roquecourbe, l'occasion de connaître et d'apprécier la famille de Noir de Cambon, qui occupait un rang distingué et dont les membres étaient ses paroissiens assidus. Portant son double deuil depuis plus de cinq ans et demi, il forme le projet d'associer une nouvelle compagne à son ministère et à son foyer. En conséquence, il demande et obtient la main de Mademoiselle Jeanne-Antoinette de Noir de Cambon, issue de noble Honoré de Noir de Cambon, ancien capitaine de cavalerie, décédé, et de Jeanne-Esther de Ladevèze de Rotolp. La mère et la fille habitaient le château de Cambon, sur l'Agoût, quelques kilomètres en amont de Roquecourbe ; et par ces temps de malheur, la jeune fille, née le 10 novembre 1752, avait dû être baptisée à Castres, dans l'Église de la Platé. (I.)

Le mariage se célébra le 9 septembre 1791, après que les publications en eurent été faites, sans opposition, aux portes de l'Église catholique, conformément aux clauses de l'édit de tolérance du 17 novembre 1787. Il semblait que ce mariage dût, comme un baume, guérir les meurtrissures de son cœur ; mais, nommé à l'Assemblée Législative, contraint de partir huit jours après ses noces, il devint la proie d'un irrésistible engrenage d'événements. Comme s'il était prédestiné à ne pas goûter les joies du foyer, il ne revit jamais sa femme. Immédiate-

ment réélu à la Convention et ne pouvant ni retourner
auprès d'elle, ni l'appeler auprès de lui, absorbé qu'il
était par de terribles luttes, il sacrifia son bonheur à sa
Patrie et mourut tragiquement, à la fleur de l'âge, désolé
d'être éloigné de sa compagne dont il parlait avec un
poignant regret à Miss Héléna Williams, dans sa captivité du Luxembourg, à la veille de monter sur l'échafaud ;
mais n'anticipons pas (1).

Les grands événements qui le jettent dans le feu de la
bataille lui font perdre de vue ses petites querelles avec
quelques-uns de ses paroissiens et de ses collègues. Les
questions de la rénovation universelle qui agitent les
esprits s'emparent de lui et le poussent dans une tout
autre sphère, où il déployera, avec ses talents, sa véhémence naturelle. C'est le 15 septembre 1791 que, pour la
dernière fois, son nom figure au Registre des procès-
verbaux de l'Église de Roquecourbe.

Mais, avant de le suivre dans l'arène enflammée de
Paris, dans le champ des drames politiques, il convient
d'apprécier son œuvre oratoire, qui laisse entrevoir déjà
le puissant tribun. Ses sermons, d'où s'échappent des
jets de flamme, sont la révélation d'un orateur plein de
force ; d'un homme à vigoureuses convictions, nerveux,
emporté, destiné à monter courageusement sur la brèche
et à partager avec Isnard l'honneur, si c'en est un, de
porter à la tribune de la Convention les propositions les
plus extrêmes et des réquisitoires sans mesure.

(1) Le parent le plus rapproché est maintenant M. Edouard
Lasource, de Mazamet, chevalier de la Légion d'honneur, et
l'un des industriels les plus considérés du Midi : petit-fils d'Alba,
notaire d'Anglès, et par conséquent petit-neveu du Girondin.

CHAPITRE II

LE PRÉDICATEUR

Le milieu ambiant. — L'Église et la Politique. — Ses sermons
et leur destinée. — Ses succès. — Son talent d'improvisation.
— Nature de sa prédication. — Son actualité. — Son royalisme.
— Style et fond. — Citations.

> « D'un côté, il touche aux derniers prédi-
> » cateurs du Refuge, et, de l'autre, il subit à
> » son insu l'influence d'une époque où tout se
> » résout en une morale assez commune. »

DEPUIS plusieurs années, soit lassitude de sévir
contre les Réformés, soit impuissance de les
vaincre, soit épuisement des forces vitales de
la nation par la perte des meilleurs citoyens,
un souffle d'apaisement se faisait partout sentir. Les
hommes les plus en vue, les plus populaires, travaillaient
à la restauration d'un état normal, à la restitution de
l'état civil des Réformés, c'est-à-dire à la reconnaissance
de leurs droits d'hommes et de Français.

Dès 1760, en dépit des vives réclamations du Clergé,
commença cette œuvre d'humanité et de réparation.
Sans être supprimées, les lois furent comme suspendues;
leur rigueur, presque partout tempérée. Administrateurs,
Magistrats, Militaires, rougissaient de la honteuse
chasse qu'on leur faisait faire à des gens dont la haute
moralité forçait l'estime. Une réaction générale se produisit après les horribles supplices que subirent à Tou-

louse, en 1762, un jeune pasteur de 25 ans, François Rochette, et les trois frères Grenier, après la torture de Calas et la retentissante affaire de Sirven qui, durant 9 années, excita l'inépuisable verve de Voltaire. Enfin, grâce à l'influence des politiques et des philosophes du XVIIIe siècle; grâce à quelques hommes généreux, dont la mémoire doit être éternellement bénie, Rippert de Monclar, Servan, Gilbert de Voisins, baron de Breteuil, Rulhières, Lafayette, Malesherbes, — l'Edit de tolérance, couronnant vingt années d'efforts, fut signé en novembre 1787.

Il s'en suivit un soulagement universel, comme un renouveau qui tourna les cœurs pleins d'espoir vers l'avenir (1). La prédication de Lasource porte l'empreinte de ce bienfaisant événement. C'est dans ce milieu, tout vibrant des souvenirs du passé et des espérances de l'avenir, que se forme sa mâle parole. De là, la double note de sa prédication : ses larmes, son deuil

(1) Nous en trouvons l'écho dans une lettre, peut-être inédite, de Voltaire, sans date et sans adresse, écrite à un de ses amis, Ministre à Genève, la veille de l'Edit de Tolérance, et qui porte bien le cachet de sa tournure d'esprit : « Enfin donc, mon cher » philosophe, la population ne sera plus un crime. Il sera per- » mis à des citoyens de se marier. Des citoyens, des compatrio- » tes auront un état. L'Edit sera bientôt donné et enregistré » dans tous les Parlements. Voilà les jours du bon Henri IV » revenus et les jours de la philosophie qui commencent à » luire. Dieu veuille qu'il n'arrive rien à la traverse qui dérange » d'aussi bons commencements. Dieu veuille que la raison fasse « autant de bien que la superstition a fait de mal. Cette nouvelle » est bien sûre et vous pouvez y compter. Je m'en félicite avec » vous; je félicite tous mes compatriotes. L'ami de Louis XV » est aussi bon que celui de Henri IV; et M. de Choiseuil sera » pour la France un second Sully. »

sur Sion désolée et les frémissements de joie dont il salue la fin de la désolation. D'un côté, il touche aux derniers prédicateurs du *Refuge,* à Saurin entr'autres, qu'il rappelle par ses défauts et sa force entraînante. De l'autre, il subit en partie, à son insu, l'action du XVIIIe siècle voltairien, époque essentiellement irréligieuse où, — le dogme étant voilé, — tout se résout en une morale assez commune qui, détachée de sa base, manque à la fois de sève et d'efficacité.

Mais c'est par le détail, par des citations choisies, que Lasource doit être surtout apprécié dans les divers points qui, réunis, constituent le caractère de sa prédication. Il a laissé 57 sermons manuscrits, peut-être plus, qui devaient bien durer une moyenne d'une heure ou une heure et demie; quarante-quatre, demeurés la propriété de défunt Auguste Lasource, l'un de ses petits-neveux, ont été placés sous nos yeux. Les autres furent prêtés par la veuve du Girondin à l'ancien pasteur de la Rochelle, Fau, quand il n'était encore que simple étudiant de Roquecourbe. Se parant des plumes du paon, le jeune étudiant donna les sermons de Lasource comme siens, à la Faculté de Théologie, où ils produisirent un étonnement général. Mais la découverte du larcin fit cesser l'étonnement, pour la plus grande confusion du coupable.

Plus tard, — 1813 à 1817, — recopiés et lus aux Cultes d'Anglès et de Lacrouzette quand le pasteur était absent, ces sermons continuèrent à édifier l'Église et permirent d'appliquer à Lasource le mot appliqué au juste Abel: « Quoique mort, il parle encore » Héb. XI, 4. On conservait et l'on se transmettait dans les familles la profonde impression qu'ils avaient produite, quand ils furent entendus pour la première fois. Ils tranchaient

sur la médiocrité commune ; ils rappelaient les orateurs
du *Refuge*. On était fier du lustre jeté par ce jeune pasteur sur l'Église sortant de ses cendres. Sa réputation
grandit rapidement, et bien des faits l'expliquent :
d'abord, l'appréciation exceptionnellement favorable de
ses professeurs de Lausanne et des Synodes Provinciaux
du Haut-Languedoc ; puis, l'enthousiasme des foules
qui se pressent autour de sa chaire ; enfin, certains traits
apportés par la tradition et qui révèlent en lui, outre un
rare talent oratoire, une merveilleuse facilité d'improvisation : je tiens de mon père, qui le tenait lui-même de
Barthès, que ce dernier ayant fait passer à Lasource, au
moment de monter en chaire, un texte baroque avec
prière de le développer à l'instant, Lasource ne lui avait
jamais paru plus éloquent. Une autre fois, un dimanche
matin, se rendant au Culte à Roquecourbe, Lasource
traverse la place, lieu habituel de promenade ; pour
éprouver sa force, les promeneurs lui proposent de
prêcher sur un texte qu'ils lui donnent, et il répond un
quart d'heure après à leur défi par une admirable prédication. La tradition raconte encore l'histoire de la recon-
ciliation des deux frères Coustals, de Roquecourbe, à la
suite d'un de ses émouvants appels ; monté en chaire
pour édifier son troupeau sur un passage quelconque de
l'Écriture Sainte, et apercevant dans l'auditoire les deux
frères ennemis, qui ne s'y rencontraient jamais ensemble,
il s'abandonne à une inspiration soudaine ; et quittant le
sujet médité, il saisit au vol celui du pardon ; il parle avec
tant de persuasion et de force, que les deux frères vivement émus, fondent en larmes, se jettent à l'issue du
Culte dans les bras l'un de l'autre et se jurent une éternelle affection.

Mais il faut reconnaître que si Lasource improvisait à merveille et déployait une puissance qui, plus tard, lui fera faire si bonne figure sur un plus grand théâtre, ses sermons étaient généralement dépourvus de l'onction, de la saveur chrétienne, qui forment une des qualités essentielles du genre. Ce qui dominait en eux, c'était la force, et souvent la force est exclusive de l'onction. En outre, sa prédication porte l'empreinte d'une orthodoxie décolorée et des tendances philosophiques de la fin du XVIIIe siècle (1). Il respire l'air ambiant, et, malgré lui, il s'assimile la pensée contemporaine. Comment s'abstraire de son siècle et s'élever au-dessus de lui dans une entière indépendance ? Sous la fascination de Voltaire et de Rousseau, les foules sont comme irrésistiblement poussées dans les voies de la religion naturelle, qui devient l'opinion courante ; elle envahit jusqu'aux sanctuaires. Prêtres et pasteurs, insouciants des inconséquences, sacrifient plus ou moins au Dieu du jour ; c'est le goût, la fièvre du moment qui s'empare des cœurs ; on ne songe pas à réclamer davantage, et, certainement, un retour aux rigides austérités de la vieille théologie eût détonné dans ce milieu déiste.

Il n'est plus question que de « l'Être suprême », de « l'Architecte de l'Univers », du « Grand Être », appellations convenues plutôt que réalités vivantes, et rarement il est parlé du Père Céleste, toujours présent, toujours aimant, du Sauveur Jésus-Christ, de son esprit, de sa vie et de sa perfection à réaliser. Il ne reste, au

----

(1) Dans ses trois sermons sur la *Divinité de la Religion*, il identifie l'Evangile avec la doctrine orthodoxe, qu'il décompose en un certain nombre de dogmes ; pour lui, admettre ces dogmes, c'est être chrétien.

fond de la cornue des abréviateurs de la religion, vers la fin du siècle, qu'un résidu sans énergie, une morale étiolée. L'Évangile en soi, avec ses féconds principes, s'est évaporé comme le parfum du vase, et son divin Fondateur n'apparaît plus que comme un philosophe moraliste, un sage à l'instar des sages de la Grèce, le simple porte-voix d'un nouveau progrès. Le réduire à ces proportions, c'est ramener en arrière sa sublime mission. C'est faire rétrograder la piété chrétienne jusqu'à la piété juive, jusqu'à la piété de l'Ancien-Testament. La philosophie sensualiste ayant atrophié les profondes aspirations, les nobles douleurs de l'âme, toute l'apologétique se résume dans le miracle. Plus de correspondance intime, vibrante, entre la vérité chrétienne et le cœur pour lequel elle est faite. La base éthique manque pour appuyer la foi ; et, dès lors, on n'a plus à s'adresser qu'aux syllogismes du raisonnement, à la preuve externe, au saisissement de l'imagination par le prodige. Le prodige devient la clef de voûte du Christianisme, tandis que le Christ, fondant la foi sur l'expérience personnelle, sur la corrélation de l'âme avec la vérité, s'était écrié : « Heureux ceux qui ont cru sans avoir vu ! »

Mais c'est l'esprit du temps et nul ne s'y dérobe, pas plus Lasource que ses collègues. Tous les sermons de la fin du XVIIIe siècle et du commencement du XIXe sont frappés à la même marque ; le souffle qui les traverse suffirait à les dater. Tous exhalent, plus ou moins, le vague sentimentalisme de Rousseau et versent dans sa déclamation, sans offrir en échange son admirable éloquence et ses traits de génie.

Le premier des sermons de Lasource, appelé par lui-même *Sermon d'entrée* et qu'il dut donner le jour de son installation dans son église d'Anglès, roule sur *les devoirs du pasteur* (Actes, xx, 28). Parfaitement approprié à la circonstance, il expose : 1° les devoirs du pasteur envers lui-même ; 2° ses devoirs envers son troupeau ; 3° les motifs de ces devoirs. Il est surchargé de subdivisions, d'apostrophes, de redondances, mais il déborde de vie ; c'est un torrent de laves brûlantes. Nous y distinguons ce passage qui montre la sérieuse vocation de Lasource pour le saint ministère : « Nous sentons que notre goût » décidé pour le ministère, que le penchant que nous » avons eu pour se saint état dès notre plus tendre » enfance, que le vif désir d'y parvenir qui nous a tou- » jours animé, sont des mouvements particuliers de » l'esprit de Dieu, qui a bien voulu nous appeler, dans » sa grâce, à répandre en tous lieux la bonne odeur de » sa connaissance. »

Ce sermon remonte au premier jour de son ministère; mais bien avant, à Lausanne ou même à Castres, sous Bonifas, il s'était déjà exercé et avait entr'autres composé un sermon sur *le Secours de Dieu pour triompher des tentations* (I Cor. x, 13), in-18, forte couverture, indiquant le fréquent usage qu'il en comptait faire et portant en note, de sa main, ce souvenir intéressant : « Le pre- » mier que j'ai fait en 1779, quand je commençai mes » études pour le désert. » Par conséquent, lorsqu'il était encore en cours d'instruction à Castres, chez le pasteur Bonifas-Laroque.

Selon les errements de la vieille homilétique qu'ont suivis Saurin et les prédicateurs protestants du XVII° siè-cle, il compose en général ainsi ses sermons : Exorde, terminé par une invocation ; — explication du texte ; — division ; — tractation en trois points ; — subdivision de chacun en trois ou quatre autres ; — enfin péroraison.

Dans son sermon des *Tentations*, il développe son sujet en ces trois points : 1° tableau des tentations; 2° secours détaillés de Dieu; 3° leur efficacité pour les vaincre. Après deux allusions aux circonstances du temps, il indique le culte public comme un des secours de Dieu contre la tentation et s'exprime ainsi : « Nous pourrions » entonner des cantiques de louanges et d'actions de » grâce. Les voies de Jérusalem sont redressées, les » chemins de Sion sont aplanis; un calme heureux suc- » cède enfin à la plus violente tempête; enfin, nous » sommes à l'abri des exils et des chaînes; plus heureux » que nos pères qui ont si long-temps gémi sous le glaive » accablant de la législation, nous avons le bonheur de » pouvoir librement et sans danger glorifier notre » Dieu...... »

Dans sa péroraison, il démontre l'efficacité du secours de Dieu, par l'expérience : « .....Vous qui étiez autre- » fois des chrétiens timides ou indolents et séparatistes, » on vous a vus, à votre gloire, vous arracher à l'erreur et » à l'indolence; et nous vous voyons aujourd'hui, à notre » grande satifaction et à l'édification de l'Église, attachés » fermement à cette foi et à ce culte dont vous aviez » suspendu et abandonné la profession. » Si l'on ne peut pas dire de ce premier sermon : coup d'essai, coup de de maître, on y trouve néanmoins des qualités essentiel- les de suite dans la pensée, de précision, de clarté, de vigueur, révélant un esprit d'élite et qui, généralement, font défaut aux premières œuvres, presque toujours vagues et chevauchant sur des sujets divers.

Les mêmes procédés, les mêmes germes et les mêmes taches apparaissent dans les Nᵒˢ 2, 3 et 4, sur la *Divinité de la religion chrétienne,* qu'il prouve par son dogme, son culte, sa morale (II Tim. iii, 16, 17). Au lieu de pénétrer dans les entrailles du Christianisme, et d'en faire jaillir l'esprit nouveau, cette vie divine qui transforme, il n'effleure que la surface, s'en tient à un pur intellectualisme ; n'y saisit qu'une sèche doctrine qu'il dissèque et réduit à neuf vérités capitales ; lesquelles, détachées du cep divin, sont comme des sarments coupés, sans sève, ni fraîcheur.

Peut-être les deux sermons suivants : « Vous êtes le corps de Christ », font-ils un peu exception à ses habitudes scolastiques. Néanmoins, au lieu de creuser philosophiquement son sujet, ou de fouiller psychologiquement le cœur humain, il pose une thèse, à l'instar des docteurs du Moyen-Age, et la développe avec les arguments rationnels de l'école : 1° Comment l'Église est-elle le corps de Christ ? 2° Devoirs envers le corps de Christ, c'est-à-dire l'Église. Nous détachons de ce second sermon sur l'Église un fragment qui, en mettant en relief le genre de Lasource, donnera en même temps à connaître la situation spirituelle du temps, l'abandon où était tombée la discipline vers 1780.

« *Premier devoir des Membres de l'Église :* Ils doivent
» être soumis aux lois de ce corps. Les préceptes de
» l'Évangile sont, sans doute, les premières lois que
» l'Église doit suivre, lui ayant été donnés par son Maî-
» tre et son Chef suprême. Mais comme ces lois ne
» considèrent l'homme qu'en général, sans entrer dans
» le détail de toutes les circonstances particulières où
» peut se trouver chaque fidèle, l'Église a donné à ses
» Membres un nouveau code qu'on a coutume d'appe-
» ler *Discipline ecclésiastique.* Les maximes évangéliques
» y sont développées avec ordre, expliquées avec clarté
» et appliquées avec précision aux divers cas sur lesquels

» le code divin semble garder le silence. Les lois de
» cette nature sont, ce semble, bien importantes et
» *devraient être connues* de chaque Membre de l'Église,
» afin que chacun fût instruit de la conduite qu'il doit
» tenir, pour ne troubler jamais l'ordre, l'édification et
» la paix. Cependant, combien de mes auditeurs qui
» *ignorent même l'existence* de ce code ! Quel plus grand
» nombre encore qui s'embarrassent peu du règlement
» qu'il renferme, qui n'ont jamais eu la louable curiosité
» de le mettre sous leurs yeux ! Des lois de cette nature
» ne sauraient être négligées sans porter un coup mor-
» tel à la religion et à la vertu. Sans cette police reli-
» gieuse, chacun abusant du silence de l'Écriture sur
» divers cas, tordant les expressions des auteurs sacrés
» au gré de ses passions et de ses caprices, s'érigera
» dans son cœur un tribunal en dernier ressort, n'écou-
» tera d'autres décisions que les siennes propres, envisa-
» gera comme permis ce qui est très illicite et se con-
» duira la plupart du temps au grand scandale de son
» prochain. Funeste contagion ! Ravages affreux de
» l'exemple ! Ce pécheur scandaleux est bientôt imité de
» ceux qu'il scandalise : le vice s'étend, l'amour de la
» vertu s'affaiblit, cette charité qui édifie ne règne plus
» dans les cœurs et la piété est ensevelie sous le poids de
» mille désordres qui se sont introduits dans l'Église, à
» l'ombre de la négligence criminelle de cette discipline
» sacrée, qu'on n'a pas mise en vigueur pour les arrêter
» dans leur principe et les étouffer dans leur source.

» Quoi donc de plus nécessaire que cette police reli-
» gieuse pour maintenir dans l'Église le bon ordre et la
» pureté des mœurs ! Quoi de plus indispensable ! Mais
» en même temps, *quoi de plus négligé !* Combien de

» fois ne s'éloigne-t-on pas des institutions primitives
» renfermées dans ce précieux Code ! Combien de lois
» dont on envisage l'exécution comme impossible ! Com-
» bien d'articles auxquels on refuse de se conformer,
» sous le prétexte d'une modération et d'une prudence
» déplacée, quand il s'agit d'avancer la gloire de Dieu,
» et qui annoncent beaucoup plus le relâchement et la
» faiblesse que le zèle prudent et circonspect ! Hélas !
» M. F., s'il existe une discipline, s'il *est des lois reli-*
» *gieuses, où sont-elles?* Dans le fond des Bibliothèques
» et jamais dans le fond des cœurs : *elles ne sont plus*
» AUJOURD'HUI *que des instruments antiques abandonnés*
» *à la poussière, à la rouille et dont on ne fait aucun*
» *usage.*

» Sur qui doit retomber la honte de cette criminelle
» négligence ? Sur les pasteurs et les consistoires ! Sans
» doute, ils sont répréhensibles de ne pas veiller avec
» plus de soin et travailler avec plus de force à l'exécu-
» tion des lois religieuses. Mais l'esprit d'insubordina-
» tion et d'indépendance dont le pécheur est animé ne
» rendrait-il pas toujours leur zèle inefficace et leurs
» efforts inutiles? Si nous voulions éloigner de la table
» du Seigneur ce pécheur audacieux qui est un scandale
» à ses frères; si, comme dans les premiers siècles, nous
» voulions contraindre cet autre à faire, en face de
» l'Église, l'aveu de la pénitence des péchés criants ; —
» si nous voulions poursuivre le vice avec le zèle coura-
» geux des Nathan, des J.-Baptiste et des St Paul, —
» que de rebellions ouvertes ne verrions-nous pas dans
» cette Église ! Que de pécheurs audacieux qui, loin de
» rentrer dans le devoir, se joueraient de nos censures,
» fouleraient aux pieds notre tribunal et secoueraient

» hardiment le joug de la discipline et celui de la reli-
» gion! Que prouve cette réflexion? Une vérité bien
» affligeante! c'est que nous ne sommes plus dans ces
» heureux temps où les pasteurs, armés du glaive de la
» Parole, arrêtaient les empereurs à la porte des Tem-
» ples et leur reprochaient leurs crimes à la face des
» peuples; c'est que nous ne sommes plus dans ces heu-
» reux temps où la discipline en vigueur pouvait retenir
» le pécheur et réprimer le désordre; c'est que nous
» sommes dans un siècle où le relâchement a étouffé le
» goût des vertus chrétiennes; où le pécheur, ne res-
» pectant plus la Religion, méconnaît l'autorité de
» l'Église et où les Membres de ce corps veulent en être
» indépendants, fouler les lois et donner cours à leurs
» désordres, sans avoir à redouter ni censures, ni ana-
» thèmes. »

Les plaintes de Lasource, si fondées soient-elles,
n'ont pas lieu de nous beaucoup surprendre; le peuple
protestant, sevré par la persécution des habitudes religieuses, vivant le plus souvent sans pasteurs ou loin des
pasteurs, grisé peut-être aussi d'indépendance à l'approche des grands événements de 89, ne partageait plus, au
même degré que ses pères, cette vénération des choses
saintes, cet amour passionné de l'Évangile, cette docilité
de soumission qui faisaient regarder jadis la privation de
la Cène, en un jour de fête, comme un châtiment sans
égal. Depuis, la situation, loin de s'améliorer, n'a-t-elle
pas empiré, et plus que jamais les doléances de Lasource
ne seraient-elles pas opportunes au milieu de nous?

Par sa méthode, sa force logique, sa chaleur entraînante, Lasource offre de frappantes analogies avec Jacques Saurin. Sans doute, il a moins d'envergure et surtout

moins d'éloquence pathétique ; il donne moins que
Saurin dans le travers des subtils commentaires du texte
précédant le sermon proprement dit ; ses divisions et subdivisions sont moins multipliées ; l'action du temps s'est
fait sentir et le progrès a eu raison de bien des abus.
Mais d'autre part, comme Saurin, jetant au début une
proposition, il en poursuit la démonstration avec une
dialectique serrée, une abondance et une force peu
commune qui, sans attendrir, ne laissent pourtant ni
indifférent, ni froid. Mort en 1730, Saurin avait rempli
La Haye et la Hollande entière du bruit de son génie
oratoire ; il passait, au *Refuge,* pour l'émule de Bossuet,
le Bossuet protestant. Aussi, attiré déjà par une ressem-
blance de nature, Lasource, selon toute probabilité, se
l'était proposé pour modèle, comme du reste le faisaient
la plupart des pasteurs de son temps. Dès lors, on s'explique en Lasource, non-seulement l'impétuosité, exclusive de la souplesse et des demi-tons, mais encore un
style tout d'une pièce, d'une rudesse conventionnelle
sur le libertinage, donnant à supposer ou de grands
excès, ou des oreilles peu chatouilleuses. Parfois, il
s'abandonne, en imitant Saurin, à une déclamation tenant
plus à la forme qu'au sujet lui-même, à des expressions
surannées ou passionnées, la plume toujours taillée pour
le superlatif. Abusant de l'apostrophe, de la prosopopée,
de l'antithèse, il laisserait croire, par son réalisme, qu'il
n'y a dans son auditoire qu'une réunion de débauchés,
d'avares, de fourbes, de ravisseurs, de scélérats. Quant à
Dieu, il ne le conçoit que comme le Dieu de l'Ancien
Testament ; on ne dirait pas que pour lui le Golgotha ait
été illuminé des divines miséricordes ; il en est resté où
en étaient les prophètes : au Juge d'Israël, au Jéhova du

Sinaï, au Monarque fort, jaloux, despotique, qui s'irrite, se venge, foudroye et précipite dans « l'abîme fumant » de feu et de soufre ». C'est ainsi que son sermon sur la *Résurrection spirituelle* (Eph. v, 14) pour Pâques : 1° Etat de sommeil et de mort ; 2° Ressources pour en sortir (Christ t'éclairera) ; 3° Notre devoir (Réveille-toi, toi qui dors), renferme de grandes beautés et une extrême énergie, mais un peu brutale, et des détails rebutants sur la mort et la décomposition des cadavres. Voici, du reste, en confirmation du jugement précédent, la péroraison de son second sermon sur : *Les devoirs des troupeaux envers les pasteurs.* I. Égarement des fidèles ; II. *a*) Leurs devoirs ; *b*) Quels motifs de les pratiquer : « Si le Ministère Évangélique n'est » pas dans le siècle où nous vivons d'une grande effica-» cité, il faut chercher en vous-même la cause de ce » malheur. Vous venez entendre vos pasteurs non dans le » louable dessein de mettre leurs exhortations en pra-» tique, mais dans l'intention curieuse et anti-chrétienne » de voir la manière dont ils les exposent, d'étudier » leurs gestes ou le ton de leur voix, d'éplucher leur » style....

» Et pourquoi cette dangereuse manie? Pourquoi ce » funeste abus ? Quel étrange aveuglement ! Croyez-» vous trouver en nous des philosophes brillants ou des » orateurs profanes ? Vous vous faites illusion ; nous ne » vous prêchons pas la philosophie ordinaire avec les » figures pompeuses d'une éloquence recherchée, mais » nous vous prêchons la parole de Dieu dans le langage » pathétique et simple d'un vrai ministre de Jésus-» Christ ; nous ne venons point à vous avec le discours » que la sagesse humaine emploie, mais avec les paroles

» qu'enseigne le Saint-Esprit. La simplicité évangélique
» doit toujours être notre guide ; puissions-nous ne
» nous écarter jamais d'un modèle si parfait ! et si vous
» avez à cœur de pratiquer nos instructions, puissiez-
» vous ne plus venir dans ce lieu par convenance ou par
» habitude ! Puissiez-vous ne plus chercher en nous le
» clinquant, le pompeux, le sublime ! Puissiez-vous
» vous souvenir que nous ne vous enseignerons pas des
» sciences d'agrément, mais la science du salut !

» Quel bonheur si nous pouvions espérer que vous
» ferez des efforts pour approfondir et pour pratiquer
» cette science précieuse ! Quel bonheur pour nous,
» M. F., si nos exhortations produisaient quelques
» fruits. Mais aussi, qu'il est douloureux de voir cette
» douce espérance que l'avenir faisait naître s'évanouir
» devant l'examen du passé ! Qu'il est douloureux de
» voir le ministère évangélique, sinon tout-à-fait ineffi-
» cace, du moins presque sans succès ! Tel le faible
» arbrisseau s'oppose en vain au cours d'une onde ra-
» pide, tel le pasteur impuissant s'oppose inutilement au
» torrent de la corruption. Ses exhortations sont comme
» la feuille que le vent emporte, et *sa voix comme l'airain*
» *qui résonne et comme la cymbale qui retentit. Il crie à*
» *plein gosier, mais personne n'écoute.* Il prêche, il cen-
» sure, il menace ; mais quelle est la conscience qui se
» réveille ? quel est le pécheur qui s'effraie ? O siècle de
» tiédeur ! tu es le tombeau des mœurs et le règne du
» vice ! Depuis quand n'a-t-on pas vu une émotion
» salutaire s'élever dans l'âme coupable ? Il n'est plus
» d'âme repentante, plus de gémissements, plus de con-
» version !

» Il faut cependant, M. F., se déterminer pour un

» parti ; il faut opter et agir. Je vous dirai aujourd'hui
» ce que le successeur de Moïse disait autrefois aux
» Israëlites : *choisissez maintenant qui vous voulez servir.*
» Voulez-vous servir vos passions ou l'Evangile, le vice
» ou la vertu, le monde ou votre Dieu ? Si vous avez ré-
» solu d'être inattentifs à nos discours, de négliger nos
» préceptes, de fouler aux pieds notre ministère, de con-
» tinuer votre train de vie sans tenir compte de nos
» exhortations et de nos censures ; si vous avez résolu
» d'être tièdes et impies, mondains et voluptueux, relâ-
» chés et grands pécheurs ; si vous avez résolu de
» tenir une conduite qui mène à votre perte, perdez-
» vous sans vous contraindre ou du moins sans vous
» couvrir du voile de la religion. N'appelez point de pas-
» teurs, pour vous ils sont inutiles. Ne venez point dans
» ce lieu ; comblez les chemins de Sion ; éloignez-vous
» des autels ; ne vous approchez que du monde ; ne
» vivez que dans le monde ; ne vivez que comme le
» monde ; ne vivez que pour le monde ; ne pensez jamais
» au Ciel ; ne faites rien pour le Ciel. Continuez à vous
» livrer aux torrents de vos passions ; continuez à en-
» freindre les lois sacrées de l'Evangile ; continuez à
» suivre la foule des criminels enfants du siècle ; conti-
» nuez à vous livrer à la corruption régnante ; continuez
» à vous souiller des ordures de tous les vices ; conti-
» nuez à vous repaître d'illusions et de chimères. Mais
» l'Eternel, votre Dieu, sera ému à jalousie, son cour-
» roux s'enflammera ; son bras menacera vos têtes ; ses
» carreaux vengeurs fondront sur vous ; l'abîme sera
» entr'ouvert ; l'étang ardent sera allumé ; la sentence de
» condamnation sera prononcée, et des tourments éter-
» nels vous déchireront à jamais.

» Que l'impie dise que je déclame ; qu'il croie que je
» veux vous plonger dans une vaine épouvante ; qu'il rie
» de mes menaces ! Je foule au pied ses dérisions ! Grand
» Dieu ! pourvu que tu m'approuves, je ne crains point
» d'improbation. Je remplis mon devoir, j'obéis à tes
» ordres ; je dénonce de ta part à ce peuple, je dénonce
» à tes enfants les châtiments qu'ils s'attireront s'ils
» abusent de mon ministère, et je te prends à témoin que
» je n'ai point tû ta vérité, *que j'ai averti le méchant*
» *d'abandonner son mauvais train, que j'ai délivré mon*
» *âme et que je suis net du sang* de tous ceux qui m'écou-
» tent, quoiqu'ils persévèrent dans leurs désordres et
» meurent dans leurs péchés ! (Ezech., III, 17.)

» Mais y mourriez-vous dans vos péchés et aurais-je la
» douleur d'être venu dans cette Église pour cultiver
» une terre ingrate, pour vous exhorter sans succès,
» pour prêcher inutilement et pour m'épuiser en vain... ?
» M. F., me fais-je illusion, ou vois-je couler quelques
» larmes ? Ah ! si j'ai eu le bonheur de parler à des cœurs
» sensibles ; si j'ai excité dans vos âmes quelques émo-
» tions salutaires, profitez-en, je vous en conjure, pour
» former des résolutions pieuses ; profitez-en, à l'instant
» même ; n'attendez pas que le monde ait étouffé ces
» bons mouvements ; vous sentez un vrai désir de retirer
» des fruits de mon Ministère, promettez à Dieu de
» réprimer vos passious et vos mauvais penchants ;
» promettez à Dieu de remplir les devoirs sacrés que
» nous vous prescrivons de sa part ; promettez à Dieu de
» vous corriger de vos vices, quand nous les censure-
» rons ; promettez à Dieu de vous retirer de vos désor-
» dres et de devenir plus vigilants, plus actifs, plus pieux
» et meilleurs Chrétiens ; promettez à Dieu d'augmen-

» ter le nombre de vos vertus en raison du nombre des
» jours que nous coulerons au milieu de vous.

» Malheur à toi, pécheur obstiné qui te refuses à ce
» serment! mon Ministère ne sera pour toi d'aucune
» efficacité ; tu es perdu dans tes vices, puisque tu n'oses
» pas même les abjurer ; ta malice est consommée et ta
» perdition inévitable! Dieu te menace, il tonne, il
» frappe ; je me décharge de tes fautes et je te livre à
» son courroux vengeur...! Mais prononcerai-je des
» *Maranatha et des Anathèmes* en prêchant l'Évangile de
» paix....? Oui, Seigneur, tu me l'ordonnes *et tu les ful-*
» *mines* toi-même par la bouche de tes apôtres contre
» quiconque ne t'aime pas! Oh! daigne donc aujour-
» d'hui toucher toi-même mes auditeurs; frappe sur
» eux un coup de ta grâce ; éclaire, atterre, convertis!
» Frappe sur eux un coup de ta grâce et arrache-leur le
» serment de t'aimer et de t'obéir! Frappe sur eux des
» coups réitérés de ta grâce et veuilles leur donner la
» force de tenir ce serment sacré! Veuilles qu'ils ne
» cherchent désormais qu'à te servir et qu'à te plaire!
» Veuilles qu'ils soient, par mes soins, régénérés et
» convertis! Veuilles leur accorder un jour et au pas-
» teur que tu leur donnes, la couronne incorruptible
» de gloire et de félicité. — Amen!

Dans presque tous ses sermons, on constate la présence de la force et l'absence de l'onction : « ...Malheur
» à toi, pécheur obstiné...., ta malice est consommée
» et ta perdition inévitable. Dieu te menace, il tonne,
» il frappe ; je me décharge de tes fautes et je te livre à
» son courroux vengeur.....! Mais prononcerai-je des
» Maranatha et des anathèmes en prêchant l'Évangile
» de paix? Oui, Seigneur, tu me l'ordonnes et tu les

» fulmines toi-même par la bouche de ton Apôtre contre
» quiconque ne t'aime pas. » La sommation, la menace,
la frayeur, tel était le moyen habituel de Saurin et de son
temps; et tel est aussi le procédé ordinaire de Lasource.
« Heureux si je vous sauve par la frayeur », s'écrie un
jour Saurin dans un de ses sermons, et comme de ses
sentiments terrifiants dont il est coutumier, il a parfois
obtenu des effets extraordinaires qui ont agité le peuple
des réfugiés et même la Hollande entière, rien d'étonnant qu'il ait fait école. Il ne faut cependant pas être
absolu; on ne peut pas dire que ce fut là un système de
prédication pour ses contemporains et ses successeurs
immédiats; chacun avait son genre, qu'il devait à sa com-
plexion spirituelle et physique, plus qu'à des principes
fixes. Je n'en voudrais pour preuve que l'éloquence si
onctueuse et si persuasive de Daniel de Superville,
jeune pasteur de Rotterdam, justement appelé le Féné-
lon protestant.

Outre leur valeur propre, les sermons de Lasource
offrent cet intérêt que, ne se bornant pas à des thèses
générales, ils sont actuels, réflètent les événements, les
mœurs, les pensées, les préoccupations du jour; ils sont
comme un écho des bruits qui passent; en sorte qu'on
y recueille de précieux renseignements sur l'état de la
religion, de la politique, des habitudes de son temps.
Ses deux sermons sur la *Décadence de la Religion*
(Lament. de Jérémie, v, 16) : « La couronne de notre
» tête est tombée; malheur à nous, parce que nous avons
» péché »; donnent une idée de l'état de la religion à
cette époque. Le premier de ces sermons établit d'abord
que la religion en elle-même est comme une couronne,
symbole de gloire et de puissance; puis, que cette cou-

ronne est tombée : « Pourquoi faut-il qu'après ne vous
» avoir entretenus que des grandeurs et des royautés,
» nous ne vous parlions maintenant que de bassesse et
» d'ignominie? Pourquoi faut-il que nous n'ayons relevé
» le prix de la religion que pour en déplorer la perte?
» Pourquoi n'avons-nous eu le plaisir de vous prouver
» qu'elle est la plus belle des couronnes que pour avoir
» la douleur de vous montrer qu'elle est tombée.....?
» Mais nous ne pouvons étouffer la voix de l'expérience;
» elle nous crie fortement que la religion est presque
» éteinte : 1° On n'en étudie et l'on n'en croit presque
» plus les vérités ; 2° On n'en célèbre presque plus le
» culte; 3° On n'en pratique plus les vertus ». Ces trois
points sont développés avec une implacable hardiesse,
avec une rude éloquence, que déparent le mauvais goût
et des expressions surannées. Voici le début du second
point : « S'il n'y a presque plus de foi, on ne célèbre
» presque plus de culte. Appellerez-vous célébration du
» culte divin les faux hommages que vous rendez à l'Être
» Suprême? Venir dans son temple sans préparation; y
» lier, en arrivant, des conversations profanes; y être
» sans recueillement; écouter sa sainte parole sans
» attention et sans respect; l'invoquer du bout des lèvres,
» sans foi, sans ferveur et sans zèle; s'y livrer aux dis-
» tractions, aux plans, aux projets, aux soins du monde;
» en sortir sans avoir corrigé une habitude, détruit un
» vice, versé une larme de repentance et, souvent même,
» sans avoir formé une bonne résolution; sont-ce là les
» hommages d'une âme pieuse, sainte, *qui rompt son*
» *cœur et non son vêtement?* Est-ce là le culte que Dieu
» nous demande? N'est-ce pas beaucoup plutôt un vain
» dehors de piété et une odieuse hypocrisie ?

» Encore refuse-t-on de rendre à Dieu ces faux
» hommages ; et, non content de lui offrir un faux culte,
» on pousse le relâchement jusqu'à se permettre, s'il
» faut ainsi dire, de ne lui en offrir aucun. Qui assiste
» assiduement aux exercices religieux ? A qui portent
» la parole les prédicateurs chrétiens dans ce qu'on
» appelle grandes villes ? Au commun peuple. Les gens
» comme il faut, les grands, les nobles, le beau monde,
» ont des soins bien plus pressants que celui de servir
» Dieu. Il faut une fête solennelle, il faut une com-
» munion, il faut un jeûne pour les arracher quelques
» instants à leurs dissipations et à leurs plaisirs. C'est
» beaucoup s'ils ont paru dans nos saintes assemblées
» quatre, cinq, six fois dans le cours d'une année; c'est
» beaucoup s'ils ont participé aux Sacrements. Combien
» qui n'y ont pas participé depuis plusieurs années, ne
» ne se sont pas même présentés publiquement devant
» l'Éternel! Crois-tu, grand du monde, ô homme pétri
» d'une vanité insensée, crois-tu déroger à ta grandeur
» en t'humiliant devant Dieu ? Crois-tu que ce n'est qu'à
» ton inférieur selon le monde, qu'à ce que tu appelles
» bas peuple, à célébrer assiduement le culte divin ?
» Crois-tu que, parce que tu as de l'or et des titres, tu es
» dispensé de rendre hommage à ton Créateur ? Crois-tu
» qu'il ne te donne cet or et ces titres que pour mécon-
» naître sa Majesté et te soustraire à son service ?
» Crois-tu qu'il ne te donne un rang élevé dans la
» Société et dans l'Église que pour y devenir un sujet
» *d'escandale, d'achopement et de chute ?* que pour y
» donner à tes semblables l'exemple du relâchement et
» de l'impiété, et que pour les entraîner dans l'indévo-
» tion par l'ascendant que te donne sur eux et tes biens,

» et ton rang? Malheureux! C'est toi, c'est toi qui pré-
» cipites la chute de la religion, qui enflammes le cour-
» roux de l'Être Suprême et attires ses carreaux ven-
» geurs sur l'Église! Misérable ver de terre, dépouille-
» toi de ton orgueil et crains ce Dieu Tout-Puissant que
» tu braves, en lui refusant tes hommages et le culte
» assidu que tu lui dois?

» M. F., faudrait-il aller bien loin pour trouver les
» objets de cette apostrophe? Combien de fois la plus
» légère indisposition, la moindre affaire, le plus vain
» prétexte ne vous retiennent-ils pas dans vos demeu-
» res, loin des autels du Seigneur! Combien plus sou-
» vent encore les plaisirs du monde, la paresse, l'indé-
» votion et la tiédeur ne vous empêchent-ils pas de
» venir dans ce saint lieu pour rendre hommage à
» l'Éternel, dans l'assemblée de ses enfants! Ah! que le
» zèle s'est ralenti parmi vous, M. F., depuis qu'il nous
» est permis de vous porter la parole! Comme vous
» vous empressâtes, d'abord, de venir écouter nos dis-
» cours! Comme vous bravâtes plusieurs fois les rigueurs
» de l'hiver! Comme vous vous rendîtes dans ce saint
» lieu avec une sainte ardeur! Vous y venez encore, il
» est vrai ; mais déjà, vous n'y venez plus avec le même
» empressement ; déjà, tous les dimanches, quelques-
» uns de vous abandonnent nos *mutuelles assemblées ;*
» déjà, vous commencez à ne plus braver le temps le plus
» rigoureux ; déjà, il faut que nous soyons les premiers
» à sonner du cor, à assembler le peuple et à vous dire :
» Prenez vos familles, quittez vos demeures, *venez, mon-*
» *tons, à la montagne de l'Éternel.* J'avoue que le relâ-
» chement est plus près encore de son origine que de
» son comble; j'avouerai même, si vous voulez, qu'il

» semble encore naître à peine ; mais si vous ne voyez
» qu'une étincelle, je vois de loin un incendie ; je vois,
» dans l'avenir, votre zèle se ralentir, à mesure que vous
» vous habituerez à entendre la voix des serviteurs de
» Dieu ; je vois dans l'avenir les chemins de Sion déserts,
» ses sanctuaires abondonnés, la piété éteinte, l'indévo-
» tion portée à sa dernière période. Dieu veuille détour-
» ner ce sinistre augure et cette funeste prédiction que
» je tremble de voir un jour accomplie ! Dieu veuille
» que je ne prophétise aujourd'hui que rêverie et men-
» songe ! »

A part quelques locutions inusitées qui étaient dans
le ton de la chaire, derniers restes de style réfugié et
imités peut-être de Saurin, « autels du Seigneur, che-
» mins de Sion, carreaux vengeurs », quelle énergie de
langage et de raisonnement ! et quel flot oratoire ! Comme
il rappelle la constante histoire de ces églises qui, le premier jour, se dressent autour du pasteur, peu à peu
délaissé et finalement réduit à l'impuissance ! Quels
éclairs prophétiques : « Je vois dans l'avenir les chemins
» de Sion déserts, ses sanctuaires abandonnés, la piété
» éteinte, l'indévotion portée à sa dernière période! »
Comme il voyait juste à une distance de cent ans ! Que
son tableau est vivant et qu'il semble tracé d'hier, fidèle
photographie de ce qui se passe sous nos yeux, avec la
différence aggravante que, de nos jours, le relâchement,
au lieu d'être « plus près de son origine que de son comble », est au contraire « plus près de son comble que de
son origine ! » L'ensemble de ce discours est remarquable et, par sa valeur et son actualité, serait avec quelques
autres digne de l'impression, n'était que cette denrée
n'a plus de cours. Il est tout entier de l'écriture de La-

source, que j'ai collationné avec sa signature et des lettres de lui.

A mesure qu'on s'approche de l'époque révolutionnaire, Lasource, l'esprit ouvert et le cœur chaud, prend sa part de l'élan national et laisse ses effusions déborder dans sa prédication; la joie et l'espérance transpirent dans son langage, et Louis XVI, dont il devait plus tard voter la mort, reçoit son tribut d'hommages. Dans son sermon sur la *Soumission due aux puissances* (I Pierre, II, 13, 14), — qui fut lu dans le Temple d'Anglès, le dimanche 19 juin 1814, au sujet du retour de Louis XVIII, — il expose d'abord : *La nature du devoir de la Soumission;* puis, *Les motifs pour mettre ce dernier en pratique.* On lit dans une apostrophe : « Illustre maison de Bourbon,
» que les liaisons du sang unissent à notre Monarque,
» vous êtes aussi nos maîtres et nos souverains légitimes;
» nous reconnaissons votre autorité sur nos personnes
» et l'obligation où nous sommes de vous obéir...

» Grâce à Dieu, les tortures ont fait place à la tolé-
» rance. Le fanatisme furieux a fui devant une philoso-
» phie douce et chrétienne. La sagesse, la clémence, la
» bonté de notre auguste Monarque nous assurent la
» paix religieuse et bannissent toutes nos craintes sur la
» triste nécessité de désobéir aux ordres civils pour
» suivre le dictamen de nos consciences que nous croyons
» être la voix même de Dieu... »

Les instincts libéraux de Lasource étaient loin d'avoir encore pris tout leur essor ; il ne veut pas qu'on médise de l'État; les lois, dit-il, peuvent blesser les particuliers, mais elles tendent au bien-être général, et il l'établit par l'exemple suivant : « Par une loi fondamentale, l'aîné
» des enfants est appelé naturellement à la succession

5

» du père, au préjudice de ses frères, auxquels cette loi
» n'assigne qu'une plus modique portion des biens du
» défunt. Le politique prétendu glosera de cette règle ;
» les cadets d'une famille crieront à l'injustice ou mur-
» mureront sourdement. Egoïstes insensés! Cette loi
» dont vous vous plaigniez, perpétuant les fortunes dans
» les maisons paternelles, conserve par ce moyen des
» ressources à la nation. Cette loi, vous obligeant à
» vous vouer à des arts utiles, contribue à faire fleurir
» l'industrie et le commerce, l'art militaire et les scien-
» ces, et fait par là même la force et la grandeur de l'État.
» En vrais citoyens, sujets fidèles et bons patriotes,
» devez-vous murmurer et vous plaindre? Chacun ne
» doit-il pas postposer son propre bonheur au bien géné-
» ral de l'État.....? »

Voici un passage figurant sur une feuille annexée à ce
sermon et qui probablement n'est qu'une allusion à
l'Assemblée des Notables : « Grands de la nation, têtes
» respectables qui assistez de vos sages conseils le Monar-
» que bienfaisant qui vous a rassemblés autour de sa
» personne auguste, nos yeux sont fixés sur vous ; nos
» cœurs vous bénissent et vous embrassent ; nous som-
» mes ravis d'admiration et pénétrés de reconnaissance,
» quand nous voyons la noble audace avec laquelle vous
» avez porté la vérité au pied du trône et confondu le
» mensonge et la fraude. Nous attendons avec autant de
» sécurité que d'impatience les règlements qui émane-
» ront de l'auguste Assemblée dont vous êtes Membres.
» Marqués du sceau de la bienfaisance et de la justice,
» ils seront couronnés par notre obéissance ; nous som-
» mes prêts à les exécuter avec empressement. M. F.,
» vous inspirer cette soumission empressée est le but

» qui nous anime. Que votre conduite soit d'accord avec
» vos vrais intérêts ; n'oubliez pas que vous vivez sous
» un gouvernement qui vous désavoue. Si les règlements
» qui vont paraître trouvent quelque répugnance ou
» enfantent quelques propos indiscrets, que ce ne soit
» pas du moins dans cette classe de sujets qui, vivant
» ignorés, doivent obéir et se taire, — dans cette classe
» de sujets qui, suspects par leurs principes religieux,
» ne peuvent se justifier et se montrer fidèles que par
» un dévouement et une soumission sans réserve à
» toutes les lois du Souverain. · . . . . ·
· . . . . · . . . .

» Quel Prince mérita-t-il jamais à plus juste titre
» notre soumission et notre amour? Vous nous suppor-
» tez, Roi bon et clément. Vous ne frappez plus nos
» têtes du glaive des persécutions qui a été teint tant de
» fois du sang de nos malheureux pères. Vous avez
» détruit les bûchers, renversé les échafauds et aboli
» ces supplices cruels, dont nous étions les tristes vic-
» times. Echappés aux temps orageux, nous trouvons
» enfin le calme sous votre heureux règne ; enfin, nos
» biens et nos vies sont en sûreté ; enfin, la tranquillité
» règne dans nos âmes et la paix dans nos parvis. O
» Prince doux et bienfaisant, souffrez que nous don-
» nions essor à notre vive reconnaissance.....

» Et vous, chrétiens, qui par une faveur signalée des
» miséricordes divines, avez enfin échappé à la torche
» enflammée de l'intolérance qui a désolé pendant si
» longtemps nos malheureuses Églises; restes encore gé-
» missants de ces guerres religieuses qui ont fait fumer
» tant de sang et moissonné tant de têtes ; vous qui avez
» soupiré avec tant d'ardeur après une existence civile

» et une liberté religieuse, cherchez à mériter la conti-
» nuation de ces précieuses faveurs. Ce n'est pas uni-
» quement de votre Monarque que vous les avez reçues,
» mais plutôt du Roi des rois..... »

Ce langage si soumis, si humble, si adulateur et
dénotant une profonde inconscience des droits naturels,
n'avait rien qui pût faire pressentir, même de loin, le
fougueux Girondin. Et l'on n'était pourtant séparé que
par bien peu de temps du jour où, appelé à Paris, il devait
vite aboutir à une politique radicale, non-seulement
contre la Royauté, mais même contre la vie du Roi.
Pour l'heure, il se borne à s'écrier : « Vous nous sup-
» portez, roi bon et clément..... » Comme si l'absolutisme
était un pouvoir naturel et légitime ! Comme si les sujets
d'un roi étaient inégaux devant lui et devaient, les uns
avoir le droit de vivre libres, les autres le devoir d'obéir !
Une telle opinion sur les droits d'un chacun est à un
siècle de la *Déclaration des droits de l'homme;* et l'on y
touche ! Même l'*Édit de tolérance* qui allait être octroyé
n'eût point autorisé si peu d'exigence et de fierté. Peu
à peu tout cela changera, principes et langage. L'air est
déjà saturé d'électricité ; de nouvelles aspirations agitent
les cœurs ; les derniers sermons de Lasource en portent
la trace. On dirait qu'il s'y exerce au rôle politique qui
lui sera bientôt dévolu. Ecoutez ces vœux significatifs
dans son sermon sur *Le Compte des jours* (Ps. 90/12) :
1° Qu'est-ce que le compte des jours ? 2° Comment
faut-il le faire ? 3° Obstacles pour le faire et nécessité
du secours d'en-Haut......... « Agrée mes vœux,
» auguste Assemblée formée par la volonté paternelle
» de l'Arbitre suprême des Empires pour le bonheur de
» la nation que tu représentes et qu'il protége. Puisse-

» t-il présider au milieu de toi, soutenir l'esprit patrio-
» tique qui t'enflamme, dicter lui-même tes décrets, les
» couronner constamment *par l'adhésion des peuples,*
» dissiper et confondre les parricides complots des en-
» nemis de l'Etat et t'aider puissamment, dans sa sa-
» gesse, à conduire au dernier terme de sa perfection le
» grand œuvre de la régénération et de la félicité publi-
» que que tu as commencé si glorieusement !.........
» Agrée ces vœux, auguste Restaurateur de la liberté
» française, Monarque vraiment digne de régner sur
» nous ! Puisse le Roi des rois verser sur ta tête sacrée
» ses bénédictions les plus précieuses, prolonger tes
» jours pour le bonheur de tes peuples............ »
Alors, il ne se doutait pas que, sous peu, il contribuerait
lui-même à les lui abréger, toujours « pour le bonheur
du peuple »! Ce n'est pas qu'il ait jamais manqué de
bonne foi. Il en avait en parlant ainsi, tout comme il en
avait plus tard encore en tenant une conduite opposée.
C'est la fatalité des tempéraments extrêmes de se jeter
avec la même ardeur dans les agissements les plus contradictoires, brûlant aujourd'hui ce qu'ils adoraient hier.

Citons, enfin, un dernier morceau tiré de son *sermon
d'action de grâces pour l'Edit (1787) concernant ceux qui
ne professent pas la religion Catholique,* sur : « Rendez à
» César ce qui appartient à César et à Dieu ce qui ap-
» partient à Dieu. » (Math. 22/21.) La division du texte
forme la division de son discours. Le début ne manque
pas de grandeur, on y retrouve des réminiscences de
Saurin, avec l'enflure et les clichés ordinaires sur Sion
et Jérusalem : « Je ne chercherai pas, M. F., à vous
» retracer un souvenir douloureux. Je n'offrirai point à
» vos regards Sion couverte de deuil, baignée de ses

» larmes et trempée dans le sang de ses malheureux
» enfants. Pendant longtemps, il est vrai, nous nous
» sommes tenus auprès des fleuves de Babylone et nous
» avons pleuré, en nous souvenant de Sion. Pendant
» longtemps, nous avons suspendu tristement nos harpes
» aux saules du rivage. Pendant longtemps, les cruels
» enfants d'Edom ont crié sur la Ville Sainte : Saccagez,
» saccagez. Mais ils sont passés les temps où nous ne
» chantions les louanges de l'Eternel que dans les ombres
» de la nuit, dans l'obscurité des cachots, sous le poids
» cruel des chaînes, au sein des douleurs de la torture
» et aux pieds des échafauds. Jérusalem, qui as été de
» longtemps triste, abattue et déchirée ; Jérusalem, qui,
» tremblante encore, craignais de voir rouvrir à chaque
» instant tes plaies à peine cicatrisées, — ils sont passés
» enfin ces temps où tes vierges, prosternées au pied de
» tes Tabernacles fumants, faisaient retentir les airs de
» leurs accents lamentables, tes sacrificateurs de leurs
» sanglots et tes martyrs de leurs cris....... Ce glaive
» qui, jadis destructeur, veillait à notre porte, veille
» aujourd'hui à notre défense. Nous pouvons exercer
» nos professions et nos arts, sans trahir, couverts du
» manteau de l'hyprocrisie, la foi que nous professons.
» Nos nœuds conjugaux ne sont plus marqués du sceau
» qui les flétrissait aux yeux de la loi. Les tendres fruits
» qui en proviennent peuvent nous donner sans rougir
» le nom de père et réclamer, à ce titre, les droits que
» leur donne la nature et que la loi a sanctionnés. Nos
» biens, dont nous sommes devenus les possesseurs
» libres et les seuls maîtres, ne deviendront plus la proie
» de mains poussées par l'avidité, l'injustice ou la bas-
» sesse. La loi sage et bienfaisante qui assure notre

» repos, nos biens, nos droits, cette loi qui nous fait
» citoyens, étend sur nous sa protection jusques dans la
» nuit du tombeau et fait respecter jusqu'à notre cendre.

. . . .

» Ah! que ne peux-tu, ô notre auguste Monarque, être
» témoin de nos transports et lire au fond de nos cœurs?
» Tu les trouverais pleins de soumission et de zèle; tu
» les trouverais brûlants pour toi d'amour et de recon-
» naissance; tu trouverais en nous des sujets fidèles,
» moins soumis par nécessité et par devoir que par affec-
» tion et par goût. Oui, nous sommes prêts à sacrifier
» pour toi notre repos et nos biens ! »

Cette débordante effusion, qui s'explique par l'obten-
tion d'une paix inestimable et de droits longtemps rêvés,
donne à connaître la profonde impression produite dans
les Églises protestantes par l'Edit de tolérance. Elles
passaient de la mort à la vie, et l'on peut dire qu'en
épanchant ainsi son cœur si chaud, il est leur authenti-
que organe. Reste pour nous le mystère d'une si profonde gratitude envers un roi passionnément exalté et
d'un vote prochain qui fera tomber sa tête; il est vrai
que si l'intervalle fut court du Hosanna au crucifie, dans
cet intervalle, s'accomplirent des événements considérables qui durent bouleverser toutes les idées, et permettent de croire que ce vote fatal n'émane que d'une
conscience aveuglée. A cette époque d'éruption volcani-
que, chacun était poussé par les événements. Il en fut de
même pour Jean-Bon Saint-André, son double collègue
dans le Ministère et à la Convention.

Et maintenant, nous en avons assez dit sur la prédication de Lasource, et les citations de ses sermons sont
suffisantes pour qu'on puisse se faire une juste idée du

prédicateur. Il appartient à cette catégorie peu nombreuse de ministres qui, après les orages du désert, assistèrent et participèrent, sous l'impulsion des Antoine Court et des Paul Rabaut, à la restauration des Églises Réformées. A la double limite du Refuge et de la Révolution, il tient de l'un et de l'autre : du Refuge, par son style « sentant l'étranger », ses expressions surannées, ses subdivisions multipliées, et de la Révolution, par son enflure déclamatoire et sa véhémence. Ce qu'il a surabondamment, c'est la force. Du reste, avec la force il a l'originalité : il est lui-même, le fonds ne lui manque pas pour cela. Tout en imitant le grand maître Saurin, il a son talent spécial qui le place, sinon à côté de Claude et de Saurin, du moins immédiatement après, dans le rang des Le Faucheur, des Daillé, des Mestrezat. Le Tarn peut à bon droit se glorifier de lui. Ses discours sont nourris, mais plutôt de logique et de pensées morales que de la substance spirituelle de l'Évangile ; et, quoiqu'il professe l'orthodoxie, l'intellectualisme du temps, il semble que cette cuirasse extérieure n'a rien à démêler avec la conduite de la vie du cœur, pas plus qu'avec sa prédication. Si, d'après saint Cyprien, l'éloquence est la lumière de l'esprit et la chaleur de la volonté, l'éloquence de Lasource tiendrait plus de la première que de la seconde. A coup sûr, il éclaire par ses discussions nettes et serrées, par l'abondance et l'entraînement de ses pensées, en même temps que par sa vigueur à enfoncer le coin dans l'intelligence des auditeurs ; mais il ne dispose pas de cette chaleur persuasive, de cette subtile et douce sympathie qui s'insinue peu à peu dans l'âme et subjugue la volonté. En d'autres termes, Lasource est un puissant orateur religieux, en qui la fougue l'emporte et à travers lequel

on devine l'ardent tribun politique. Il n'a pas le secret
de faire vibrer les cordes pathétiques et de conduire aux
pieds de Celui qui est Amour : il rappelle bien plus le
tonnerre du Sinaï que la grâce du Golgotha.

A des degrés divers, tous ses sermons en sont la
preuve. Ne pouvant, ici, ni les analyser, ni même en
donner les titres, nous renvoyons ce travail aux pièces
justificatives. (K.)

SECONDE PARTIE

L'HOMME POLITIQUE — L'ASSEMBLÉE LÉGISLATIVE

—

CHAPITRE PREMIER

ENTRÉE DE LASOURCE DANS LA VIE POLITIQUE

Situation. — Disposition des esprits. — Sa popularité. — Son élection ; il part pour Paris et se range parmi les ardents. — Les partis de l'Assemblée. — Son début dans la séance du 1er octobre 1791. — Fréquente le club des Jacobins. — Son discours du 22 novembre contre les émigrés. — Appuie le rapport de Koch. — Son intervention dans l'affaire Delastre. — Orage à propos de St-Domingue, 5 décembre. — Son succès dans la question de Montmorin et Du Portail, 6 décembre 1791.

> « *L'homme s'agite et Dieu le mène.* »
> Bossuet.

L'IMPATIENCE du joug des Institutions féodales (1) et des impôts arbitraires, excessifs ; le vif besoin d'un nouveau régime financier ; les hivers rigoureux et les cruelles famines qui en étaient la suite ; l'aspiration naturelle à la liberté et à l'égalité,

(1) Voir la liste des 32 Droits féodaux ; Tocqueville, *Ancien Régime et Révolution*, p. 458.

d'autant plus ardente qu'elle avait déjà reçu un commencement de satisfaction (1), provoquèrent la réunion des États Généraux, le 5 mai 1789, à Versailles. Les 1200 Députés : 300 de la Noblesse, 300 du Clergé, 600 du Tiers-État, y apportèrent les doléances du pays tout entier; disons, en passant, que les doléances de la Communauté de Castres sont empreintes de modération et de sagesse (2).

Les États Généraux se transforment par le serment du Jeu-de-Paume en Assemblée nationale Constituante; et celle-ci, après la prise de la Bastille, la *Déclaration des Droits de l'homme,* la Constitution, la fuite de Varennes et cent travaux dont le moindre l'aurait illustrée, — se sépare le 29 septembre 1791 (3).

(1) Tocqueville, A*ncien Régime et Révolution.* p. 281.

(2) Estadieu, *Notes pour servir à l'histoire de Castres.* p. 124. Les députés de Castres sont : pour le Tiers-État, Ricard; — pour la Noblesse, le Comte de Lautrec; — pour le Clergé, de Royère, évêque de Castres.

(3) Sur la proposition de Lafayette, l'Assemblée décide de voter une *Déclaration des droits de l'homme et du citoyen,* pour servir de Préface à la Constitution; elle fut votée le 7 août et promulguée avec la Constitution, le 14 septembre 1791. — Quant à la Constituante, sa clôture fut prononcée après le retour et la rapatriation du roi avec la nation par son serment à l'Acte Constitutionnel. « La Constituante fut courageuse, éclairée, juste, et » n'eut qu'une passion, celle de la loi. Elle accomplit en deux » ans, par des efforts et avec une infatigable persévérance, la plus » grande révolution qu'ait jamais vue une seule génération de » mortels. Au milieu de ses travaux, elle réprima le despotisme » et l'anarchie, en déjouant les complots de l'Aristocratie et en » maintenant la subordination de la multitude. Son principal tort » fut de ne pas confier la conduite de la révolution à ceux qui » l'avaient faite. Dans sa passion de désintéressement, elle avait » décrété qu'aucun député ne pourrait être réélu, qu'aucun député

Mais, avant de se séparer, elle décide, par un excès d'imprudent rigorisme, qu'aucun Constituant n'entrera dans l'Assemblée Législative : double faute ; car, outre qu'elle exclut d'éminentes personnalités politiques, elle prive la Législative des gens d'expérience, et elle la remplit d'hommes nouveaux qui, indépendants de l'œuvre antérieure, déchaîneront la Révolution au lieu de l'endiguer.

Dès le début, les esprits sont profondément divisés. Lors de l'Assemblée Législative, la Société des Jacobins, ayant rempli la France de succursales, fait partout circuler son mot d'ordre : la République, toute la République, rien que la République. Les Feuillants lui opposent celui de : la Constitution, toute la Constitution, rien que la Constitution.

C'est le 28 août 1791 qu'en vertu de la loi du 8 août 1791 ont lieu, à Castres, dans l'Église des Jacobins (1), les élections pour l'Assemblée nationale législative. Sont nommés députés, avec 217 voix chacun, par les assemblées primaires de la sénéchaussée de Castres :

» ne serait Ministre. Elle se démit du pouvoir comme ces législateurs de l'antiquité qui s'exilaient de la patrie après l'avoir constituée. Une assemblée nouvelle ne pouvait s'attacher à consolider son œuvre, et la Révolution qu'il fallait finir fut recommencée ».

(1) Couvent des *Frères prêcheurs.* occupant le centre de la ville, l'emplacement de la Place Nationale actuelle. Le portail d'entrée se trouvait librairie Huc, rue Vieille-Halle ; il fut enlevé et appliqué à l'Église de Serviès, près Vielmur ; quant au clocher, il était librairie Bonnet, à l'entrée de la rue des Trois-Rois, ancienne rue Tourcaudière et, plus anciennement encore, rue basse des Jacobins, qui aboutissait, par une pente raide, à la rivière de l'Agoût.

Gausserand, juge au District d'Albi ;

Sancerre, commissaire du Roi près le tribunal du District de Castres ;

Audoy, Membre du Directoire du District de Lavaur ;

.. Lacombe Saint-Michel, Officier d'artillerie, Membre du Directoire du Département ;

Coubé, homme de loi ;

Espérou, Maire d'Albi ;

Le Roi de Flagis ;

Lasource, Ministre protestant ;

Laroque Labécède, Membre du Directoire du Département ;

Suppléants :

Gouzy, homme de loi ;

Meyer, Maire de Mazamet ;

Teissonnière, Curé de Gaillac (1).

Comment s'expliquer la présence de Lasource dans ce groupe des hommes les plus distingués de la région ? Il

---

(1) *Gausserand,* né à Albi, rôle politique nul, Membre du Comité d'Instruction publique et Président de la Cour de Justice criminelle du Tarn ; mort à Toulouse en 1814.

Lacombe Saint-Michel (Jean-Pierre), né en 1740, en Languedoc, capitaine d'artillerie, participa à la prise de la Bastille ; Jacobin déterminé ; combattit aux Tuileries, le 10 août ; envoyé à l'armée de Bayonne. Réélu à la Convention, vota la mort de Louis XVI ; commissaire en Corse, à l'armée des Ardennes. En 1795, membre du Comité de Salut public, du Conseil des Cinq-Cents qu'il présida en 1797 ; ambassadeur à Naples en 1798. Général dans les grandes guerres de l'empire. Mort inspecteur général d'artillerie en 1809, devant Holstante dont il dirigeait le siège.

Le Roi de Flagis (Joseph), avocat, favorable à la Cour ; ne parla jamais et publia un ouvrage : *De la nature et des bornes du pouvoir législatif.* Dénoncé par Chabot après le 10 août et mandé à la barre de l'Assemblée, il s'absente et écrit le lendemain à l'Asfait partie d'une minorité récemment proscrite ; il est pasteur ; il habite un village, Roquecourbe, dont les Registres d'Église portent son nom jusqu'au 15 septembre 1791, tout autant de circonstances défavorables. Comment donc est-il appelé, avec les plus notables, à représenter le pays ?

Il dut d'être nommé, en partie sans doute, à la vive réaction contre une intolérance exécrée qui avait couvert de ruines le sol de la patrie (1), et, en partie, à l'auréole que lui valait, si jeune, sa grande éloquence ; elle l'avait mis en renom dans la contrée ; un vieux registre de Lacaune porte cette mention significative : « S'il fût resté dans son état, il eût approché Saurin. » Castres était alors le centre de la région, et son club de Jacobins avait une origine très ancienne ; on peut le tenir, au dire de M. Aulard, pour le doyen des clubs politiques de France.

Fondé d'abord sous la dénomination de *Cercle de Castres,* il s'appela, à partir du 11 août 1790, *Société des Amis de la Constitution.* Dix-neuf sociétés populaires lui étaient affiliées dans la région en 1792 et, par un système de ramification, se rattachaient à toutes celles de France.

Il existait aussi un *Comité de Salut public départemental* et un *Comité de surveillance* à Castres. (L.) Toutes les questions politiques s'agitaient dans ces divers clubs,

semblée : « Je rétracte les principes de mon ouvrage et retire mon estime au Roi, dont la trahison m'est prouvée. »

Je n'ai rien pu savoir des autres députés à l'Assemblée législative.

(1) La Constituante avait décrété l'éligibilité des non catholiques aux fonctions publiques.

où l'on recevait d'ailleurs les Gazettes du temps ; le Club de Castres les recevait toutes ; c'est là qu'on désignait à la foule les gens les plus patriotes, les plus résolus, les plus éclairés. Lasource venait souvent de Roquecourbe à Castres, y prêchait, y suivait le mouvement général, ainsi que ses collègues. En était-il membre ? ou, sans en être membre, y parlait-il quelquefois ? Nous n'avons pu découvrir la moindre trace de sa présence dans les procès-verbaux en dépôt aux Archives départementales d'Albi ; son nom n'y figure pas une seule fois, et comme sa correspondance avec Nazon, de Castres (1), avait été brûlée par un ami lors de l'incarcération de Nazon qu'elle aurait compromis, le 3 Germinal an III (N), rien n'existe

(1) Nazon, longtemps pasteur à Castres, avait pour collègue Jean Bon Saint-André, de Montauban, nommé par le département du Lot, qui devint plus tard délégué à la Marine et membre du Comité de Salut public.

Nazon fut incarcéré à Castres pour crime de modérantisme, à la fin de 1793 ou au commencement de 1794, probablement à cause de ses relations avec Lasource et divers Girondins. Il remplissait alors, pour le district de Castres, les fonctions de Procureur-Syndic.

D'après la Constitution de 1791, le Procureur était un fonctionnaire qui représentait, auprès des administrateurs, les habitants du ressort dont il défendait les intérêts. Il existait dans chaque département un Procureur-Général Syndic ; dans chaque district, un Procureur Syndic, et, dans chaque municipalité, un Procureur de la commune. Nazon ne demeura que peu de mois en prison. Peu après Thermidor, il se retira à Saint-Affrique, son pays natal, et il y exerça les fonctions pastorales jusqu'à l'âge de 80 ans ; il y mourut à 96 ans, en 1876. Il avait refusé en 1809 une chaire de professeur à la Faculté de théologie protestante de Montauban, pour ne pas quitter ses concitoyens, et ce fut son fils qui occupa cette même place.

pouvant prouver que Lasource ait joué un rôle politique dans son pays. Le mandat qu'il reçut des électeurs est donc d'autant plus honorable qu'il n'est dû qu'à sa valeur personnelle, à la notoriété de son talent. Ce mandat, il l'accepte comme un devoir. Il part le cœur tout à l'espérance, mais non sans un profond déchirement; car, nous l'avons dit, il vient de mettre un terme à son veuvage, en se remariant avec Mademoiselle de Noir de Cambon. Et l'Assemblée législative se réunissant le 1er octobre 1791, force lui est de se séparer de sa jeune compagne, huit jours après ses noces (M).

Son ardeur naturelle, sa soif de justice et de liberté le jettent au début dans le parti des Jacobins (1), dont il fréquente le Club, mais dont il se sépare aussitôt qu'il s'aperçoit qu'ils veulent tout saper, sans respect des principes ni des droits. En entrant dans l'Assemblée Législative, il ne tarde pas à se faire remarquer parmi les plus actifs et les plus intrépides; aussi ne puis-je m'expliquer l'accusation de faiblesse portée contre lui par quelques historiens, — alors que, toute sa vie, il pèche justement par l'excès contraire : dans les groupes, dans les rapports, à la Tribune, aux Jacobins, il se prononce presque toujours pour les motions extrêmes, qu'il appuie ou dont il prend l'initiative. Doué d'un indomptable courage, cédant à l'exubérance de son tempérament méridional, il ne recule ni devant l'éclat, ni devant le péril. N'ira-t-il pas jusqu'à voter la mort du roi?

La Classe moyenne ayant fait sa révolution le 14 juillet

---

(1) D'abord *Club Breton*, puis *Société des Amis de la Constitution*, enfin Club des Jacobins, lorsque cette Société se transféra, le 6 octobre 1789, de Versailles à Paris, rue St-Honoré, à l'emplacement qu'occupe le marché.

par la prise de la Bastille, et la Classe populaire, la sienne, le 10 août, par la prise des Tuileries, — ces deux événements avaient ébranlé la nation de fond en comble et jeté la perturbation dans les esprits autant que dans la rue. L'Assemblée Législative en ressentit le naturel contre-coup. De bonne heure, quatre partis s'y dessinèrent. *La Droite,* composée de démocrates modérés à laquelle se rattachèrent les Feuillants, champions de la Constitution, de deux Chambres et d'un Roi. — *La Gauche,* formée des Girondins et des Jacobins, unis d'abord, qui voulaient la Constitution telle quelle, mais la République à sa première violation ; les Girondins furent un parti de passage de la classe moyenne à la multitude ; Vergniaud, Guadet, Gensonné, Isnard, Lasource, en sont les principaux orateurs ; Brissot, le meneur ; Condorcet, le théoricien ; Pétion, l'homme d'action ; flottants entre la Monarchie et la République, appelés Fédéralistes. — *L'extrême gauche* ou *Montagne,* parce que ses membres siègent aux bancs les plus élevés de l'extrême gauche, composée de Républicains purs et résolus : Chabot, Bazire, Merlin de Thionville, etc., qui forment le noyau de la faction démagogique, qui disposent des Clubs et de la multitude. Se rattachent à la montagne : Robespierre, qui domine au Club des Jacobins, et Danton, Camille Desmoulins, Fabre d'Eglantines, qui sont maîtres au Club des Cordeliers ; enfin, aussi, le féroce Marat marchant habituellement seul, mais constituant une puissance quoique isolé. — Reste le *Centre,* lieu de refuge des timides, des nullités, qui s'appelaient entr'eux les Impartiaux et auquel le mépris public décocha le nom de *Ventre* ou *Marais.*

Il faut se bien rendre compte de la situation des partis

à l'intérieur, avant que les événements du dehors se déroulent. L'Assemblée Législative est environnée de périls : soulèvement du pays par les prêtres non assermentés, émigration à Bruxelles, à Worms, à Coblentz avec des seins liberticides, — enfin, coalition des puissances en vue de restaurer l'ancienne autorité de Louis XVI.

Il était difficile à de tels partis, environnés de tels dangers, d'éviter les tempêtes. Les premiers rapports avec le Roi furent tendus. Froissée de l'accueil fait par lui à ses représentants, l'Assemblée use de représailles en supprimant les noms de *Sire* et de *Majesté,* sous prétexte que Dieu et le peuple ont seuls droit au titre de Majesté et que, le régime féodal étant supprimé, il n'y avait plus lieu à l'appellation de Sire, qui signifie Seigneur. C'était de mauvais augure.

Cependant l'Assemblée prêta solennellement serment à l'*Acte Constitutionnel.* Dès cette première séance du 1er octobre 1791, an III de la liberté, Lassource entre en scène. Comme on discutait la question de savoir qui, des Ministres ou du Président, porterait à l'Assemblée l'Acte constitutionnel pour que chacuu prêtât serment, la main appuyée sur « ce livre sacré », Lasource s'étonne de tant d'importance assignée à une simple formalité, et il propose que l'Archiviste soit tout simplement chargé de cette fonction. Finalement on décide que 12 vieillards conduits par le Vice-Président, suivis des huissiers ayant au milieu d'eux l'Archiviste, porteront solennellement la Constitution ; ce qui fut fait. 492 députés, debout, jurèrent suivant la formule : « Au nom du Peuple Français, » vivre libre ou mourir » (1).

____

(1) A Castres, le 2 octobre 1791, eut lieu la proclamation de la

Après ce déploiement un peu théâtral, il fallut bien en venir à la terrible réalité. Une formidable coalition, précédée de l'avant-garde des émigrés, menaçait les frontières ; grande était l'exaltation des esprits. Lasource, en arrivant à Paris, suivit le Club des Jacobins qui était en relations régulières avec la Province, partant avec le Club de Castres. Il le fréquenta jusqu'à ce que le classement du parti s'opérât avec netteté et que le déchaînement des fureurs populaires rendît impossible sa fréquentation, ainsi qu'il ressort d'une de ses lettres à Nazon, qu'on lira plus loin.

L'Assemblée semble en proie à la fièvre ; les décrets se multiplient contre le frère aîné du Roi, sommé de rentrer en France, contre les émigrés, contre les prêtres qui repoussent le serment civique, contre les rassemblements de la frontière, dont les membres sont assimilés aux conspirateurs à partir du 1er janvier 1792, qui seront alors punissables de mort et leurs biens confisqués au profit de la nation. Après avoir obtenu, dans la séance du 18 novembre 1791, qu'une adresse sympathique aux avignonnais, rédigée par lui, fût renvoyée au Comité de législation, — Lasource, le lendemain, prononce une sage allocution sur la question du jour ; il dit que plusieurs questions étant liées entr'elles : conduite des généraux à l'étranger, secours aux peuples qui aspirent à la liberté, conduite envers les peuples qui veulent s'unir à la France, — ce serait faire une mauvaise loi que de les englober ensemble. Il vaut mieux les séparer et donner

Constitution Française dans l'Eglise Cathédrale, en présence de toutes les autorités civiles, judiciaires et militaires du district — suivie d'un *Te Deum* chanté par le Clergé de la Platé.

(Notes chronologiques, p. 129, par Estadieu, Archiviste).

la priorité à la conduite des généraux en pays étranger. Mais, contrairement à son opinion si sensée, un décret complexe est adopté et imprimé dans toutes les langues, pour être partout répandu.

La nation doit tenir tête à l'orage extérieur qui gronde à l'horizon, les émigrés formant l'avant-garde des Rois ; d'autre part, elle doit tenir tête au Roi et à la Cour, qui défendent les prêtres, qui entravent la marche générale et qui entretiennent de secrètes intelligences avec l'étranger ; aussi est-on poussé aux plus énergiques résolutions et s'explique-t-on que, dans la séance du 22 novembre 1791, Lasource fasse entendre un véhément discours contre les émigrés. Et le lendemain, à l'occasion du *Rapport* de Koch, il monte encore à la Tribune ; Koch proposait certaines mesures vis-à-vis des puissances étrangères qui souffrent les rassemblements des émigrés, l'âme de Lasource fait explosion. Bien que fort jeune, 27 ans, et tout novice des choses de la tribune, il s'élance pour appuyer les motions de Koch. Cette impétuosité primesautière et, dans la suite, ses virulents discours, ses réquisitions contre les principaux chefs, ses propositions énergiques et sa tragique mort enlèvent toute excuse à l'injure de J. Janin (1) « qu'il manqua de courage plus d'une fois ». Lâche.... quand le fut-il ? Son héroïque bravoure est sans cesse à la hauteur des circonstances, et je ne connais pas une seule faiblesse qui la ternisse.

Pour en revenir au Rapport de Koch sur les rassemblements, Lasource soutient qu'il est temps pour l'Assemblée nationale de prendre des mesures efficaces en vue

(1) *Hist. de la Rév. franç.*, I, 252.

de rompre la chaîne qui unit les rebelles du dedans aux rebelles du dehors. Tant que les prêtres du dedans ne seront point parvenus à gagner les habitants des départements frontières, on n'a point à redouter l'invasion ; mais aussitôt qu'ils auront réussi à égarer la majorité des citoyens, il ne sera plus nécessaire de suborner les généraux pour s'emparer des places fortes (1). On mettra la main sur les dépôts d'armes qui sont à la frontière, et comme les arsenaux de l'intérieur sont vides, on se trouvera sans défense (2). L'Assemblée se prononça dans ce sens : le général Wimpfen est mandé à la barre ; le Roi invité à signifier aux princes étrangers qu'il ne verrait en eux que des ennemis si, le 15 janvier 1792, les attroupements n'étaient pas dispersés, et ces déclarations sont suivies de préparatifs militaires.

Les temps étant graves, on crée, le 25 novembre, un Comité de surveillance dont fait partie Lasource avec quelques-uns des membres les plus ardents de l'assemblée : il s'agit de surveiller la guerre civile, les entreprises des émigrés, l'alliance de la Cour et des étrangers, le clergé réfractaire. Le lendemain, — ce qui atteste son active part à toutes les questions, — il intervient dans l'affaire de la lettre de Delastre, professeur de droit, portée à Calonne, à Coblentz, par Delastre fils et saisie sur un bateau qui allait à Trèves. Elle a trait à la conjuration contre la France. Vergniaud s'oppose à l'arrestation de Delastre, sous prétexte que par ce faux zèle on

(1) Allusion à la tentative récente des Princes émigrés pour suborner le général Wimpfen, afin qu'il leur livrât Neufbrissac, une des clefs du Royaume.

(2) *Moniteur*, N° 327.

violerait la liberté d'un citoyen. Guadet demande qu'on ne poursuive que le père, par la raison que le père a pu tromper son fils sur le contenu de la lettre : « Supposition » insoutenable, s'écrie Lasource. Que dit M. Delastre? » Il annonce aux conspirateurs que son fils est plein de » zèle, qu'il brûle de servir la bonne cause. Va-t-on à » Coblentz sans savoir ce qu'on y va faire? Va-t-on por- » ter une lettre à un chef de conjurés sans aller conjurer » avec lui? Il résulte encore de la déposition du père » qu'il n'a point engagé son fils à partir. Il a dit que son » fils avait 25 ans, qu'il était maître de ses actions. A » mes yeux, le fils est plus coupable que le père *(on* » *murmure)*. Il est parti avec la lettre pour M. Calonne. » Qu'on me dise où il allait, puisque cette lettre est » adressée à un chef de conjurés. Je ne veux pas que la » patrie attende dans une indolente apathie le fer des » assassins *(on applaudit)*. Je conclus à ce que le décret » d'accusation soit porté contre M. Delastre père et » contre M. Delastre fils. » *(Applaudissements.)*

Après lui, plusieurs orateurs, entr'autres Gensonné, défendent le fils, et l'Assemblée, ne tenant pas plus compte de l'opinion de Lasource qui réclame l'arresta-tion des deux, que de celle de Vergniaud qui ne veut arrêter ni l'un ni l'autre, décide d'envoyer le père seul dans les prisons de l'Abbaye (1).

M. Varnier, coaccusé avec Delastre père, subit le même sort, et, dans la séance du 28 novembre 1791, Lasource, aussi juste et humain pour les personnes qu'il est inflexible dans la défense des droits de la patrie, demande pour lui la permission d'écrire à sa mère. « Il

(1) *Moniteur,* N° 330.

» n'est pas nécessaire pour sa punition, quand même il
» serait coupable, je dis plus : il serait barbare de lui
» refuser la liberté de donner, sous l'inspection d'un
» officier civil, des consolations à sa mère éplorée » (1);
ce qui fut fait.

Il n'est guère de séance importante, du moins de
séance où s'agitent les questions d'humanité, sans que
Lasource ne se jette dans la mêlée. Lorsque, le 5 décembre 1791, se débat la question des troubles de Saint-
Domingue et qu'on propose d'y envoyer un détachement
de soldats, Lacroix propose d'ajourner tous les projets,
de ne prendre des mesures définitives que sur le Rapport
du Comité colonial et de prier le Roi de suspendre provisoirement le départ des troupes ; mais la majorité
incline à les faire partir immédiatement. C'est alors qu'au
milieu d'un effroyable tumulte, Lasource, faisant front à
l'orage, qualifie d'ennemis de la Révolution l'Assemblée
générale, M. Blanchelande, gouverneur de l'Ile, et les
troupes elles-mêmes. Il termine ainsi : « Moi je vous dis
» que vous vous chargez d'une terrible responsabilité, si
» vous vous exposez au reproche d'avoir envoyé des
» assassins pour poignarder les citoyens. » A ces mots,
de violents murmures éclatent de tous côtés et l'on demande le rappel à l'ordre. La confusion et les clameurs
se prolongent durant plusieurs minutes. Au milieu de
toutes les propositions qui se croisent, on entend celle
de Merlin ayant pour objet d'entendre, préalablement à
la censure, les explications de Lasource. Un silence général impliquant adhésion, Lasource s'explique en ces
termes : « Je demanderais moi-même à être rappelé à

(1) *Moniteur, N° 333.*

» l'ordre, si j'étais coupable d'une autre inconséquence
» que d'un vice d'expression. Mais je déclare que j'étais
» loin de vouloir inculper les braves soldats français qui
» seront envoyés dans les colonies, et que je n'ai pas
» voulu dire autre chose, sinon qu'il était à craindre que
» si l'on ne donnait aux chefs des instructions précises,
» ils devinssent, sans le savoir, des assassins, des instru-
» ments aveugles des vengeances d'un parti *(on applaudit);*
» et je pourrais m'appuyer de l'expérience du passé pour
» prouver combien il serait dangereux de mettre les
» troupes à la disposition de ces hommes qui, ennemis
» implacables de la Révolution, n'ont peut-être travaillé
» à la destruction des colonies que pour porter un coup
» mortel à la Constitution. Maintenant, si l'Assemblée
» est satisfaite de cette explication, je reprends mon
» opinion, qui est que les colons sont suspects et que, si
» l'on envoie des troupes, ce ne doit être qu'à la condi-
» tion qu'on ordonnera formellement l'exécution du
» Concordat (1). »

Le lendemain, 6 décembre 1791, nouvelle intervention
de Lasource à propos des comptes à rendre par deux
ministres démissionnaires. Toujours préoccupé par la
question de justice, il se refuse à mettre en cause uniquement deux hommes, au risque de céder à de gratuites
préventions, il généralise la question dans une pensée
d'équité et il appuie de la sorte la proposition de leur
demander des comptes. « La loi de la surveillance ne
» doit pas être marquée au coin de la prévention ; elle
» doit être dictée par la justice. Il faut faire une loi
» générale qui oblige les ministres à rendre leurs comptes

---

(1) *Moniteur,* N° *339.*

» **avant** de sortir de place, il faut les empêcher de sortir
» **de la** Capitale avant d'avoir rendu ces comptes. Il leur
» importe, d'ailleurs, de prouver qu'ils ont rempli leurs
» devoirs avec droiture, avec exactitude. Je propose
» donc, pour le moment, la rédaction suivante :

» MM. Montmorin et Du Portail, étant sortis de
» place sans avoir rendu leurs comptes, ne pourront
» quitter la capitale qu'ils n'aient auparavant satisfait
» à cette obligation, sous peine d'être réputés prévari-
» cateurs (1). » *(Applaudissements aux tribunes.)* Et le
12 décembre 1791, à propos de la grande agitation que
soulève dans l'Assemblée la proposition d'énoncer à
chaque pétition le nombre des pétitionnaires : « Je sup-
» plie l'Assemblée, s'écrie Lasource, de m'écouter un
» instant; on se demande si quelque génie malfaisant
» n'a pas semé la division parmi nous pour opérer la
» dissolution de l'empire Français et nous perdre avec
» la Constitution. Unis, nous ferons la conquête des
» cœurs. S'il existe des esprits trop ardents, qu'ils
» s'habituent à penser avant de suivre l'impulsion de leur
» bouillante ardeur. Je prie les législateurs de la France
» de déposer tout esprit de parti et de marcher de con-
» cert. Comme l'Assemblée est dans une agitation dont
» les conséquences pourraient être dangereuses, je de-
» mande l'ajournement indéfini de la proposition. »
L'agitation continue et l'Assemblée décide qu'il n'y a
pas lieu à délibérer sur cette proposition. Le 15 décembre, nouvelle intervention de Lasource; il s'agit de la
Garde nationale parisienne, qui s'était organisée avec
enthousiasme et qui venait de faire une solennelle dé-

(1) *Moniteur,* N° 340.

monstration dans l'Assemblée. Lasource demande et obtient que le procès-verbal de la séance soit adressé à tous les départements, pour qu'ils connaissent le patriotisme « que l'armée parisienne vient de manifester dans » l'Assemblée par l'organe de ses officiers, au nombre de » 1500, qui ont défilé sur deux colonnes, précédés du » bataillon des vétérans et de celui des enfants, au son » des tambours et aux cris de : Vivre libre ou mourir ! »

Tout cela sent la poudre ; la guerre approche ; la guerre est là !

CHAPITRE II

LASOURCE ET LES TRAVAUX DE L'ASSEMBLÉE

La guerre et l'agitation intérieure. — La Gironde et les Jacobins aux prises. — Témoignage de Robespierre à Lasource. — Lasource s'oppose aux séances extra-parlementaires des députés. — Approbation de son *Rapport* sur l'ordre des travaux de l'Assemblée. — Il combat l'exception en faveur des émigrés artistes ou malades. — Les événements se précipitent vers la guerre. — Logique de Lasource vis-à-vis des princes possessionnés. — Massacres d'Avignon. — Discours de Lasource sur l'amnistie. — Lasource préside aux Jacobins. — Son discours sur la nomination des agents du Trésor. — Son adresse aux Français et ses votes patriotiques. — Dumouriez et le ministère Girondin. — 20 avril 1792, on vote la guerre. — Veto du Roi aux décrets de l'Assemblée. — Connivence du Roi avec l'étranger.

« La guerre aux Rois et la paix aux nations. »

A préoccupation suprême de l'Assemblée, du début à la fin, fut l'alliance des émigrés avec les royautés de l'Europe, avec celle même de France, et la perspective contre cette coalition d'une guerre où pouvaient sombrer la liberté et la patrie. Tout s'y rapportait ; tout en subissait le contre-coup ; et l'Assemblée vota au nouveau ministre de la guerre, Narbonne, 20 millions pour l'entretien, aux frontières, de trois armées de 50,000 hommes chacune, sous le commandement de Rochambeau, Lafayette et

Lukner. Mais il fallait en même temps veiller, à l'intérieur, aux sourdes menées du clergé contre-révolutionnaire que le Roi soutenait de son veto et, de plus, aux
passions subversives, à ces partis qui, plus esclaves des
abstractions que du bon sens, ne tiennent aucun compte
des faits, des infirmités, des inconséquences de la nature
humaine ; et, sous prétexte d'aller plus vite, vont droit
devant eux, à travers tous les obstacles, au risque de
reculer d'un siècle ou de tout briser

Longtemps, les Girondins suivent les séances des
Jacobins ; ils y exercent même une grande influence,
puisque, trois mois durant, quatre d'entr'eux sont nommés présidents. Mais quand vient la grosse question de
la guerre, la scission, qui déjà s'est accusée entre les
deux partis, empire progressivement.

Tandis que les Jacobins modérés ou Girondins, conduits par Brissot, se prononcent énergiquement pour la
guerre, les Jacobins exaltés, ayant à leur tête Robespierre (1), se prononcent contre elle avec non moins
d'énergie, réclament au préalable la guerre intérieure,
le châtiment des mauvais citoyens, des traîtres.

Les Girondins, par la guerre, poursuivent le renversement de la royauté et la propagation au loin de leurs
principes. Les Jacobins, excités par Robespierre qui
personnifie leurs principes, se défient du pouvoir exécutif
et refusent de lui confier la conduite d'une guerre qu'il
pourrait, d'après eux, faire tourner contre la nation et la
liberté. Ils n'entendent marcher à l'ennemi du dehors
qu'après avoir écrasé l'ennemi du dedans, complice de

(1) Robespierre, ayant été membre de la Constituante, n'était
pas et ne pouvait pas être de l'Assemblée Législative.

l'étranger; la guerre leur paraît une œuvre de trahison, et ils accusent les Girondins de ne la vouloir qu'en accord secret avec les Feuillants, Narbonne et la Cour.

A peine en formation, vers la fin de 1791, la Gironde prend peu à peu conscience d'elle-même. Riche de beaux talents, de généreux caractères, d'hommes jeunes, brillants et courageux, elle dispose de l'ascendant et du pouvoir durant toute la Législative. Finalement, la Gironde l'emporte dans cette question capitale de la guerre, et le débat passionné auquel elle donna lieu se termina par l'ordre du jour du 25 janvier 1792, à la suite duquel l'empereur Léopold tint ce propos : « Puisque » les Français veulent la guerre, ils l'auront et ils ver- » ront que Léopold, le Pacifique, sait la faire quand il » le faut. Ils en payeront les frais et ce ne sera pas en » assignats. » Ce ne fut pourtant que le 20 avril que l'Assemblée lui déclara la guerre; mais jusque-là, quel tumulte dans les esprits, dans les clubs et dans l'Assemblée !

Toujours brûlante, la question de la guerre se discute partout avec une ardeur inouïe, en particulier aux Jacobins. Le 1er janvier 1792, Robespierre présidait. Lasource, intime de Brissot et, comme lui, chaud partisan de la guerre extérieure, interrompt avec insistance un orateur qui défend la thèse contraire. Robespierre le rappelle à l'ordre, en inculpant ses intentions ; mais Lasource, qui se sentait vivement froissé dans sa dignité, se retire et écrit à la Société pour lui dire toute la peine que lui cause l'inculpation dont il vient d'être l'objet. Après avoir donné lecture de sa lettre, Robespierre s'empresse de rendre un éclatant hommage à son patriotisme, à son amour pour le bien, et Lasource rentre aux Jacobins au milieu des applaudissements (1).

Mais les tumultueuses déclamations des Clubs, assaisonnées de l'emphase qui était dans le ton de l'époque, — pas plus que les délibérations officielles de la Législative, ne parurent aux exaltés un aliment suffisant : 300 Députés demandent en conséquence, dans la séance du 24 février 1792, à se réunir dans le local même de l'Assemblée, le soir où il ne doit pas y avoir séance, pour s'éclairer sur la situation des départements et sur les objets qui doivent se traiter dans l'Assemblée. Lasource, tout en approuvant le projet de réunions préparatoires, estime qu'il est très dangereux d'accorder à ces conférences officieuses le local de l'Assemblée. Et il pose le dilemme suivant : « Le peuple serait-il ou non témoin
» de ces discussions ? *(Plusieurs voix : Oui, oui)*; si ces
» discussions ne sont pas entourées de spectateurs, il en
» résultera que ces Conférences auront l'air d'un Comité
» général ; or, cette mesure doit être réservée pour les
» occasions délicates. Si, au contraire, les séances sont
» publiques, qu'arrivera-t-il ? C'est que le peuple verra
» dans le sanctuaire de la loi les représentants de la
» nation sans caractère, puisqu'ils ne pourraient que
» discuter et jamais délibérer ; or, cela même serait du
» plus grand danger. Le peuple, trop habitué à voir ses
» représentants dépouillés du caractère de la représen-
» tation, finirait par n'avoir plus pour eux le même res-
» pect. Les représentants du peuple Français ne peuvent
» être réunis, ici, que pour faire les lois ; je demande

(1) *Journal des débats de la Société des amis de la Constitution,* N° 121.

» donc la question préalable sur la réunion dans la salle
» de l'Assemblée. »

Sur ces entrefaires, le 8 mars 1792, Lasource présente
un *Rapport*, au nom de la Commission centrale, pour
régler l'ordre des travaux et leur donner plus d'ensemble
et de rapidité. Son Rapport est approuvé et suivi d'un
décret en VII articles. Mais les affaires extérieures, les
grosses affaires des émigrés, du péril national, de la
guerre, reprennent le dessus ou plutôt sont toujours,
comme une épée de Damoclès, suspendues sur la tête
de l'Assemblée. On parle, dans la séance du 10 mars 1792,
de mettre le séquestre sur les biens des émigrés ; mais
on propose d'excepter les artistes, les savants, les malades, retenus à l'étranger par une cause légitime. Lasource
qui, sans jouer un premier rôle et sans jeter à la tribune
l'éclat de Vergniaud ou de Brissot, prend part à toutes
les délibérations importantes, force l'attention et enlève
le vote, par une de ses spirituelles harangues : « Dans
» l'article VII du Projet, on excepte les émigrés qui ont
» obtenu des passeports pour cause de maladie. Comme
» l'émigration est elle-même une très grande cause de
» maladie, je crois que cette exception ne peut pas être
» adoptée. Il n'y a pas un émigré qui ne présentât un
» passeport de cette nature ; car rien n'est plus facile
» que de faire faire un certificat de maladie. La plupart
» des émigrés qui ont dès à présent les armes à la main,
» prouveraient le plus clairement possible qu'ils sont
» malades. Il y a en France d'excellents médecins,
» d'excellentes eaux minérales. Ceux qui sont malades
» dans l'air de la liberté ne doivent pas aller, pour se
» guérir, humer l'air de l'esclavage. Je demande donc la
» suppression de ce paragraphe de l'article ». Après quel-

ques débats, son amendement est accepté à une très grande majorité.

Les évènements se précipitent vers la guerre ; chaque jour apporte son contingent d'excitation ; et, en dépit des Jacobins qui s'évertuent à la prévenir, on sent qu'elle s'approche peu-à-peu irrésistiblement. Tantôt, c'est la mise en accusation du Ministre Delessart, accusé par Brissot de n'avoir pas prévenu l'Assemblée du concert des puissances et de la déclaration de Pilnitz ; tantôt, c'est la chute de Narbonne et du ministère constitutionnel, auquel on reprochait un dangereux modérantisme ; tantôt, c'est l'affaire des princes étrangers possessionnés en France, au sujet de laquelle Lasource, hostile au projet du Comité Diplomatique, prononce un discours vigoureux dans la séance du 1ᵉʳ mars 1792. Il veut, contrairement au Comité, qu'on assigne un terme, — juin suivant, — au delà duquel les indemnités offertes seront retirées, et il s'oppose avec énergie à ce que l'on achète aux princes, à l'étranger, des terres seigneuriales en dédommagement des titres qu'ils perdraient en France. Après avoir pulvérisé les objections qu'on lui adresse :
« Tout ce que vous pouvez risquer, dit-il (1), c'est de
» faire expliquer vos ennemis et de les faire agir un
» moment plus tôt. Si l'on pousse à bout votre patience,
» si l'on ne cesse de faire des injures à la nation que
» vous représentez, si l'on se glorifie du sol qui produi-
» sit ces Germains destructeurs de l'Empire Romain,
» vous vous glorifieriez aussi d'occuper le sol jadis habité
» par les Conquérants de cette même Germanie qui ose

(1) Opinion de Lasource sur les indemnités aux Princes étrangers possessionnés en France, p. 8 14, 15.

» aujourd'hui vous menacer..... Leur acquérir ailleurs
» des terres seigneuriales, c'est aller contre les lois,
» c'est se mettre en contradiction avec vos principes,
» commettre un crime de lèse-humanité. Eh quoi !
» n'auriez-vous brisé les fers des Français d'Alsace que
» pour river ceux des Allemands ! On me dira que vous
» ne mettez pas les Allemands sous le régime de la féo-
» dalité puisqu'ils y sont déjà, mais est-ce une raison
» pour appesantir ce régime et le consacrer par une loi ?
» Souvenez-vous que vous ne devez jamais voir des fers
» que pour les haïr, et les toucher que pour les rompre. »
L'issue de son discours est l'impression des pièces et
l'envoi au Comité diplomatique.

Le mois de mars apporta une terrible diversion aux
poignantes préoccupations du péril national; il est vrai que
cette diversion, en rétablissant la concorde, visait indirec-
tement à le conjurer. Pendant trente séances, au milieu
des plus violents orages, fut discutée la question des
horribles massacres d'Avignon. Le comtat Venaissin et
Avignon, propriété du pape, demandent en 1791 leur
annexion à la France ; longues tergiversations de la Cour
et de l'Assemblée, pendant lesquelles éclatent de farou-
ches luttes. Les prisons se remplissent, notamment le
Palais bâti par les papes, flanqué de sept tours ; au bas
de la plus grande s'aperçoit une profonde cavité, connue
sous le nom de *Glacière ;* là, se trouve la salle de l'Inquisition, et à côté, le fourneau en briques, dans l'épaisseur
du mur, où rougissaient les fers pour la torture des victimes. Un étroit et obscur escalier conduit à des oubliettes
qu'ont immortalisées par leurs inscriptions les innombrables martyrs qui sont venus expier là leur crime de pen-

ser et de croire par eux-mêmes (1). Là, est une poterne à mi-corps, par laquelle on plonge, une torche à la main, dans un gouffre infernal, — la glacière sus-nommée.

Dans la nuit du 16 octobre 1791, à 9 heures du soir, 70 hommes, 32 femmes, 8 enfants prisonniers (2), furent amenés dans un corridor, et dès qu'ils apparaissaient à la la sortie, les assassins commandés par Jourdan coupe-tête, ex-muletier, féroce comme un tigre, et excités par 20 bouteilles de liqueur, « les assommaient à coups » de barres de fer, ou de haches ? puis, on les achevait » à coups de baïonnettes ou de sabres ; enfin, on les traî- » nait par les pieds pour faire bondir leur tête d'une » marche à l'autre ; l'homicide trajet se terminait à l'ou- » verture de la tour, par laquelle les corps ruisselants de » sang, palpitants encore, roulaient dans l'abîme ; le sang » montait jusqu'à la cheville et de lugubres gémissements » s'élevaient du fond de l'abîme ; on répandit dessus une » grande quantité de chaux vive et d'eau, puis on ferma » l'ouverture » (3).

Peu à peu la vérité perce au dehors, malgré les men-songes des premiers *Rapports* qui arrivent à l'Assemblée; des troupes partent, l'antre sanglant est rouvert, 110 cadavres en putréfaction sont retirés ; les 46 bourreaux et leur chef Jourdan, coupe-tête, s'appelant *les braves brigands de Vaucluse*, sont arrêtés ; un tribunal criminel est constitué à Avignon, par décret du 17 novembre 1791,

(1) Michelet, *Hist. de la Révol.*, IV, p. 90. Voir *un terrible tableau des assassinats de l'Inquisition et de Jourdan.*

(2) Relation de ce qui s'est passé à Avignon, depuis l'entrée du général Choisy, p. 7.

(3) *Hist. de la Révol. Avignonaise.* par J.-F. André, prêtre, p. 17 et suivantes.

pour prononcer sur les crimes commis depuis le 21 août, il tient ses séances dans l'Eglise métropolitaine ; il entend 335 témoins ; et c'est quand, suffisamment éclairé, il va prononcer son jugement, qu'on voit arriver à Avignon un courrier extraordinaire portant la nouvelle qu'un décret de l'Assemblée, en date du 22 mars 1792, amnistiait tous les crimes de la Révolution avignonaise.

Aussi sévère aux Girondins qu'indulgent à Robespierre, L. Blanc s'exclame à cette occasion, — reprochant aux Girondins d'avoir flétri d'éloquents anathèmes, les massacres de septembre 1792, tandis que maintenant ils sont les premiers à demander qu'on couvre d'une amnistie nationale les horreurs de la Glacière : « Si » l'Assemblée décréta au profit d'une bande de Canni- » bales l'indulgence et l'oubli, — ce fut Guadet, ce fut » Lasource, ce fut Vergniaud, qui remportèrent ce » déplorable triomphe » (1).

Certes, les égorgements de Paris et d'Avignon, on ne les flétrira jamais assez. Mais convient-il de les juger d'une manière absolue, sans égard aux circonstances ? Les Girondins, artistes politiques, tout épris d'idéalité, brillants juristes, hommes de justice et de logique, — ont-ils donc été inconséquents, défaillants, aveugles, au point d'avoir deux poids et deux mesures ? de condamner Paris et d'absoudre Avignon, tous deux coupables des mêmes forfaits ? Peut-on le concevoir ? Faut-il leur mettre à charge une aussi grossière contradiction ? Avant de les flétrir, écoutons-les et gardons-nous du procédé de L. Blanc qui signale dans l'œil de Michelet la paille de la sympathie Girondine, sans apercevoir

(1) L. Blanc, *Hist. de la Rév. Franç.*, VI, 301.

dans le sien la poutre de son fanatisme Robespierriste.

Une fois de plus je constate que la conscience la plus pure a ses aveuglements et le meilleur sens historique, ses défaillances.

Les massacres d'Avignon ayant produit une immense sensation, l'Assemblée nationale consacra un long temps à ce lugubre sujet; c'est que, indépendamment de ce fait monstrueux, la politique intérieure et extérieure vint compliquer étrangement la situation; aussi, les esprits étaient-ils profondément divisés sur le parti à prendre. Il faut dire, avant tout, que la Constituante avait décrété, le 14 septembre 1791, une amnistie pour les délits et crimes relatifs à la Révolution, et que cette amnistie avait embrassé les deux districts d'Avignon et de Carpentras. Maintenant, les uns voulaient que cette amnistie s'étendît aux délits et crimes politiques commis du 14 septembre au 8 novembre, afin d'y englober ceux d'Avignon; les autres, au contraire, voulaient frapper tous les coupables, immédiatement et impitoyablement.

En mars 1792, la discussion continue, passionnée, ou plutôt elle est reprise; à la question d'humanité s'ajoute celle du contre-coup sur les partis du dedans et sur la guerre imminente avec l'extérieur. Dans la séance du 19 mars, Lasource prononce à la tribune un discours remarquable de logique et d'éloquence. L'amnistie, d'après lui, n'excède pas les pouvoirs de l'assemblée; la question, d'ailleurs, n'est pas de savoir s'il doit être porté une amnistie, mais si celle qui existe déjà doit être étendue à tous les délits de la révolution avignonaise ou à quelques-uns. Il flétrit les crimes commis, et il a été un des premiers à provoquer contre eux la vengeance des lois. « Mais ne » doit-on pas respecter l'égalité qui veut que l'amnistie

» soit pour tous ou pour aucun? La Révolution Avigno-
» naise n'a pas été terminée au même moment que celle
» de la France; la loi de réunion d'Avignon à la France
» n'a été promulguée que le 8 novembre; si l'amnistie
» porte sur tous les crimes de la Révolution Française,
» elle doit porter aussi sur tous ceux de la Révolution
» Avignonaise. Si vous n'étendez pas l'amnistie à tous
» les crimes commis pendant la Révolution, vous faites
» une exception injuste; et si vous n'accordez l'amnistie
» pour aucun des délits, vous faites une injustice d'une
» autre nature; car les conspirateurs français auraient une
» amnistie, tandis que les malheureux Avignonais n'en
» auraient pas. — Mais les crimes d'Avignon sont atro-
» ces...! Mais les massacres de Nimes, de Montauban,
» d'Uzès, de Nancy, de Bouillé...! Les crimes des deux
» révolutions sont les mêmes, peut-on pardonner aux
» uns et punir les autres? En outre, punir tous les cou-
» pables d'Avignon, ne serait-ce pas porter le deuil dans
» toutes les familles...? (1) Mais l'impunité ne provo-
» quera-t-elle pas des vengeances particulières? Non,
» car l'effervescence est passée. Verser encore du sang,
» c'est tout réveiller. Le sang n'a-t-il donc pas assez
» coulé dans la malheureuse Avignon? *(On applaudit.)*
» Le calme ne renaîtra qu'en oubliant le passé. Je pro-
» pose donc le Décret suivant :« L'Assemblée Nationale,
» considérant que la loi d'amnistie du 23 septembre ne
» peut avoir d'application que quand la réunion des
» deux Comtats à la France a été opérée de fait, décrète
» que cette loi d'amnistie se rapporte à tous les délits,

(1) Il y avait 100 prisonniers, 400 accusés, 10,000 personnes compromises. *Révolutions de Paris*, N° 141.

» relatifs à la révolution, commis antérieurement au
» 8 novembre 1791. » *(On applaudit.)* » — Un grave
incident se produit au milieu du discours de Lasource ;
tout-à-coup on l'entend qui s'écrie : « Vengeance, je
» demande vengeance ! » et il il poursuit : « Quand je
» viens à cette tribune jouir d'un droit qu'on ne peut
» me contester, quand je viens énoncer une opinion qui
» n'est pas celle des membres qui se placent à la droite
» de cette Assemblée, aussitôt ma voix se trouve étouffée
» par les clameurs. Si l'Assemblée ne prend point de
» mesures pour réprimer ces désordres, bientôt on nous
» empêchera de parler à cette tribune. Je demande jus-
» tice contre M. Gorguereau qui est venu m'outrager et
» me dire que je devrais disparaître de dessus la terre et
» rentrer dans le néant ». Un mouvement général d'indignation s'élève dans l'Assemblée. On entend de toutes
parts les cris : A l'Abbaye M. Gorguereau, à l'Abbaye !
Ces cris sont répétés par plusieurs personnes à la tribune. Après un grand tumulte, l'Assemblée passe à l'ordre du jour. Et Vergniaud, l'aigle de la Gironde, reprenant la discussion par un magnifique discours, l'Assemblée vote à une immense majorité qu'il y aura une
amnistie pour tous les crimes et délits, relatifs à la révolution, commis dans le Comtat et d'Avignon jusqu'à
l'époque du 8 novembre.

Ce vote est un triomphe pour la Gironde. Du reste,
les Girondins et les Jacobins sont chaque jour aux prises.
Le club des Jacobins, où ils se rendaient encore tous
indistinctement, est le théâtre de ces violentes joutes
oratoires qui risquaient, dans ce moment solennel, de
compromettre le salut de la patrie. Robespierre d'un
côté, soutenu par l'avant-garde, — Brissot et Guadet de

l'autre, appuyés par les modérés, se livraient aux accusations les plus virulentes, aux outrages les plus grossiers. Un jour Lasource présidait le club des Jacobins ; après une interminable et dramatique dispute, le Club prit l'arrêté suivant : « La Société déclare qu'elle regarde la » manière dont les écrits, publiés sous les noms de » MM. Brissot et Guadet, rendent compte des faits qui » se sont passés dans son sein, comme contraire à la » vérité, et les inculpations dirigées contre Robespierre, » comme démenties par la notoriété publique autant que » par sa conduite constante. La Société a arrêté égale- » ment à l'unanimité que cette déclaration serait im- » primée et envoyée à toutes les Sociétés affiliées » Lasource Président (1).

Depuis quelque temps, Lasource et son parti, estimant que la Constitution avait accordé au Roi un pouvoir trop étendu, s'appliquent à le réduire le plus possible dans toutes les circonstances favorables. Condorcet, dès le 3 février 1792, avait émis l'idée d'enlever au pouvoir exécutif le privilège de nommer et de destituer les Administrateurs et Agents du Trésor public. La discussion vint le 16 avril et Lasource y prit une large part ; il y prononça un de ses discours les plus approfondis, où il révèle une fois de plus sa pénétration et sa logique. Cette mesure, dit-il, n'est pas contraire à l'*Acte Constitutionnel*, cela résulte des droits naturels de l'homme...... Elle ne l'est pas davantage à la *Justice*..... « A qui appartient le » Trésor public ? Est-ce au Roi qui reçoit ou au peuple » qui paie ? Est-ce à l'intrigant qui brigue une place, à » l'oisif qui baille dans une anti-chambre et à toutes les

____

(1) *Tribune des patriotes*. N° 1.

» sangsues qui se rassemblent à la Cour ? ou est-ce à
» l'ouvrier qui fabrique, au cultivateur qui laboure et à
» tous les citoyens qui font à leur patrie le sacrifice d'une
» partie de ce qu'ils ont... ? Refuserez-vous au peuple
» le droit sacré de nommer et de destituer, seul, ceux
» qui administrent son bien ? Pouvez-vous faire passer
» en d'autres mains que celles qu'il aura désignées, le
» fruit de ses veilles, de ses sueurs, de ses privations et
» de ses larmes ? — C'est à moi, vous dira la Nation, et il
» ne m'est pas permis de le confier à qui bon me semble !
» Vous en abandonnez la garde à des agents que je n'ai
» point nommés, que vous ne nommez pas vous-même !
» Vous que j'ai choisis pour mes représentants, vous que
» je n'ai investis de la plénitude de ma puissance qu'afin
» que vous conservassiez la plénitude de mes droits, vous
» me dépouillez, au mépris de tous les principes de la
» justice, du droit qui m'est le plus précieux, celui d'ad-
» ministrer mes biens ! Qui saurait faire une réponse à un
» semblable reproche ? Pour moi, je resterais muet.... »

Lasource prouve ensuite que la thèse qu'il soutient
est essentiellement liée aux grands intérêts de la nation ;
car le pouvoir royal est irrésistiblement enclin à s'augmenter sans cesse, et il invoque à l'appui le témoignage
de J.-J.-Rousseau et de Montesquieu. Il était encore
loin pourtant de rêver la suppression de la Royauté ;
car, en vue de calmer les terreurs qu'inspirait la puissance
populaire, il dit en propres termes que « personne n'est
» assez impolitique pour désirer un gouvernement répu-
» blicain, qui n'est possible qu'en idée ». Il semblait
encore aux Girondins qu'il fallait une clef de voûte à
l'édifice social, et ce n'est qu'insensiblement, par la force
des choses, qu'ils en vinrent à croire qu'une nation pou-

vait se gouverner sans roi, par l'organe de ses représentants.

Enfin, Lasource termine son discours en établissant
que le salut ou la perte de l'État est subordonné au vote
ou au rejet de sa proposition. Si l'on objecte que l'Assemblée Nationale exerce un droit de surveillance sur
tous les Administrateurs, il répond que çette surveillance
est illusoire : « Ouvrez le livre des destinées ; la page à
» lire n'est peut-être pas bien loin... Prenez garde de
» perdre l'État, que vous pouvez sauver ; prenez garde
» de semer des malédictions sur votre mémoire ; prenez
» garde que vos neveux, plongés dans la misère par la
» déprédation et ramenés à l'esclavage par la misère, ne
» vous attribuent tous leurs malheurs et ne disent en
» vous détestant : Nos pères pouvaient éviter nos
» maux, mais ce furent eux qui nous perdirent.... »

Évidemment, ce transfert à la nation de droits inhé-
rents jusqu'ici à la Royauté n'était qu'un premier pas
vers un dépouillement progressif. La preuve, c'est que
le lendemain même, Lasource prétend qu'il appartient à
la Nation et non au Roi de choisir le gouverneur du
Prince Royal, puisque c'est au service de la nation que
celui-ci est destiné.

Généralement, il était soutenu par l'Assemblée auprès
de laquelle son bon sens, son intrépide initiative, son
pur patriotisme trouvaient un grand crédit. La Gironde,
du reste, avait encore pour elle l'opinion. C'est ainsi
quelle réussit à imposer au Roi un ministère Girondin,
à la tête duquel sont placés l'austère Roland et le trop
habile Dumouriez (1) : deux hommes peu faits pour

____

(1) A peine Ministre, Dumouriez se fait recevoir aux Jacobins

sympathiser ensemble. Depuis longtemps formé à l'art des batailles, Dumouriez ne peut pousser qu'à la guerre ; mais la Cour de Vienne, avec ses sommations étranges, y pousse encore plus. Elle ne demande rien moins que la restauration de la Monarchie Française, telle qu'elle était avant 1789, avec les trois Ordres, — la restitution des biens du Clergé et du Comtat Venaissin au Pape, — et la restitution aux Princes de l'Empire des terres d'Alsace avec leurs droits féodaux. Le roi triomphe enfin de ses irrésolutions, et l'Assemblée acclame la guerre ; elle vote « la guerre aux Rois et la paix aux Nations », — sans tenir compte du vœu de Lasource et de Deverhoult qu'avant de se résoudre, on examinât encore cette grave question. C'était le 20 avril 1792. La France n'attaquait pas ; elle subissait une guerre qui allait mettre le feu à l'Europe, consolider la Révolution, et durer un quart de siècle.

A mesure que croissent les dangers, le patriotisme de Lasource redouble, et il se sent dévoré d'une fiévreuse ardeur. Il rédige une adresse aux Français où il expose les dangers du dedans et du dehors ; puis, il voudrait que chaque citoyen s'exerçât au maniement des armes ; il soumet un projet de loi contre les instigateurs de sédition. Dans la séance du 5 mai 1792, il prononce un terrible discours contre deux pamphlets qui risquent de désorganiser le pays : «.... Je suis arrivé à la tribune » frémissant d'indignation et d'horreur. Je connais les » agitations du peuple et je suis révolté des scélérates » manœuvres des séditieux.

et y paraît coiffé du bonnet rouge. La Cour effrayée estime qu'il trahit ou les Jacobins ou le Roi. Dumouriez affirma que, par cette affiliation, il n'avait eu en vue que le salut du trône.

« Les auteurs de ces manœuvres ne doivent point être
» renvoyés aux tribunaux ordinaires. Ils ne conseillent
» pas seulement des attentats privés. S'ils n'avaient in-
» vité le peuple qu'à égorger des particuliers, les tribu-
» nes devraient en connaître ; mais quand ils conseillent
» des horreurs attentatoires à la sûreté nationale, l'attri-
» bution vous appartient et appartient à vous seuls.

» Je dis que les horreurs auxquelles les auteurs des
» libelles, dont l'un est signé *Marat* et l'autre est intitulé :
» *L'ami du Roi* », invitent le peuple, — sont directement
» attentatoires à la sûreté de l'État. Dans l'un, on pousse
» l'armée française à la désertion ; dans l'autre, on pro-
» voque les poignards contre les généraux, contre les
» représentants du peuple. Ne sont-ce point des crimes
» nationaux ? Où serait la sûreté de l'Etat, s'il n'y avait
» ni chefs d'armée, ni législateurs ?..... Je demande que
» les coupables soient traduits devant la haute Cour ;
» je déclare qu'il y a lieu à accusation contre les auteurs
» des feuilles périodiques, *L'ami du Roi* sous le nom de
» Royau, *L'ami du Peuple* sous le nom de Marat » (1).

Le 22 mai 1793, nouveau discours contre le juge
Larivi·re pour trois mandats lancés contre des Députés
sans égard aux formes légales. « La force, dit-il, n'est
» requise qu'en cas de refus ; or, ici, trois gendarmes
» armés ont été envoyés pour arrêter les Députés.....
» Ou le délit était assez grave pour un mandat *d'arrêt,*
» et alors il ne devait pas décerner un mandat *d'amener;*
» ou le cas n'était pas assez grave, et la Constitution ne
» veut pas que, pour des délits civils, les Députés soient
» traduits devant des officiers de justice.... Ainsi, la

(1) *Moniteur,* N° 74.

» Constitution a été violée. Le premier pas a été fait, le
» juge-de-paix n'est pas seul coupable, cette démarche a
» été préparée par beaucoup d'autres ; c'est un essai que
» l'aristocratie fait de ses forces... Mais moi, je décerne
» à mon tour un mandat d'amener contre tous ceux qui
» ont tramé de tels desseins. Je les cite au tribunal de
» leur conscience et de l'opinion publique. Ce crime me
» paraît compromettre essentiellement la sûreté nationale
» et je conclus au décret d'accusation. » *(On applaudit.)*
L'Assemblée décrète, conformément aux conclusions
de Lasource, l'accusation contre Etienne Larivière,
juge-de-paix de la section de Henri IV ; la salle, après
ce vote, retentit d'applaudissements (1).

Dans les séances suivantes, Lasource réclame un
complément pour la police de Paris, vote une fédération
générale en vue de mieux sauvegarder la patrie, fait
décréter que les armées ne dépasseront pas un maximum
de 20,000 hommes, soit pour en faciliter la tactique, soit
par crainte des entreprises possibles d'un général victo-
rieux aspirant à la dictature ; et lorsque la section de
la Croix-Rouge exhale à la barre ses récriminations
contre Louis XVI, Lasource lui fait écho et propose une
commission pour examiner ses plaintes.

Mais toutes ces préoccupations d'intérieur ne distrai-
sent pas des affaires du dehors ; elles ne sont pas brillantes pour l'heure. Rochambeau et Lafayette, mis à la
tête des armées, sont chargés d'exécuter les plans du
Ministère ; les premières opérations n'amènent que des
déboires. Pour comble, le Ministère se divise et Dumouriez se voit attaqué par les Girondins aussi bien que par

____

(1) *Moniteur*, N° 143.

les Jacobins. La Cour est de plus en plus frappée de suspicion ; d'autre part, les prêtres réfractaires soulèvent le peuple, et l'Assemblée vote leur proscription. Le Ministère se disloque ; le Roi, de concert avec Dumouriez, expulse du Conseil Roland, Clavière et Servan, tous trois Girondins, 13 juin 1792. Puis, le Roi refusant de signer le décret d'un camp de 20,000 fédérés et le décret de déportation des prêtres insermentés, — Dumouriez se retire, à son tour, du Ministère avec la plupart de ses collègues, ce qui amène la formation d'un Ministère Feuillant. Mais comment ce Ministère aurait-il pu tenir, pressé de droite par les absolutistes et de gauche par les républicains ? Le Roi, secrètement, se met en rapport avec l'étranger ; il recommande aux Souverains de lancer un Manifeste conciliant comme préface à leur invasion et d'user de grands ménagements envers le peuple. Faut-il s'étonner que de tels sentiments déterminent dans le peuple une hostilité croissance contre le Roi et contre la Cour ? — Faut-il s'étonner que Lasource, d'abord royaliste, en soit venu à prendre parti contre le Roi en voyant le Roi prendre parti contre la Nation ?

CHAPITRE III

LASOURCE, LAFAYETTE ET LE 10 AOUT 1792

Envahissement de l'Assemblée et des Tuileries le 20 juin. —
Lafayette et Lasource. — Propositions diverses de Lasource.
— Sa Philippique contre Lafayette. — Décret contre Lafayette
et adresse à l'armée. — Énergie de Lasource. — Fausse
rumeur. — Lasource apaise la foule. — Déchéance du Roi
demandée par Pétion. — Assaut des Tuileries, le 10 août;
Lasource y participe. — Les Girondins hostiles au Roi. —
Ministère panaché. — Danton. — Robespierre, dieu des
Jacobins. — Lasource combat la déportation des prêtres non
assermentés. — Prise de Longwy. — Arrestation des suspects.
— Armement des indigents. — Motion de Lasource acclamée.

> *« Je viens briser une idole que j'ai longtemps encensée. »*
> Lasource.

C'EST en vain que, pour sauver le Roi et la Constitution, quelques hommes éminents, Lafayette
entr'autres, s'emploient de leur mieux ; en
vain que ce dernier écrit, le 16 juin, à l'Assemblée, dénonçant la faction jacobine et réclamant, au
nom de l'armée, la fermeture des clubs. Il excite les
partis.

Sous prétexte de commémorer le serment du Jeu de
Paume, les faubourgs envahissent, le 20 juin, l'Assemblée et les Tuileries ; les appartements du Roi sont
saccagés ; la foule exige la levée du veto ; le Roi est
coiffé du bonnet rouge. Lafayette alors quitte de lui-
même son armée, paraît à la barre le 28 juin et, parlant

au nom de ses troupes, réclame la répression de tels
excès. Son action courageuse fait plus de mal que de
bien. Vu de mauvais œil par la Cour qui, en dépit de
son dévouement, se défiait de lui ; mal accueilli par
l'Assemblée froissée et par le peuple irrité, il s'en
retourna plus compromis que jamais dans l'opinion de
tous. Lasource, en particulier, révolté de la conduite
insolite d'un général qui quitte ses troupes sans autorisation pour faire une sommation à une Assemblée souveraine, invite la Commission extraordinaire des Douze à
examiner ce cas spécial. La démarche de Lafayette fut la
dernière tentative du parti constitutionnel, qui s'effondra
peu à peu sous le coup des événements.

Dans ces temps de fièvre où la multitude déchaînée
ne respectait pas plus les lois que les convenances (juin
et juillet 1792), Lasource se chargea d'introduire dans
l'Assemblée des pétitionnaires du faubourg St-Antoine,
porteurs d'une pétition pour le Roi, et il fait décider que
les Ministres, ayant méconnu les intentions de l'Assemblée, lui avaient présenté de faux rapports sur certains
points. Ce n'est pas tout, quand le Conseil général de
la Seine, à la suite des attentats contre les Tuileries et
l'Assemblée, eut suspendu le Maire et le Procureur
général, Lasource chercha à convaincre l'Assemblée de
l'illégalité de cette suspension ; et, dans une séance
ultérieure, il vota pour la réintégration de ces deux fonctionnaires.

C'est à la date du 29 juin 1792 que nous rencontrons
une curieuse discussion sur la fixation de l'âge du
mariage et où Lasource témoigne une fois de plus de son
esprit d'initiative et de réflexion : « Je propose, dit-il,
» l'âge du mariage à 13 ans pour les femmes, à 15 ans

» pour les hommes. Toutes les fois que le législateur
» veut corriger la nature, il tombe dans des écarts
» funestes. Les lois naturelles suffisent à la conservation
» des espèces ; et quand elle a donné à l'homme la
» faculté de se reproduire, elle n'a pas prétendu lui en
» ôter l'exercice dans la crainte de faire dégénérer l'es-
» pèce. Tous les aphorismes d'Hippocrate ne valent pas
» la sagesse que la nature met dans sa marche. Les
» excès de la jeunesse altèrent bien plus les facultés de
» l'homme que la vie réglée d'un homme marié.... » (1).
L'Assemblée adopte la proposition, de même que cette
autre : « La loi ne reconnaît plus ni vœux religieux, ni
» aucun engagement contraire au droit naturel. »

Sur ces entrefaites, l'ennemi se masse à la frontière et
une terrible fermentation s'empare de la Capitale et des
Provinces contre le Roi, qu'on accuse d'être l'ami de
l'ennemi. Des placards couvrent les murs de Paris, et
l'on commence, après l'avoir longtemps chuchoté, à prononcer tout haut le mot de déchéance. La Commission
des Douze propose de soulever partout les masses et de
les armer. Dans une heure d'enthousiasme, tous les
partis, excités par le discours de Lamourette, ne font
qu'un cœur et qu'une âme pour le salut de la patrie qui,
un instant, plane au-dessus des divisions. On est au
7 juillet ; de près et de loin, on fait écho à cette fameuse
séance ; partout on se lève, on se prépare avec ardeur ;
c'est une exaltation universelle. Le 19 juillet 1792,
Lasource se prononce pour l'armement des citoyens avec
des piques et propose de multiplier les fabriques d'armes
pour les nouvelles troupes qui vont surgir de tous côtés.

(1) *Moniteur*, N° 182.

Cette sage motion est acclamée, comme aussi celle de
déclarer que toute ville qui aura formé un ou deux bataillons « aura bien mérité de la Patrie » (1). Le parti de la
guerre se monte de plus en plus contre le parti constitutionnel. Le 11 juillet, par un vote solennel, il avait fait
déclarer la patrie en danger ; le 14, il célébrait avec
frénésie l'anniversaire de la prise de la Bastille ; le club
des Feuillants était fermé ; on sentait déjà se lever le vent
d'orage qui devait emporter le trône ; et le 21 juillet 1792,
M. Bureaux-Puzi, introduit à la barre, défend Lafayette.
Lasource, après lui, se lève pour riposter avec une passion extraordinaire :.....« De même que la nature a
» donné aux corps des infirmités et des douleurs pour
» les engager à veiller à leur conservation ; de même,
» dans l'ordre politique, elle a donné à la société des
» intrigants et des traîtres qui cherchent à la détruire.
» *(Une grande partie de l'Assemblée et toutes les tribunes*
» *applaudissent.)* Je demanderai maintenant à quoi servait
» que M. Bureaux vînt nous instruire d'une manière
» officieuse de tous les plans de campagne du général
» Lafayette. *(Murmures à droite.)* Monsieur le Prési-
» dent, dites, je vous prie, à ces Messieurs, que rien ne
» pourra m'empêcher de dire la vérité ; que je remplis
» mon devoir en faisant entendre ma voix, comme ces
» Messieurs font le leur en nous interrompant par leurs
» clameurs. Il s'agissait d'un fait très simple ; on l'a
» entortillé d'une foule d'épisodes étrangers ; on a cher-
» ché à le masquer avec des phrases harmonieuses ;
» mais quand on a été obligé d'en venir au fait, — après
» s'être énoncé d'une manière qui aurait presque fait

(1) *Moniteur,* N° 201.

» croire à l'innocence, si l'on ne savait que l'intrigue et
» la perfidie prennent souvent le voile de la franchise et
» de la sérénité, — on a fait l'aveu le plus formel du
» crime dont Lafayette était accusé..... On voit par
» cette lettre qu'un général d'armée s'occupe d'affaires
» politiques ; qu'il s'érige en régulateur de l'Assemblée
» nationale ; qu'il l'accuse de violer la Constitution ; qu'il
» engage le général Luckner à s'unir à lui pour détruire
» l'anarchie, — ce qui signifie, dans son langage, rétablir
» le despotisme et l'aristocratie. Lorsque cette affaire
» sera à l'ordre du jour, je mettrai ces intrigues en évi-
» dence. Pour le moment, je demande le renvoi des
» pièces à la Commission extraordinaire, et je prends
» l'engagement de démontrer la trahison. *(Murmures à*
» *droite.)* Tous les ennemis de la patrie me trouveront
» toujours ici ; et, malgré leurs murmures *(on applaudit),*
» malgré tous ces moyens vils et indignes que je méprise,
» je défendrai constamment la liberté de mon pays. »
L'Assemblée, gagnée par ce discours, charge la Commission de lui présenter un rapport dans la huitaine.

Muraire et Lacué, le moment venu (29 juillet), présen-
tèrent le *Rapport* sur la conduite de Lafayette et le déclarèrent simplement coupable d'un délit militaire. —
Lasource protesta vivement ; et, visant la conduite antérieure de Lafayette, il prononça contre lui un éloquent
réquisitoire, mais tout débordant d'apostrophes personnelles : « Je viens, s'écrie-t-il, briser une idole que j'ai
» longtemps encensée. Je me ferais d'éternels reproches
» d'avoir été le partisan et l'admirateur du plus perfide
» des hommes, si je ne me consolais en pensant que la
» publicité de mon opinion expiera ma trop longue
» erreur. Des témoins irréfragables accusent M. La-

» fayette : sa lettre du 16 juin à l'Assemblée nationale,
» son ordre à l'armée du 26 juin, et sa pétition lue à
» votre barre le 28 du même mois. Je vais retracer à
» vos yeux la déposition de ces témoins. Il faut les avoir
» entendus, avant de se prononcer sur le sort du cou-
» pable. »

Il lui reproche de s'en prendre à « la faction Jacobite »
de l'Assemblée, comme cause de tous les désordres ; et,
à la façon dont il la défend, on voit bien que Lasource
alors en était encore. « Ce que M. Lafayette appelle la
» « faction jacobite », c'est cette masse imposante d'amis
» de la liberté, qui n'ont jamais voté que pour elle ; c'est
» cette fière majorité qui, en consentant que César fût
» grand, a toujours voulu que Rome fût libre ; qui s'est
» fortement prononcée, quand il a fallu opter entre les
» droits sacrés du peuple et les prérogatives usurpées
» ou conventionnelles des rois ; qui s'est constamment
» levée tout entière pour l'égalité contre les privilèges,
» pour les opprimés contre les oppresseurs, pour tous
» contre quelques-uns. C'est donc la majorité de l'As-
» semblée nationale que le général Lafayette présente
» comme une faction. »

Puis, il l'accuse de s'en prendre aux décrets de l'Assemblée :

..... « Un général qui, à la tête de 50,000 hommes,
» peint les décrets du Corps Législatif comme une viola-
» tion ouverte des principes les plus sacrés, est un cons-
» pirateur qui provoque l'insurrection des troupes qu'il
» commande, qui cherche à anéantir la puissance légis-
» lative par la force armée, qui vise manifestement à
» substituer les évolutions militaires aux discussions, et
» les bayonnettes aux lois. »

Enfin, abordant la pétition que le général présenta à la barre au nom des troupes, il l'accuse d'avoir sollicité lui-même les signatures des soldats, de les avoir admis et entraînés aux discussions politiques, d'avoir quitté l'armée sans autorisation: « Exprimer le vœu d'une armée !
» Une armée a-t-elle un vœu ? A-t-elle pu en émettre ?
» Lui a-t-il été permis de délibérer ? Le général qui l'a
» permis, le général qui l'a voulu, le général qui l'a
» approuvé, le général qui l'a fait faire, n'a-t-il pas com-
» mis un crime contre la Constitution qui le défend
» expressément ?...............................
....

» Si le premier attentat de ce genre, commis contre la
» liberté française, reste sans punition éclatante, — la
» génération qui naguère vit naître la liberté française,
» ne descendra point au tombeau sans y emporter des
» pleurs et des fers ! Des fers ! oui, l'on vous en pré-
» pare, et c'est Lafayette qui les forge.............
....

» Enfin, MM., il est un fait..., je n'osais presque pas
» l'écrire ; les caractères même que je traçais me sem-
» blaient ensanglantés. Le bandeau doit tomber des
» yeux de tous les hommes de bonne foi, qui sont ce que
» je fus moi-même, dupes du plus odieux des traîtres,
» idolâtres du plus vil des hommes. Pouvez-vous vous
» défendre d'un frémissement d'horreur ? Lafayette a
» voulu faire marcher les troupes vers la capitale, et
» engager le brave Luckner, qui a été inébranlable, à
» partager cet acte de scélératesse et de haute trahison.
....

» Cet homme, dont l'impudence seule égale la scélé-
» ratesse, a osé dire qu'on *ne lui disputerait pas de bonne*

» *foi l'amour de la liberté.* Lui, l'amour de la liberté!
» Cromwel aussi parlait sans cesse de l'amour de la li-
» liberté, et répétait souvent le mot de *République*,
» comme Lafayette le faisait en 1791. L'amour de la
» liberté dans le cœur de Lafayette! Et il ose défier
» qu'on lui dispute cette vertu! Eh bien, c'est moi qui
» accepte le défi qu'il a le front de faire à ses conci-
» toyens, — cet homme encore couvert du sang des vic-
» times du Champ de Mars ; c'est moi qui l'accuse d'être
» le plus horrible ennemi de la liberté de la patrie.....

» Le jour où vous absoudrez Lafayette, vous sonnerez
» la St-Barthélémy de la liberté universelle ; vous cou-
» vrirez votre génie d'habits de deuil ; vous consacrerez
» que les nations, même les plus puissantes, sont faites
» pour devenir tôt ou tard le jouet des intrigants ou la
» proie des Conspirateurs. Ce jour-là, vous prendrez
» un diplôme impérissable pour survivre aux siècles ;
» mais vous ne les traverserez que couverts de honte, et
» vous n'arriverez chez les générations futures qu'ac-
» compagnés par le mépris. Donnez la loi, ou subissez-
» la. Soyez debout devant la nation, ou à genoux devant
» Lafayette.

» Pour moi, MM., en démasquant un traître, j'ai
» servi mon pays ; si j'obtiens sa punition, j'aurai sauvé
» ma patrie.....

» Je demande que M. Lafayette soit mis en état
» d'accusation » (1).

Cette diatribe furibonde, assaisonnée au style du

______

(1) *Opinion* de Marc-David Alba Lasource, Député du Tarn,
sur l'Ordre à l'Armée, la lettre et la pétition de M. Lafayette,
prononcée à l'Assemblée nationale, dans la séance du 21 juillet
1792. Brochure de 16 pages serrées, en petits caractères.

jour, qui épuise le vocabulaire de l'invective, où les mots
de vil, perfide, scélérat, traître, tyran, sont la monnaie
courante, mais ne manque ni d'habileté, ni de chaude
éloquence, — ne produisit pas sur l'Assemblée l'effet
qu'il aurait pu en attendre ; car, dans la séance du 8 avril
1792, elle refuse de sanctionner le projet de décret que
lui soumet Lasource, elle décide qu'il n'y a pas lieu à
accusation contre lui (1). Et cependant, quelques jours
s'écoulent à peine que, le 19 août, sous la pression
des événements et après de nouvelles instances de
Lasource ; après la lecture d'une première lettre de trois
commissaires de l'Assemblée, se plaignant que l'armée
est travaillée, égarée, et proposant de séparer Lafayette
de son armée, — puis d'une seconde lettre d'un canonier
où Lafayette est dénoncé avec faits à l'appui, — l'Assemblée, revenant sur sa décision, adopte, à la majorité
de 406 voix contre 224, le décret suivant que lui propose
Lasource :

L'Assemblée nationale, considérant que le général
Lafayette a employé les manœuvres les plus odieuses
pour égarer son armée ; qu'il l'a poussée à la révolte, à
tourner contre la patrie les armes même des soldats de
la patrie ; qu'il est prévenu du crime de rébellion contre
la loi, de conspiration contre la liberté et de trahison
envers la nation, décrète ce qui suit :

Art. I. Il y a lieu à accusation contre Mottié-
Lafayette, ci-devant général de l'armée du Nord ;

(1) Depuis le 1er août, Rabaut St-Étienne, ci-devant député à
la Constituante et ne pouvant comme tel siéger à la Législative,
est chargé de la rédaction en chef du Bulletin de l'Assemblée
nationale au *Moniteur*. Voté le 27 juillet, Lafond-Ladebad étant
président.

ART. II. Le pouvoir exécutif est expressément chargé de mettre promptement à exécution le présent décret. L'Assemblée Nationale enjoint à toutes les autorités constituées et à tous les citoyens et soldats de s'assurer de la personne dudit Mottié-Lafayette par tous les moyens possibles :

ART. III. L'Assemblée nationale défend à l'armée du Nord de reconnaître pour Général le dit Mottié-Lafayette.

En même temps, l'Assemblée approuve l'adresse à l'armée proposée par Lasource et Ducos, et qui sent la poudre :

« Braves soldats, vous êtes trompés ! de perfides
» Conspirateurs, ennemis plus dangereux pour vous que
» les étrangers qui nous menacent, veulent allumer la
» guerre civile en France et tourner contre le sein de la
» patrie les bras quelle dirigeait contre les satellites des
» tyrans du Nord ; ne pouvant vous corrompre, ils cher-
» chent à vous égarer........ Les trahisons de Louis XVI
» ont ouvert les yeux à ses plus confiants défenseurs, et
» les représentants du peuple marchent aujourd'hui dans
» la plus heureuse harmonie. Est-ce sous ces couleurs que
» les agitateurs de l'armée du Nord vous ont peint les
» événements du 10 août ? Ils vous ont dit que Louis XVI
» était suspendu de ses fonctions ; mais ils n'ont pas
» ajouté que ce roi parjure, coalisé avec les ennemis du
» dehors, entretenait à Coblentz ses anciens gardes du
» corps, correspondait avec ses frères et leur fournis-
» sait les moyens de vous combattre ; que tous les libelles
» qui pervertissaient l'opinion publique et préparaient
» le retour de l'ancien régime étaient payés par la liste
» civile ; ils n'ont pas ajouté qu'une Convention natio-

» nale, c'est-à-dire, l'Assemblée des représentants
» immédiats de la nation souveraine, était convoquée au
» 20 septembre pour prononcer, au nom du Peuple
» Français, sur le sort de Louis XVI et sur les mesures
» à prendre pour assurer la liberté et l'égalité.......
» Ralliez-vous à la nation dans ses représentants. Si
» quelqu'un cherche à noircir leur conduite, à vous ins-
» pirer des défiances sur leurs intentions, fuyez-le ; c'est
» un traître ; il veut la guerre civile et la veut par vous !
» Obéissez avec confiance aux nouveaux chefs que vous
» donnent les ministres patriotes........ Songez que les
» Prussiens et les Autrichiens sont à nos portes, épiant
» nos divisions intestines pour en profiter ! Songez,
» soldats, que délibérer, c'est reculer, et que les Fran-
» çais ne reculent pas !........ L'ennemi vous observe et
» vos départements vous regardent. Oseriez-vous repa-
» raître un jour dans vos foyers si vos frères et vos con-
» citoyens avaient à vous reprocher un lâche abandon de
» la cause du peuple, de la liberté et de l'égalité ? »

Les nouveaux commissaires envoyés à l'armée du
Nord concluent à la révocation de Lafayette, informent
l'Assemblée « qu'il a levé le masque et a quitté la France
» avec son Etat-Major dans la nuit du 19 au 20 août. »
Dès qu'il touche le sol des Pays-Bas, les Autrichiens,
contre le droit des gens, le constituent prisonnier. —
C'est ainsi qu'au plus fort des périls, l'aveuglement du
fanatisme politique l'emporte, et la patrie est privée de
ses meilleurs citoyens, tantôt des uns, tantôt des autres,
suivant les alternatives de la bataille des partis.

On voit Lasource presque toujours sur la brèche : dès
que sa conscience parle, il éclate, emporté par sa *furia
francese*, par son feu méridional, dépassant parfois la

mesure, mais ne cédant jamais qu'à son amour passionné de la justice, de la liberté, de la patrie et ne regardant jamais aux périls qui risquent d'atteindre sa position ou sa personne. Il s'en prend tour à tour aux plus forts, à Lafayette, à Danton, au duc d'Orléans, à Robespierre, à Marat, sans craindre d'être écrasé sous leurs coups. Est-ce là le Député timide et défaillant que quelques historiens fantaisistes se plaisent à nous représenter ? Sa belle âme, au contraire, lui inspire un courage qui va jusqu'à la témérité.

Les nouvelles de l'extérieur, des armées, étant mauvaises, l'agitation publique se développe. — Deux opinions se partagent les esprits : l'une qui, tout en se garant du parti vaincu, veut qu'on déploie contre l'étranger la plus grande énergie ; l'autre qui réclame, avant de marcher à l'ennemi de la frontière, l'anéantissement des ennemis de l'intérieur. Et plus le péril augmente, plus cette dernière opinion gagne du terrain : terrible germe d'où sortirent les massacres de septembre. Danton remplit de ses Cordeliers si ardents et si dévoués à sa personne toutes les administrations ; c'est le prélude des horreurs prochaines.

Le violent manifeste du duc de Brunswick, chef de l'armée d'invasion, exaspère la France et hâte la fin de la Royauté. Il se forme en secret un comité insurrectionnel de 19 membres dont Sancerre, Desmoulins, Danton font partie. Devant les menaces grandissantes, les amis du Roi lui conseillent : les uns, l'abdication ; les autres, la fuite. Les bruits les plus absurdes sont répandus pour exciter le peuple : qu'il existe aux Tuileries un grand dépôt d'armes et qu'une grande partie des fédérés ont été empoisonnés. Tout simplement, les farines

étant enfermées dans une Eglise de Soissons et quelques
vitres ayant été brisées, il s'était trouvé dans le pain des
morceaux de verre dont nul, du reste, n'avait été atteint.
Mais la rumeur n'en circule pas moins que 170 soldats
en sont morts et que 800 en sont malades. C'est assez
pour que le 3 août à 11 heures, après la levée de la
séance, tout-à-coup la foule furieuse fasse irruption dans
l'assemblée, en s'écriant : « Vengeance, vengeance! on
» empoisonne nos frères ». Comme la plus grande partie
des Députés s'étaient retirés et qu'il n'y avait pas de
Président dans la salle, Lasource, dominant le tumulte :
« Les citoyens qui sont dans l'enceinte de la salle, dit-
» il, doivent rester dans le calme. (On s'asseoit et il se
» fait un grand silence). Citoyens, reprend Lasource,
» tous les membres qui sont ici partagent votre indigna-
» tion; ils demandent comme vous vengeance de l'atten-
» tat abominable commis contre nos malheureux frères
» qui volent à la défense de la patrie. Mais prenez garde,
» citoyens; les ennemis du bien public vous agitent, plu-
» sieurs de vous se sont même permis contre les Députés
» des propos peu mesurés. Pensez donc qu'ici sont ceux
» qui veulent vous sauver. Soyez persuadés que nous
» sommes prêts à mourir avec vous. Nous vous invitons
» à attendre dans le calme qu'un Président soit arrivé
» afin que nous puissions ouvrir légalement la séance. »
Vergniaud arrive et occupe le fauteuil, on ajourne à la
fin de la séance l'audition de la députation.

Dans la séance du lendemain, 4 août 1792, Lasource
reprenant la question de la veille : « On ne croit point,
» dit-il, au système adopté pour agiter le peuple. Cepen-
» dant ce qui s'est passé hier à la fin de votre séance ne
» prouve que trop que ce système se suit avec activité.

» Ceux qui ont persuadé au peuple que 170 volontaires
» nationaux étaient morts empoisonnés, que 800 autres
» étaient à l'hôpital, sont manifestement des factieux,
» des brigands, des séditieux. C'était un coup monté
» pour exciter une rumeur dans Paris, faire sonner le
» tocsin, répandre une alarme générale; enfin, pour
» exciter un mouvement que l'on attend depuis long-
» temps. Je demande que l'Assemblée charge le Pouvoir
» exécutif et spécialement le Maire de Paris de faire
» rechercher les auteurs de ces faux bruits. »

Trouchou : La conduite du peuple dans la soirée d'hier
a prouvé qu'il saurait déjouer les manœuvres des agitateurs, la voix d'un seul de vos membres a suffi pour rétablir le calme.

La proposition de Lasource est adoptée par l'Assemblée. Mais, dans la séance du 3 août, s'était accompli un
évènement bien plus considérable que celui qui vient
d'être relaté. Pétion, Maire de Paris, présente à la barre,
au nom de toutes les sections, une pétition réclamant la
déchéance du Roi pour sa complicité avec l'étranger (1) ;
on fixa au 9 août la discussion, et d'ici là, on assista à
un défilé de pétionnaires plus énergiques encore que
Pétion contre la Royauté. L'une des sections prononça
même la déchéance du Roi.

L'air était chargé d'électricité. Tant de perfides calomnies, de dénonciations réciproques, de violents débats,
de menaces avaient poussé le peuple au paroxisme de
l'exaltation ; on sentait qu'il était au point pour une
révolution nouvelle et qu'on allait au pas de charge à la

(1) Mémoires de Mad. Campan établissant la correspondance
du roi avec Coblentz, II, p. 172, 222.

chute du trône, qui paraissait comme le grand obstacle
à la fondation de la liberté et au salut de la France.
Aussi, quand vint le 9 août, le mouvement insurrectionnel dès longtemps préparé éclate; l'étincelle qui allume
l'incendie est l'acquittement par l'assemblée du général
Lafayette, prononcé le 8 août. Le même jour que le Roi
devait fuir une seconde fois, le 10 août, les Tuileries sont
envahies par la foule qu'avaient enfiévrée les Jacobins et
les Cordeliers. Danton, par derrière, tenait les rênes du
mouvement. Les Suisses tirent à mitraille; les Tuileries
sont saccagées; le sang coule à flots. Le roi quitte son
palais, se réfugie avec sa famille dans l'assemblée et
ordonne, un peu tard, de cesser le feu (1). « Je suis
» venu, dit-il aux Députés, pour épargner un grand
» crime; je pense que je ne saurais être plus en sûreté
» qu'au milieu des représentants de la nation ». Justement, Vergniaud préside; il adresse au Roi une vague
réponse. L'Assemblée nomme une Commission pour
aviser à cette situation nouvelle. Sous prétexte qu'il
gênerait la liberté des délibérations, Lasource fait relé-
guer le Roi dans la loge du journaliste de l'Assemblée.
Et Vergniaud, membre de la Commission et chargé du
Rapport, conclut : 1° à la déchéance de Louis XVI;
2° à un plan d'éducation pour le prince royal; 3° à la
convocation d'une Convention nationale. En attendant,
la famille royale logera au Luxembourg.

Les Girondins, d'abord sympathiques au Roi, puis
Constitutionnels, en étaient peu à peu venus à vouloir la
république, à comprendre quelle seule pouvait sauver la
patrie. Vergniaud, dans un discours antérieur, avait lancé

____

(2) Il y eut de 4 à 5,000 tués, disent les historiens.

contre le Roi cette terrible apostrophe : « Vous n'êtes
» plus rien pour cette Constitution que vous avez si
» indignement violée, pour ce peuple que vous avez si
» indignement trahi..... ». Brissot, de son côté, avait
déclaré que « le Cabinet des Tuileries est le point où
» tous les fils de la conjuration aboutissent, où se tra-
» ment toutes les manœuvres, d'où partent toutes les
» impulsions. La Nation est le jouet de ce Cabinet ; voilà
» la source du mal ; voilà où il faut porter le remède...»
Quelques-uns même des Girondins participent à l'assaut
des Tuileries, Lasource entr'autres : « J'ai trahi ma
» patrie... ! Et quand ? Quand j'ai bravé la mort, le
» 10 août, sous le canon du château, et que j'ai fait chas-
» ser hors de la salle des représentants du peuple le tyran
» perfide, dont la présence compromettait le salut du
» Corps Législatif ! (1) » Il avait réclamé le renvoi des
fédérés, dans la séance du 29 juillet 1792 de la Société
des Amis de la Constitution... objecte Louis Blanc (2) ;
mais en a-t-il moins fait le coup de main, le 10 août ?
Louis Blanc n'en peut dire autant de Robespierre ; les
actes ne valent-ils pas les discours ?

Les Girondins, toutefois, n'avaient pas eu la direction
du mouvement insurrectionnel, mouvement de la classe
inférieure contre la classe moyenne, et les Girondins

---

(1) Lettre de Lasource à la Société populaire de Castres,
3 mai 1793, et qui sera plus tard citée en entier. Ce qui n'empêche
pas Louis Blanc, toujours partial contre les Girondins, de s'en
prendre à leur hésitation et même à leur opposition dans la journée du 10 août, vol. VII, 34. Leur dénigrement systématique est-il
donc nécessaire à la grandeur de Robespierre, et le piédestal
de son héros ne se formerait-il que des ruines de ses rivaux ?

(2) VII, 96.

appartenaient à celle-ci. Le peuple se passionne pour le
10 août, comme la classe bourgeoise victorieuse de la
classe privilégiée s'était passionnée pour le 14 juillet.
Mais la Gironde n'en aspire pas moins, après le 10 août,
à ressaisir la direction du peuple ; elle parvient à faire
créer un Conseil exécutif de six membres, composé
moitié de Girondins, moitié de Cordeliers, et dont fait
partie Danton, à titre de Ministre de la justice ; il ne
tarde pas, avec son génie d'homme d'état, son brûlant
patriotisme, sa voix de stentor et sa taille athlétique, à
prendre sur le Conseil et l'opinion une prépondérance
marquée. Mais son caractère moral n'est pas à la hauteur
de ses belles facultés. Louis Blanc lui-même affirme sa
vénalité, et Touchard-Lafosse prétend que, vivant en
1791 d'un maigre subside de 24 livres par semaine, il
avouait, peu après son entrée au ministère de la Justice,
1,400 mille livres (1). Cordeliers et Jacobins poursuivent
un but commun : le renversement des Girondins, avec
lesquels ils ont échangé tant d'outrages et de menaces.
Tout se proposait, se discutait, se votait aux Jacobins,
où le parti révolutionnaire se révélait de plus en plus
comme le vrai souverain de la nation ; et Robespierre
était le dieu des Jacobins.

L'Assemblée, d'accord avec la Commune, décrète
que la police de *sûreté générale,* consistant à rechercher
les délits menaçant l'État à l'intérieur ou à l'extérieur,
serait attribuée aux districts et aux municipalités ; premier acheminement à la Terreur et aux sanglantes exécutions qui souillèrent la révolution. La Commune abuse
bientôt de ce pouvoir, et le sanguinaire Marat est nommé

(1) Vergniaud, p. 66.

chef du Comité de surveillance de Paris. La Commune, chargée de la garde de la famille royale, la fait transférer du Luxembourg dans la Tour de l'Abbaye du Temple.

En même temps, on veille à tout pour conjurer le danger qui, chaque jour, devient plus menaçant. Le 25 août 1792, s'ouvre une discussion sur le 1er art. d'un projet de décret ainsi conçu : « Tous les ecclésiastiques » non assermentés, c'est-à-dire ceux qui, assujettis au » serment prescrit par la loi du 26 décembre 1790, ne » l'auraient pas prêté ou qui l'auraient rétracté sans » l'avoir prêté depuis, seront tenus de sortir du royaume » dans le délai de 15 jours après la publication du pré- » sent décret. » Lasource qui, au milieu de ses emportements naturels, conserve toujours son inaltérable fond de droiture et dont les violences même ne sont que l'expression exagérée de sa noblesse d'âme, — Lasource prend la défense des prêtres, au risque de se perdre lui-même aux yeux de la tourbe des forcenés. On discute avec véhémence. Cambon demande, par un amendement, qu'on porte ces prêtres réfractaires sur des vaisseaux dans la Guyane Française. « Sans cela, dit-il, ils iraient » grossir l'armée des émigrés ou propager en Espagne, » en Italie, en Allemagne, des principes contraires à » notre liberté. » Cette motion inhumaine est appuyée par Lacroix, qui prétend que la Guyane où on les enverra sera pour eux comme une espèce de séminaire. C'est alors que Lasource, supérieur comme Rabaut St-Étienne à la lâcheté qui en poussa tant d'autres : Julien, ex-pasteur de Toulouse, Gobel, évêque de Paris et son clergé, à apostasier leur foi et leurs titres, — c'est alors que Lasource, affirmant à la tribune ses principes et son ministère : « Je m'étais, dit-il, imposé la loi de ne

» jamais prendre la parole quand il s'agirait de religion
» et de prêtres, *étant prêtre moi-même d'une autre reli-*
» *gion*. Cependant, je parlerai dans ce moment ; et, sans
» doute, mon opinion ne sera pas suspecte. Or, je dis
» que si vous avez le droit de chasser du sein de la
» France tous les individus qui en troublent la paix, du
» moment où vous les avez dépouillés de tous les avan-
» tages du contrat social, il ne vous est plus permis de
» leur dire : vous irez là. Une fois sortis de la société,
» ils sont livrés à eux-mêmes ; et puisqu'ils ne sont plus
» citoyens français, ils ne doivent plus être soumis aux
» lois françaises. Ils iront où ils voudront. Peut-on for-
» cer à travailler des septuagénaires et des octogénai-
» res ? Sous Louis XIV, 12,000 français furent envoyés
» dans la Guyane et y périrent. J'ajoute une considéra-
» tion, c'est que dans cette île, où l'on veut transporter
» 50 à 60,000 prêtres, il n'y a pas plus de 18,000 habi-
» tants, blancs ou noirs, et qu'ils ne peuvent se procurer
» leur subsistance ; ils sont obligés d'avoir recours aux
» îles voisines ; ce serait donc envoyer ces malheureux
» à la mort. Au nom de l'humanité, au nom de la justice,
» je demande la question préalable sur l'amendement de
» M. Cambon. »

C'est un des plus beaux mouvements de généreux
courage et d'éloquence qui honore la carrière de Lasource (1).

Un autre député objecte à Cambon la dépense que
nécessiterait l'équipement de cent vaisseaux.

Cambon réplique qu'il invoque le salut de l'empire,
qu'on ne laissera pas sans ressources les déportés et que,

(1) Magloire-Nayral, ii, 385.

quant aux dépenses, aucune n'est assez chère pour acheter la liberté.

Vergniaud s'élève avec force contre la mesure, qui est finalement repoussée. L'Assemblée décrète le 1er article du projet et repousse l'amendement de Cambon (1).

La prise de Longwy survenant sur ces entrefaites et étreignant douloureusement les cœurs, on prend des résolutions extraordinaires : l'Assemblée décrète la peine de mort contre quiconque, dans une place assiégée, parlera de se rendre, et la levée de 30,000 hommes dans Paris et les départements voisins. La Commune, de son côté, sous l'impulsion de Danton, décide le recensement et l'armement des indigents, l'arrestation des suspects, des visites domiciliaires, — les portes de la ville demeurant fermées, pendant 48 heures, depuis le 27 août au soir. Cette opération, faite la nuit, au milieu d'un lugubre appareil, il se trouva, dit un historien, près de 15,000 individus dans les prisons ; tout ce qui se rattachait plus ou moins à la Cour, à la Noblese, au Clergé ; des modérés et même de sincères républicains, dénoncés par des eunemis ayant soif de vengeance. L. Blanc ne parle que de l'arrestation de 3,000 personnes, relâchées pour la plupart le lendemain (2). Et sous la pression de la Commune, un tribunal criminel extraordinaire est bientôt nommé pour juger « les conspirateurs du 10 août. »

(1) *Moniteur*, N° 238.

(2) *Hist. de la Révolution*, VII, 120; mais les détails de la boucherie, 41 meurtriers soudoyés par la Commune et *travaillant* péndant quatre jours et quatre nuits dans huit prisons de Paris, démontrent que L. Blanc reste bien au-dessous de la réalité des faits.

Mais cette incarcération générale ne distrait pas de la défense extérieure. Dans la séance du 29 août 1792, Lasource fait, dans ce sens, une motion patriotique que l'Assemblée adopte d'acclamation : « Puisque vous avez
» admis au titre de citoyens Français tous les philoso-
» phes étrangers qui ont combattu les tyrans par la force
» de la raison, vous devez aussi admettre au nombre des
» citoyens Français tous les étrangers qui subjuguent
» les despotes par la force des bayonnettes. Déjà vous
» avez accordé cette faveur aux Belges et aux Sardes ; je
» vous demande que cette même faveur soit étendue
» aux Prussiens qui vous en ont déjà fait la demande, et
» qu'il leur soit permis de former une légion qui portera
» le nom de légion des Vendales » (1).

Revenant encore, dans la séance du 31 août 1792, sur cette question d'armement national d'où dépendait le salut du pays et qui passionnait tous les patriotes : « Vous
» avez décrété, s'écrie-t-il, que le département de Paris
» et ceux qui l'avoisinent fourniraient 30,000 hommes ;
» vous avez fait une proclamation à cet effet. Il n'est pas
» naturel que ce département et ceux qui ont déjà fourni
» le 6ᵉ soient seuls assujettis à cette mesure extraordi-
» naire. Si c'est un fardeau, ce que je ne crois pas, il
» doit être supporté par tous les départements, toutes
» les communes. Si c'est une gloire, comme je le pense,
» elle doit être partagée par tous les citoyens de l'em-
» pire. Il ne s'agit plus de crier : Vive la nation ! il faut
» sauver la nation. Ce n'est point avec des chants de
» triomphe qu'on repousse les coups de canon, c'est
» avec du canon. Il faut que les Français montrent s'ils

(1) *Moniteur.* N° 242.

» sont nés pour la honte ou pour la gloire, pour l'escla-
» vage ou pour la liberté. On disait avant le 10 août qu'il
» fallait que la France entière se levât pour faire la
» Révolution. Paris seul s'est levé, et la Révolution a
» été faite ; mais il n'est pas juste qu'il la conserve seul,
» il faut que les autres départements y concourent. Je
» ne peux pas faire à ces départements l'injure de croire
» qu'il y ait une municipalité qui ne puisse fournir deux
» citoyens prêts à voler à la défense de la patrie. »

CHAPITRE IV

MASSACRES DE SEPTEMBRE ET DÉFENSE DE LA FRONTIÈRE

Double préoccupation. — Vengeance.— La Commune et Danton.
— Rapport de Lasource contre Montmorin — Massacres des
2, 3, 4, 5 septembre. — Responsabilité. — Nombre des victimes.
— Protestations tardives des Girondins. — Appel à l'union et
aux armes. — Les volontaires. — Rapport de Lasource sur la
défaillance des places et des individus. — Véhément discours
de Lasource contre la division et les traîtres. — Dumouriez
investi du commandement général. — Victoire de Valmy. —
Retraite des Prussiens. — Résumé.

> *« Il n'y a pas de crime en Révolution. »*
> (COLLOT D'HERBOIS).

LA double et vive préoccupation de l'intérieur et
de l'extérieur s'empare de plus en plus des
esprits ; l'imagination s'en mêle ; non-seulement on parle mystérieusement de complots
royalistes pour délivrer Louis XVI et massacrer les
républicains lorsque les troupes seraient à la frontière,
mais encore on parle vaguement du projet des Girondins
de transporter le gouvernement derrière la Loire, de
fonder une république fédéraliste. A tout cela vient
s'ajouter encore, chez les plus fougueux, une féroce soif
de vengeance pour les massacres du 10 août.

A cette époque, deux pouvoirs rivaux se disputent le
gouvernement de Paris : l'Assemblée et la Commune ;
mais la Commune l'emporte, et Danton domine la

Commune ; par ses relations avec les clubs, le Comité
de surveillance de la Commune, la multitude et le sanguinaire Marat qui demande 273,000 têtes pour le salut de
la patrie (1), Danton est le maître de Paris ; et, audacieux à l'excès, il incline vers une politique de représailles contre les Royalistes. Les mesures qu'il inspire
après la prise de Longwy, l'emprisonnement de 15,000
suspects et la bride lâchée aux aveugles colères du
peuple, pouvaient faire prévoir à bref délai une terrible
catastrophe. « Nous, républicains, s'écrie Danton dans
» un discours, nous sommes exposés à deux feux, celui
» de l'ennemi du dehors et celui des royalistes au
» dedans. » Les bruits les plus sinistres se répandent ;
Longwy livrée par trahison, Verdun assiégée, l'approche
des Prussiens, portent au comble la fermentation populaire.

Dans la même séance du 31 août 1792, où il avait
déjà parlé, Lasource présente, au nom de la Commission
extraordinaire et des Comités Diplomatique et de Surveillance réunis, un long *Rapport* sur la conduite de
M. Montmorin, ex-ministre des affaires étrangères. Il
lui reproche : 1° d'avoir sacrifié les intérêts de la France
à ceux de l'Autriche, en rejetant l'alliance avec la
Prusse ; 2° d'avoir caché la ligue et les préparatifs des
puissances étrangères, et de n'avoir pas provoqué en
France des préparatifs pour les prévenir ; 3° d'avoir caché les desseins et les mouvements des Princes rebelles,
et même de les avoir protégés. Les Comités avaient exa-

(1) « On me conteste le titre de philanthrope.... quelle injus-
» tice ! On ne voit pas que je veux couper un petit nombre de
» têtes pour en sauver un grand nombre. »

miné séparément chacun de ces griefs, et la conclusion
de cet examen approfondi était une proposition de mise
en accusation, qui fut unanimement décrétée. Voici quelques mots seulement de ce volumineux Rapport de 31
pages d'écriture fine : « Les horreurs vomies publique-
» ment contre la Nation Française ; les projets hostiles,
» leurs embauchements, une Cour formée à Coblentz ;
» une chancellerie montée ; une armée levée ; des can-
» tonnements sur les frontières ; des ambassadeurs
» expédiés de toutes parts ; — c'est ce que M. de
» Montmorin appelle des *démarches* et des démarches
» qu'on *impute ;* — tandis que la France et l'Europe
» entière attestent ces armements, ces préparatifs, ces
» ambassades, ces soulèvements des puissances étran-
» gères et tant de crimes qui portent l'empreinte de la
» plus odieuse des conspirations. On ne peut pas ne pas
» voir percer l'intérêt du Ministre pour les rebelles.
» Mais ce n'est pas de cette indulgence que vos Comités
» lui font un crime ; c'est d'avoir gardé le silence sur ces
» abominables manœuvres ; c'est de n'avoir pas engagé
» le Roi à démentir solennellement, par un acte formel
» et public, tout ce que les rebelles faisaient en son nom.
» Ce silence obstiné, cette négligence à faire démentir
» les manœuvres des rebelles par le Roi constitutionnel,
» est un grave sujet d'inculpation contre M. de Mont-
» morin. »

Pendant que l'Assemblée met en accusation ce Ministre perfide, le tocsin sonne, et le peuple frémissant,
ivre de fureur contre les ennemis dont il se croit menacé, exaspéré par toutes les clameurs des clubs et ne
trouvant pas le tribunal criminel extraordinaire assez
expéditif, se précipite lui-même dans les prisons ; là,

pendant quatre jours consécutifs, 2, 3, 4, 5 septembre, il s'abandonne, avec un dérisoire simulacre de justice, au plus barbare carnage des prisonniers. M. Aulard, dans son *Danton*, tente vainement d'innocenter son héros (1); car les déclarations antérieures de Danton, ses propres aveux, ses intimes accointances avec Marat, le créateur et le tenace inspirateur de l'idée d'une destruction en masse des contre-révolutionnaires (2), son pouvoir absolu sur la foule, tout trahit sa présence morale, son action directe dans cette immense et horrible tuerie. Il n'est pas jusqu'à Louis Blanc, si indulgent aux excès des Jacobins et des Cordeliers, qui n'avoue nettement sa connivence à l'épouvantable drame : « Il se présente, dit-il, au jugement de l'histoire le sang » de septembre sur les mains » (3). Au fait, ministre de la Justice, initié aux sinistres bruits, aux plans féroces qui circulent, il avait pour mission de veiller au salut des prisonniers, et, le massacre une fois commencé, d'y couper court aussitôt; tandis qu'il ne prend, ni avant, ni après, aucune mesure, soit pour le prévenir, soit pour l'arrêter. Mais si Danton, ministre de la Justice, laisse faire, Roland (4), ministre de l'Intérieur, n'intervient pas davantage; était-ce par sentiment d'impuissance devant l'irrésistible flot populaire? Ce ne serait point à

(1) Page 32.

(2) L. Quinet, *Hist. de la Révol.*, I, 380.

(3) *Hist. de la Révol.*, VII, 97, 144, 167, 188, 192.

(4) Bon nombre d'historiens écrivent Roland par deux *ll*, égarés peut-être par l'orthographe des *Mémoires* de Madame Roland; mais ce qui doit prévaloir, c'est la signature au bas des documents; or, le Ministre signait : Roland de Laplatrière, et sa femme : Roland, née Philipon.   (Note de M. B. Taillades.)

nos yeux une excuse suffisante ; la voix du devoir devait parler en souveraine. Toujours est-il qu'il déclara à l'Assemblée n'avoir pu prévoir, ni empêcher ces excès ; « qu'il faut peut-être jeter un voile sur ces événements ». L'Assemblée elle-même se montra d'une étonnante faiblesse, comme si elle était terrorisée par les furieux transports de la Commune ; et lorsqu'elle députa cinq de ses membres comme Commissaires à la prison de l'Abbaye, ils n'obtinrent des égorgeurs que cette insolente réponse : « Nous sommes à notre poste, allez au » vôtre ». L'Assemblée s'en tint là, pour le moment. Du reste, la Commune, qui avait déchaîné le lion populaire, n'aurait pas souffert d'être entravée dans son œuvre d'extermination. Envoyé à l'Abbaye, Billaud-Varenne, substitut du Procureur de la Commune, adressa ces paroles aux bourreaux en travail : « Braves gens, vous » immolez les ennemis du pays ; la Patrie reconnaissante » vous tiendra compte des sacrifices que vous faites » pour elle ». Et, en effet, la Commune paya 6 livres par jour aux 41 égorgeurs, sous cette étrange rubrique : « Pour le salaire de toutes les personnes qui *ont travaillé,* » au péril de leur vie, à conserver la salubrité de l'air, » dans les journées des 2, 3, 4, 5 septembre, ainsi que » de ceux qui ont présidé à *ces opérations :* 1463 livres » (1).

Les égorgeurs eurent donc libre carrière et ne déposèrent massues, piques et haches que par lassitude.....

____

(1) Voir pour les détails : *La Terreur.* VII, par Mortimer-Ternaux. Outre les sept prisons où s'accomplirent les massacres, l'Abbaye, la Conciergerie, la Salpêtrière, le Chatelet, la petite et la grande Force, Bicêtre, il ne faut pas oublier que la Province, en beaucoup d'endroits, suivit l'exemple de Paris ou plutôt obéit à ses ordres.

quand tout fut fini. Acte sauvage, digne d'exécration à
tout jamais, qui eut pour circonstances atténuantes
l'affolement général provoqué par les dangers de la patrie
et le fanatisme politique poussé au paroxisme; peut-être
aussi, conséquence horrible et inévitable d'une Révolution qui bouleverse l'ordre social, qui remet tout en
cause et enfante un monde nouveau. Napoléon a écrit
dans son *Mémorial de Ste-Hélène* : « Point de boulever-
» sement politique sans fureur populaire. Point de danger
» pour le peuple déchaîné, sans désordres et sans victi-
» mes. Les Prussiens entraient : avant de courir à eux,
» on a voulu faire main basse sur leurs auxiliaires dans
» Paris. Règle générale : jamais de Révolution sociale,
» sans terreur ». Mais il n'y a pas là une nécessité aussi
fatale que le prétend le grand despote; à ne pas vouloir
délivrer et chasser de Paris ceux que l'on accusait d'être
des auxiliaires de l'étranger, qu'est-ce qui empêchait, si
l'on n'eut pas perdu tout sang-froid, de faire simplement
bonne garde autour de leurs prisons? Non, quelles que
soient les circonstances qui expliquent ou atténuent le
crime, il n'en restera pas moins l'un des plus grands crimes de l'histoire.

Du reste, cet acte odieux ne tarde pas à porter des
fruits empoisonnés; il devient la cause la plus active des
luttes fratricides où les partis s'entredévorent mutuellement jusqu'au dernier, comme si une malédiction pesait
sur le premier sang versé et qu'il criât vengeance contre
quiconque en avait répandu.

« L'évaluation du nombre des victimes diffère dans
» les *Rapports* du temps; elle varie de 6 à 12,000 dans
» les prisons de Paris » (1). Peltier parle de 7,000; les

____

(1) Thiers, *Hist. de la Révol.*, II, p. 284.

Mémoires sur les journées de septembre, de 12,852 ;
Louis Blanc, toujours indulgent, non pour les forfaits
mais pour les partis extrêmes de la révolution, ne porte
qu'à 1480 le chiffre des morts dans ces lugubres journées ;
il se base sur les tableaux nominatifs, qu'il suppose com-
plets ; mais l'étaient-ils ? et, pour en diminuer l'horreur,
n'a-t-on pas commis des omissions volontaires ? Quoi
qu'il en soit, même 1480 est un chiffre énorme, quand on
pense que ce sont autant d'innocents arrêtés sans mandat
et massacrés sans jugement ; dans le nombre, 150 prêtres au moins, coupables de n'avoir pas prêté le serment
civil.

Ce n'est pas tout : sans affirmer, puisque la chose est
contestable, qu'il y eut aussi des assassinats dans les
rues et sur les ponts, comme à la St-Barthélemy des
Protestants, il n'est que trop certain que la Commune
insatiable invita, — sous le sceau ministériel de Danton,
— la Province à suivre ses sanglantes traces ; et l'on sait
qu'en maintes villes elle ne fut que trop obéie.

Cette boucherie humaine, pour laquelle la Commune
invoque la raison d'État, lui valut une prépondérance
incontestée, un règne absolu d'un an et demi. Mais cette
mare de sang sépara pour jamais les Girondins des Jacobins ; les Girondins, il est vrai, comme frappés de stupeur, se turent, ou à peu près, les premiers jours ; mais
bientôt ils firent entendre des récriminations ardentes et
incessantes. Ils cherchèrent à exciter la réprobation des
départements contre leurs rivaux et contre Paris. Nous
leur reprochons leur faiblesse ; car, en intervenant énergiquement, ils eussent pu arrêter l'effusion du sang ;
leur devoir, du moins, était de le tenter. Quant aux
Jacobins, ils étaient initiés au plan de la tuerie et en

connivence avec ses acteurs principaux ; et parmi les Jacobins, les chefs, en particulier, portent la responsabilité directe du forfait.

Ce n'est que vers la mi-septembre, le 16, que les Girondins commencèrent à tonner contre le crime, alors que le sang est déjà essuyé de partout. Vergniaud s'écrie dans un magnifique langage : « J'éprouve une » vive affliction de voir que les bons citoyens se cachent » et laissent triompher les hommes à la fois hypocrites » et féroces, toujours prêts à se montrer dans les cala » mités publiques, comme ces insectes malfaisants que » la terre ne produit que dans les orages ; ces hommes » qui aristocratisent la vertu même pour acquérir le droit » de la fouler aux pieds, et qui démocratisent le crime » pour s'en rassasier, sans avoir à craindre le glaive de » la justice. » En même temps, il a la vive intuition que les proscriptions passées ne sont que le prélude des proscriptions futures, et il le déplore, vu les dangers imminents qui commandent l'union. « Au camp, dit-il en » terminant, au camp ; oublions tout, excepté la patrie ». Mais le sort en était jeté et l'on ne devait plus rien oublier du passé, jusqu'à l'extermination successive de tous les partis. Le premier effet politique du massacre fut le rapprochement plus intime de Danton, de Robespierre et de Marat, qui resserrent leur coalition contre les Girondins. Le parti vainqueur, changeant de but, poursuit non la liberté, mais le salut public ; le parti terroriste cherche désormais à dominer la Commune pour dominer Paris, Paris pour dominer l'Assemblée et l'Assemblée pour dominer la France.

Un immense élan est imprimé à la défense nationale ; la *Marseillaise* remplit l'air d'un souffle d'enthousiasme,

enivre tous ceux qui volent aux frontières, par 2000
chaque jour. Lasource, qui ne recule devant aucune
grave initiative quand il y va de la justice ou de l'intérêt
de la patrie, présente, le 9 septembre 1792, un *Rapport*
au nom de la Commission extraordinaire, à la suite duquel est adoptée la décision suivante :

« L'Assemblée nationale, considérant qu'une Cour
» conspiratrice, secondée par un ministère perfide, avait
» encouragé dans toutes les villes de guerre des intel-
» ligences tendant à livrer ces places à l'ennemi à me-
» sure qu'elles seraient attaquées ; que c'est par l'effet
» de ces trahisons combinées que les villes de Longwy
» et de Verdun ont été lâchement livrées aux ennemis
» de la patrie ; que rien n'importe plus au salut public
» que de contenir les traîtres, d'intimider les conspira-
» teurs, de chasser les lâches qui pourraient se trouver
» dans les places menacées et empêcher qu'ils déshono-
» rent le nom Français, en imitant la bassesse et la
» perfidie des habitants de Longwy et de Verdun ;

» Décrète qu'il y a urgence ;

» Décrète que, dans toutes les places en état de siège
» ou menacées, le commandant militaire pourra faire
» sortir, après les avoir désarmés, tous les citoyens qui
» lui paraîtront suspects, faire raser la maison de tout
» citoyen qui parlerait de se rendre, et, s'il n'a pas de
» maison, faire publiquement brûler tous ses meu-
» bles (1). »

La surexcitation est extrême et, chaque jour, c'est
un nouvel émoi suivi de nouvelles mesures. Les imaginations s'exaltent ; les ardents ne se possèdent plus.

____

(1) *Moniteur,* N° 253.

Lasource multiplie ses suspicions, ses discours, son action ; le 18 septembre encore, il monte à la tribune : « Vous avez, dit-il, renvoyé à votre Commission l'exa- » men d'une foule d'objets relatifs aux circonstances » critiques dans lesquelles nous nous trouvons. Plu- » sieurs *Rapports* étaient prêts, lorsqu'elle s'est aperçu » que toutes les mesures partielles étaient inutiles et » qu'il en fallait prendre une grande qui attaquât le » mal dans sa racine. On n'a pu enchaîner la France, » on veut la déshonorer. On fait courir le bruit que les » députés à la Législative seront égorgés; des émissaires » répandus dans les départements accréditent cette » calomnie. Voulez-vous savoir quel est le but de ces » manœuvres ? D'intimider les membres de l'Assemblée » pour les empêcher de se réunir, de détruire ainsi le » centre d'unité et préparer par là l'arrivée des troupes » ennemies.

» Pour dernière ressource, on veut piller et incendier » Paris. Les bons citoyens veillent, sans doute, pour » déjouer toutes les conspirations. C'est par les haines » individuelles qu'on veut amener cette désorganisation. » Que le peuple sache donc que tous ceux qui lui con- » seillent le crime sont ses véritables ennemis, sont » ceux qui veulent détruire la liberté publique. Au nom » du serment que nous avons prêté, de l'honneur na- » tional que nous sommes chargés de maintenir, for- » mons un faisceau de courage que rien ne puisse » ébranler. On ne peut trop le répéter ; désunis, nous » serons vaincus ; réunis, nous pourrons donner la » liberté à l'Europe entière. Nous n'ignorons pas qu'il » y a dans cette capitale, 5 ou 600 hommes soudoyés » par Brunswick et Coblentz. J'annonce qu'on a pris

» contre eux des mesures sévères et que bientôt on
» s'assurera de leurs personnes. La Commission fera son
» *Rapport* ce soir. »

Plus l'orage gronde à la frontière, plus la perplexité
et la fureur augmentent, au sujet des ennemis supposés
ou réels qui se cachent dans la capitale. Tandis que les
volontaires surgissent de tous côtés et vont faire de
leurs poitrines un rempart à l'invasion, on travaille avec
fièvre à se garantir d'un coup de main, à l'intérieur.
Une fois Lafayette parti et remplacé par Kellerman,
Dumouriez reçoit le commandement général. Mais il
ne peut, dès l'abord, opposer que 25,000 hommes aux
80,000 prussiens qui s'avancent. Il temporise, et cédant à un éclair de génie, il leur barre les passages de
la forêt de l'Argonne. Le 20 septembre, après l'heureux
combat de Valmy qui inspire à nos jeunes troupes le
sentiment de la force invincible du patriotisme, — la
retraite de Brunswitz commence et eût pu se terminer
par un désastre, si les Français l'avaient vivement pour-
suivi. N'importe, la demi-victoire de Valmy suffit à
électriser la nation. Et l'on peut affffirmer que ce fut une
journée de salut pour la Révolution.

Tel est, en deux mots, l'enchaînement logique des
faits ; la réaction de l'intérieur provoque le décret contre les prêtres non assermentés, et le péril du dehors
le décret contre les émigrés. La coalition des puissances
déchaîne la guerre ; le veto du Roi aux deux Décrets
de l'Assemblée éveille la suspicion des Girondins. Par
l'insurrection du 20 juin, le peuple veut imposer au Roi
la signature des Décrets ; et, devant l'obstination du
Roi, désespérant de lui et de la Royauté, il brise le trône
dans la tempête du 10 août.

C'est ainsi que de loin, quand la poussière des événements est tombée, on voit clairement la succession des causes et de leurs effets, — succession que domine de haut la cause des causes ; et l'on assiste à l'accomplissement du mot si vrai de Bossuet : « *L'homme s'agite et Dieu le mène.* »

TROISIÈME PARTIE

L'HOMME POLITIQUE — LA CONVENTION

—

CHAPITRE PREMIER

LASOURCE PASSE A LA GIRONDE

Nomination des Conventionnels. — Première séance de la Convention, 21 septembre 1792. — Abolition de la Royauté ; proclamation de la République et de l'ère nouvelle. — Caractère des Girondins et des Montagnards. — Leur duel. — Anarchie dans Paris. — Vigoureux discours de Lasource contre la dictature. — Création de 24 Comités : Lasource, membre des trois plus importants. — Omnipotence du club des Jacobins. — Vaine tentative de réconciliation. — *Rapport* de Lasource sur les généraux en pays ennemi. — Dissentiments croissants. — Crainte de la dictature de Robespierre. — Lettre de Lasource au pasteur Nazon, de Castres. — Les deux méthodes : la liberté par la liberté, la liberté par la force. — Terrible accusation de Louvet contre Robespierre.

> « *France, guéris-toi des individus.* »
> A. CLOOTZ.

ANS la période d'anarchie et de terreur que traverse la France, du 10 août à la Convention, — chacun se tourne avec espérance vers cette dernière assemblée, — attendant d'elle le rétablissement de l'ordre et de la justice.

Les assemblées primaires convoquées, les députés sont nommés sur tout le territoire de la France. Ceux du Tarn, au nombre de 9, avec 3 suppléants, sont élus à Lavaur, dans l'église des Cordeliers ; deux surtout méritent d'être signalés : Lacombe St-Michel et Lasource, qui, sur 438 suffrages, en obtint 275, juste récompense que lui décernait son pays pour ses talents et ses services.

Daus la nuit du 20 au 21 septembre 1792, les nouveaux élus se réunissent dans une des salles du Palais des Tuileries et, les pouvoirs vérifiés en moins de trois heures, se constituent en Convention Nationale. La Gironde y domine par le nombre et par le talent ; aussi les Girondins seuls forment-ils le bureau : Pétion, président ; Brissot, Condorcet, Vergniaud. Lasource, Rabaut St-Étienne et Camus, secrétaires (1).

Sur les 749 membres qui se réunissent dant la salle des Tuileries, 75 avaient fait partie de la Constituante, 183 de la Législative ; les autres, nouveaux venus, sans parti pris en général, masse flottante, devaient devenir la proie des plus tenaces, des plus audacieux groupées d'abord autour des généreux et brillants Girondins, ils ne tardèrent pas à être subjugués par l'indomptable énergie et le brûlant patriotisme des montagnards.

Dans la première séance, la Royauté virtuellement abolie depuis le 10 août, est abolie de droit, et la République proclamée ; ce fut par ce premier acte solennel que l'Assemblée voulut inaugurer ses délibérations, destinées à tant d'orages : « L'Assemblée nationale décrète » que la Royauté est abolie en France. »

(1) *Hist. Parlementaire*, t. XIX, p. 7 ; — les Jacobins n'étaient que 113, mais doués d'une extrême énergie.

Elle décrète aussi, ce qui donne la mesure de son ardeur, que les femmes porteront la cocarde nationale, sous peine de 8 jours de détention pour la première fois; d'être à la deuxième fois déclarées suspectes et enfermées jusqu'à la paix.

Un député demande qu'on vote des remerciements à l'Assemblée législative; Chabot répond que le salut de la France n'était dû qu'à la Commune de Paris et aux Jacobins. Lasource riposte énergiquement à Chabot, en traçant le tableau des crimes commis après le 10 août. Danton l'interrompt, et le débat s'envenimait, lorsque une députation de l'Assemblée législative vint y mettre fin, en annonçant qu'elle avait clos sa session (1).

Le lendemain, Billaud-Varenne proposant de dater désormais, non de l'an IV de la liberté, comme on le faisait, mais de l'an Ier de la République, — Salles répond que la liberté a commencé en 1789, à la prise de la Bastille et à la *Déclaration des droits de l'homme*. Lasource alors, appuyant la motion de Billaud-Varenne: « Il serait » ridicule de dater encore de l'an IV de la liberté; car, » sous la Constitution, le peuple n'avait point de liberté » véritable (*Applaudissements*). Eh quoi! Citoyens (2), » lorsque les patriotes étaient exclus des fonctions pu- » bliques, lorsqu'ils étaient chassés des armées par des » intrigants, lorsqu'ils étaient persécutés, opprimés sous » toutes les formes par des autorités tyranniques, les » Français étaient libres! Non, Citoyens, non! Nous « ne sommes libres que depuis que nous n'avons plus de

----

(1) *Mémoires de Daunou*, chap. II.

(2) « Citoyens... » Les choses avaient marché; sous la Législative, on s'appelait « Messieurs. »

» rois (*Applaudissements*). Je demande donc que l'on
» date de l'an Ier de la République. » A la suite de cette
harangue, la Convention décrète : « Tous les actes pu-
» blics porteront dorénavant la date de l'an Ier de la
» République Française. »

C'est donc le 22 septembre 1792 que s'ouvre la nouvelle ère républicaine, et le 27 du même mois que fût publié à Castres le décret portant abolition de la Royauté.

Mais après ce vote unanime, les partis se retrouvè-
rent en présence : les Girondins, dépourvus d'esprit politique, sans plan déterminé, sans but ferme, sans accord
préalable, marchant au gré des événements, au lieu de
les prévenir et de les diriger, et laissant échapper entre
les mains de leurs adversaires, leurs inférieurs en intelligence et en conscience, mais plus habiles et plus pratiques, une Assemblée qui inclinait manifestement vers
eux. Mme Roland, qui les connaissait si bien, presque
leur nymphe-Egérie, porte sur eux cet impartial et sûr
jugement, dans les *Mémoires* qu'elle écrit au fond de sa
prison, au pied de l'échafaud :

« Excellents raisonneurs, bons philosophes, savants
» politiques en discussion, mais n'entendant rien à mener
» les hommes et par conséquent à influer dans une
» assemblée.....

» Ce qui me frappe davantage et me fait une peine sin-
» gulière, c'est cette espèce de parlage et de légèreté,
» au moyen desquels des hommes de bon sens passent
» 3 ou 4 heures ensemble, sans rien résumer. Prenez les
» choses en détail : Vous avez entendu soutenir d'ex-
» cellents principes, donner de bonnes idées, ouvrir
» quelques vues ; mais, en masse, il n'y a point de mar-
» che tracée, de résultat fixe et de point déterminé vers

» lequel il soit convenu que chacun parviendra de telle
» manière. J'aurais quelquefois souffleté d'impatience
» ces sages, que j'apprenais chaque jour à estimer, pour
» l'honnêteté de leur âme, pour la pureté de leurs inten-
» tions (1).

Tandis que les Montagnards, élus par la Capitale (du
moins les chefs), savent ce qu'ils veulent et y tendent
avec un irrésistible emportement, indomptables et point
soucieux des scrupules. La fin pour eux justifie les
moyens. Ils s'appuient sur la Commune, sur la plèbe,
sur les Clubs Jacobins qui se ramifient dans la France
entière ; alors que les Girondins, privés de l'appoint des
Constitutionnels et se défiant de la multitude, n'ayant
ni le haut, ni le bas de la Société, en sont réduits à ne
compter que sur eux-mêmes. Certes, ils représentaient
une grande force, et Louis Blanc, bien que leur étant
décidément hostile, ne peut se défendre de rendre
hommage à leur éclatant mérite : « Dans l'Assemblée
» précédente, les élections n'avaient guère envoyé que
» des jeunes gens, que des inconnus ; mais ces jeunes
» gens, membres de l'Assemblée nouvelle, se trouvaient
» avoir vécu maintenant des milliers d'heures actives;
» mais ces inconnus, la Révolution n'avait eu besoin
» que de quelques mois pour les faire monter au haut
» de l'histoire, et ils s'appelaient pour le monde entier :
» Vergniaud, Condorcet, Guadet, Gensonné, Lasource,
» Isnard... Ce parti de la Gironde, si brillant déjà dans
» la Législative, de quel éclat ne semblait-il pas devoir
» rayonner dans la Convention, grossi qu'il était de
» tant d'illustres recrues — les Laujuinas, les Buzot,

(1) *Mémoires* de Mad. Roland, par Faugère, 2 vol.

» les Rabaut St-Etienne, les Barbaroux ? » (1). Ils rêvaient une république bourgeoise, honnête, modérée, — conservatrice, comme de nos jours la demandait Thiers ; athénienne, comme la désirait J. Simon. « Elevés » dans les souvenirs classiques de l'ancienne Rome, ils » appartenaient à la classe moyenne d'où sortent les » orateurs et les écrivains ; le sang de la bourgeoisie est » du sang romain » (2).

Le sang plébéien coulait, au contraire, dans les veines des Montagnards, il leur fallait une république à forte carrure, autoritaire, qui imposât par la violence et le sang même ce qui formait leur idéal, savoir : la liberté, l'affranchissement de toutes les misères, le bonheur universel. Voulant quand même réussir, — de là, des efforts gigantesques, des effets qui tenaient du prodige ; de là, la grandeur de la Révolution reconnue même par ses ennemis.

Deux tempéraments, deux systèmes opposés qui s'excluaient l'un l'autre. Leur duel avait depuis longtemps commencé ; mais il va se poursuivre avec une furie croissante et ne cessera qu'avec la disparition des vaincus. L'injustice y jouera son rôle, et, comme dans les luttes extrêmes, on se jettera à la face les accusations les plus passionnées, les plus calomnieuses : la Gironde reprochant à la Montagne de chercher la désorganisation sociale, et la Montagne reprochant à la Gironde de travailler au démembrement de la France. C'est ainsi que tous, aussi bons républicains et patriotes les uns que les autres, mais prenant leurs soupçons pour des faits, leurs

(1) Louis Blanc, *Hist. de la Révol.*, VII, p. 240.
(2) Michelet, *Hist, de la Révol. Franç.*

chimères pour des réalités, vont se déchirer avec fureur
jusqu'à l'extermination, pour la honte et le deuil de la
Convention, de la patrie et de l'humanité. La Gironde
commença l'attaque et la renouvela sans cesse sur les
massacres de septembre et sur les projets de dictature.
Eut-elle tort de le faire ? En tous cas, si Danton, Robespierre, les Montagnards paraissent au début plus conci-
liants, c'est que leur politique personnelle leur en fait une
nécessité : ils ont besoin qu'on oublie leur passé et qu'on
ne mette pas au jour leurs visées d'avenir. La province
avait envoyé à l'Assemblée nationale une masse de députés imbus d'un vif esprit de réaction contre l'anarchie
et les massacres de septembre. Et comme les factions
tiennent encore le haut bout dans Paris, menaçantes,
aux ordres de la tyrannie jacobine ; comme les désordres recommencent dans les départements, l'une des
premières motions présentée par Roland, soutenue par
la Gironde et votée par l'Assemblée, est une loi contre
les provocations au meurtre : « Sur tous les murs de la
» Capitale, s'écrie Kersaint, on lit des affiches qui
» provoquent aux meurtres, aux incendies, aux pillages,
» et des listes de proscriptions où sont désignées chaque
» jour de nouvelles victimes... Il faut, pour l'honneur
» de la Révolution, arrêter tant d'excès et distinguer
» entre la bravoure civique qui a bravé le despotisme
» au 10 Août, et la cruauté servant, aux 2 et 3 septem-
» bre, une tyrannie muette et cachée. »

Mais lorsque les Girondins, pour sauvegarder la liberté et la sécurité de la Convention, proposèrent de
former une force indépendante qu'on puiserait dans les
83 départements, — Lasource, avec sa fougue habituelle,
s'écria : «Je crains le despotime de Paris. Je ne veux

» pas qu'il devienne ce que fut Rome dans l'Empire
» Romain ; il faut que Paris, soit réduit à un quatre-
» vingt-troisième d'influence. » Les Montagnards s'éle-
vèrent énergiquement contre ce qu'ils regardaient
comme une injure à Paris ; et la majorité s'opposa à la
création d'une garde départementale ; grave échec moral
des Girondins ; c'était l'ouverture des hostilités ; elles
se continuèrent acharnées, sans trêve ni merçi.

Le lendemain, dans la séance du 25, quelques Montagnards revenant sur la discussion de la veille et préten-
dant que légiférer contre les agitateurs, c'était ouvrir la
porte à l'arbitraire, — Merlin de Thionville s'écrie :
« Le véritable ordre du jour, c'est de faire cesser les
» défiances qui nous divisent. On parle de tyrans, de
» dictateurs : je demande qu'on les nomme et qu'on me
» désigne ceux que je dois poignarder. Je somme
» Lasource qui m'a dit hier qu'il existait un parti dicta-
» torial de nous le désigner (1).»

Lasource, « ami de Vergniaud, et ausssi éloquent »,
se lève, indigné de cette interpellation : « Il est bien
» étonnant, dit-il, qu'en m'interpellant le citoyen Merlin
» me calomnie ! Je n'ai point parlé de dictateur, mais
» de dictature. J'ai dit que certains hommes, ici, me
» paraissent tendre par l'intrigue à la domination. C'est
» une conversation particulière que le citoyen Merlin
» révèle. Mais, loin de me plaindre de cette indiscré-
» tion, je m'en applaudis. Ce que j'ai dit en confidence,
» je le redirai à la tribune et j'y soulagerai mon cœur.
» Hier au soir, aux Jacobins, j'entendis dénoncer les
» deux tiers de la Convention comme conspirant contre

(1) Lamartine, *Girondins*, III, 272.

» le peuple et contre la liberté. En sortant, des citoyens
» se groupèrent autour de moi ; le citoyen Merlin se
» joignit à eux. Je leur peignis, avec une chaleur dont
» je ne sais pas me défendre quand il s'agit de ma
» patrie, mon inquiétude et ma douleur. On criait con-
» tre le projet de loi qui demande la punition des pro-
» vocateurs à l'assassinat. J'ai dit et je dis encore que
» cette loi ne peut effrayer que ceux qui méditent des
» crimes et qui les rejettent ensuite sur le peuple dont
» ils se disent les seuls amis ! On criait contre la pro-
» position de donner une garde à la Convention. J'ai
» dit et je redis encore que la Convention nationale ne
» peut ôter à tous les départements de la République
» le droit de veiller au dépôt commun et à la liberté de
» leurs représentants. Ce n'est pas le peuple que je
» crains, c'est lui qui nous a sauvés ; et puisqu'il faut
» enfin parler de soi-même, ce sont les citoyens de
» Paris qui m'ont sauvé, là, sur la terrasse des Feuil-
» lants. Ce sont eux qui détournèrent de moi la mort
» dont j'étais menacé, qui éloignèrent de mon sein
» trente coups de sabre. Non, ce n'est pas les citoyens
» que je crains, ce sont ceux qui ont provoqué le meur-
» tre et le pillage, qui désignent aux poignards les
» membres courageux de la Convention et qui imputent
» au peuple les excès qu'ils ordonnent eux-mêmes.

» J'interpelle, à mon tour, Merlin : N'est-il pas vrai
» qu'il m'a averti en confidence, un de ces jours, au Co-
» mité de Surveillance, que je devais être assassiné sur
» le seuil de ma porte, en rentrant chez moi, ainsi que
» plusieurs de mes collègues ? Je crains la domination
» des intrigants.

» Il est une faction qui travaille à dissoudre la Con-

» vention, et à élever la dictature sur ses ruines. C'est
» cette faction qui a lancé ses décrets arbitraires ; qui a
» ordonné l'arrestation de huit de mes collègues le jour
» même où se commettaient les massacres de septembre ;
» qui a soudoyé des brigands pour piller, des assassins
» pour égorger, et qui a eu l'audace d'imputer au peuple
» ses propres crimes. Dussé-je ne sortir de cette enceinte
» que pour tomber sous le poignard de ces scélérats, je
» mourrais satisfait d'avoir soulevé le voile qui les cache ;
» avant qu'il soit peu, je les démasquerai à cette tribune
» même. — Oui, je crois qu'il existe un parti qui veut
» dépopulariser l'Assemblée nationale, la dominer et la
» perdre, en régnant sous un autre nom, en réunissant
» tout le pouvoir national entre les mains de quelques
» individus. Ma prédiction sera peut-être justifiée par
» l'événement ; mais je suis bien loin de croire que la
» France succombe sous les efforts de l'intrigue, et j'an-
» nonce aux intrigants, qu'à peine démasqués ils seront
» punis, et que la puissance nationale qui a foudroyé
» Louis XVI foudroyera tous ces hommes avides de
» domination et de sang (1). »

Un immense applaudissement couvrit cette ardente
philippique. L'énergie de Lasource semblait avoir rendu
la respiration à l'Assemblée (2). Rébecqui, de Marseille, se lève :

« Oui, s'écrie-t-il, il existe dans cette assemblée un
» parti qui aspire à la dictature, et le chef de ce parti, je
» le nomme, c'est Robespierre ! » Sur quoi, Marat montant à la tribune pour la première fois : « Si, dit-il, quel-

(1) Buchez et Roux, *Hist. Parlementaire*, XIX, p. 78.
(2) Lamartine, III, p. 272.

» qu'un est coupable d'avoir jeté dans le public cette
» idée de dictature, c'est moi. Ni Robespierre, ni Dan-
» ton ne l'ont admise ; j'appelle donc sur ma tête seule
» les vengeances de la nation... » Puis, il explique qu'il
ne voulait confier la dictature à un citoyen intègre, que
pour couper le mal dans sa racine, et fonder la liberté.
Après de violents débats, l'Assemblée passe à l'ordre du
jour, ne voulant pas donner suite à cette double accusation contre Robespierre et contre Marat. Danton fut
applaudi quand il demanda la peine de mort contre quiconque proposerait la dictature ou le triumvirat (1). Mais,
en même temps, il ajouta que pour prévenir le régime
fédératif, la division de la France en plusieurs sections
rêvée par quelques-uns, il fallait proclamer la République une et indivisible. Tous s'unirent dans cette proclamation ; mais ce vote n'en fut pas moins exploité contre
les Girondins ; ceux-ci pourtant n'avaient voulu transporter le gouvernement derrière la Loire qu'au cas de l'entrée de l'ennemi dans Paris, ou se faire un rempart de
la province, si Paris eût exercé son oppression sur l'Assemblée. Mais quand la guerre de partis s'allume, on va
vite aux extrêmes ; sciemment d'abord, on dénature les
principes et les desseins de l'adversaire ; puis, transfor-
mant en réalités ses propres imaginations, on en vient,
d'un point de départ factice, à un farouche fanatisme, à
pourchasser les Montagnards comme des dictateurs, à
immoler les Girondins comme des traîtres, des fédéralistes.

Bien que plus nombreuse, la Gironde est impuissante ;

(1) On parlait beaucoup du triumvirat de Robespierre, Danton
et Marat.

elle échoue dans ses diverses tentatives et son autorité morale en est atteinte. Néanmoins, en octobre 1792, elle met heureusement la main à la réorganisation des pouvoirs publics et elle constitue, pour activer et diriger les affaires, 24 comités. Lasource est nommé membre des trois comités les plus importants : de salut public, de sûreté générale, de défense nationale. Ce dernier, entr'autres, se compose des membres les plus influents de la Convention qui, pendant son règne, dirigent seuls la politique intérieure et extérieure.

Mais le club des Jacobins jouit d'un immense ascendant. Voici comment s'exprime à son sujet un journal du temps, *La Bouche de fer :* « La Société des Jacobins fait
» seule les décrets, gouverne la Cité, dispose des récom-
» penses, et l'Assemblée n'a qu'à se prononcer sur les
» décrets arrêtés la veille. Il est affreux, infernal, exé-
» crable, jésuitique, d'oser dire comme les Jacobins :
« Hors de notre Église, point de salut. Patriotes qui
» vous réunissez sous leurs enseignes. ne voyez-vous
» pas l'intolérance de vos maîtres et l'espèce d'adoration
» qu'ils exigent de leurs esclaves? » Toute mesure, toute loi était décidée d'avance au club des Jacobins; aussitôt après, la Commune, les 48 sections, les clubs de France affiliés sont prévenus ; la délibération jacobine retourne sous forme d'adresse ou d'émeute à la Convention et celle-ci n'a plus qu'à plier sous cette factieuse autorité.

Telle est la fascination exercée par le club des Jacobins, que le général Dumouriez lui-même, venu à Paris pour rendre compte de ses opérations militaires, est obligé de comparaître à sa barre, après s'être montré à celle de la Convention. Il y reçoit même de Collot-d'Herbois le reproche « d'avoir reconduit le roi de Prusse avec trop de politesse ».

Dumouriez avec ses longues vues et Danton avec son génie d'homme d'état sentent que la réconciliation des Girondins et des Jacobins est indispensable au salut de la République et ils s'y emploient de leur mieux. Mais ce projet de paix vient se briser contre l'esprit autoritaire des Montagnards et le caractère ombrageux des Girondins. Il semble bien, un instant, que la trêve est signée, après le passage de Dumouriez, sous le poids des ardentes préoccupations publiques, des victoires de la frontière, du décret qui, le 9 octobre, remplace les titres de Monsieur et de Madame par ceux de Citoyen et Citoyenne, qui bannit les émigrés à perpétuité, punit de mort ceux qui sont pris les armes à la main et refuse de soumettre à la sanction du peuple l'abolition de la Royauté (16 octobre).

En particulier, les prodiges des armées françaises qui, dans une vigoureuse offensive, ont partout foulé le sol des nations étrangères, font une heureuse diversion aux soupçons et aux luttes des partis, en même temps qu'ils imposent de nouveaux devoirs à l'Assemblée nationale. Chargé par le comité d'un *Rapport* sur la conduite à prescrire aux généraux français en pays ennemi, Lasource en donna lecture dans la séance du 24 octobre 1792 (1). Présenté à l'occasion de l'entrée en Savoie du général

---

(1) *Rapport* fait au nom du Comité diplomatique sur la conduite à prescrire aux généraux français en pays ennemi, par Marc-David-Alba Lasource, député du Tarn, — le 24 octobre, l'an Ier de la République ; — imprimé par ordre de la Convention nationale ; 14 pages, in-8°.

Montesquiou, il applique une même règle de conduite à
tous les généraux français à l'étranger : la sûreté des personnes, le respect des propriétés, l'indépendance des
opinions. « Il ne s'agissait, d'abord, que du général Mon-
» tesquiou, qui, seul, avait porté ses armes hors des
» limites de la République ; lui seul demandait des
» ordres ; mais bientôt Custine fut à Spire, Anselme à
» Nice et Dumouriez marchait sur le Brabant ; dès
» lors, c'est un rapport applicable à tous les généraux
» que nous vous présentons.........................
» Les révolutions sont le sommeil des lois. Lorsqu'elles
» arrivent, des mouvements produits par des passions
» viles se mêlent au mouvement général que produit la
» sublime passion de la liberté ; les haines individuelles
» se mêlent à la haine des tyrans ; la férocité des mons-
» tres à la colère des hommes et les poignards des assas-
» sins à la massue des peuples. Une révolution n'est
» souvent ensanglantée que par les crimes qui se cou-
» vrent de son manteau ; et ce que l'opinion et l'histoire
» mettent sur le compte des nations, n'est que l'œuvre
» sourdement méditée de quelques scélérats obscurs,
» qui en sont à la fois l'opprobre et le fléau. » De là, la
nécessité de protéger les personnes, non moins que les
propriétés..... « La trop grande inégalité des fortunes
» peut être un vice de l'état social, mais le pillage est
» toujours un crime ; le laisser commettre en présence
» de vos armées, ce serait le commander. Que les anar-
» chistes ne viennent point étaler leurs révoltantes maxi-
» mes. Vous n'entendez pas, citoyens, que, sous pré-
» texte de révolution, chacun qui n'a pas prétende avoir
» droit à tout ce qu'il désire et qu'il peut atteindre. Ceux
» qui oseraient prêcher cette infernale maxime, en la

» couvrant fallacieusement du grand principe de l'égalité
» des droits, ne seraient point à vos yeux des patriotes,
» mais des brigands ».........................
Il s'agissait, enfin, en envahissant les pays étrangers,
de maintenir l'indépendance des opinions.... « Que cha-
» que citoyen des pays où entreront les soldats français,
» soit aussi maître de son opinion, en présence de vos
» armées, que dans le secret de sa conscience. Si la
» moindre atteinte était portée à cette sainte indépen-
» dance, les révolutions que vous voulez faire ne s'opé-
» reraient que par la terreur qu'inspirent les armes. Ce
» ne seraient point des révolutions ; et les infortunés
» habitants des contrées où entreraient vos phalanges,
« n'auraient fait que changer de tyrans. Que les géné-
» raux proclament les droits de l'homme ; qu'ils fassent
» retentir le territoire des despotes vaincus du principe
» éternel de la souveraineté des peuples ; qu'ils invitent
» les peuples à briser leur joug, à se donner des lois qui
» soient l'émanation sacrée de leur volonté suprême.....
» Mais qu'ils se taisent quand il s'agira du choix ; qu'ils
» ne puissent jamais proposer aux peuples une forme de
» gouvernement, car leurs propositions ressembleraient
» à des ordres ; la force n'a point d'avis. Un général qui
» conseille à la tête d'une armée est un maître qui com-
» mande...
» Voilà, citoyens, la conduite que vous devez tracer à
» vos généraux... Le bruit du canon qui foudroya le
» palais de Louis XVI a retenti dans l'Europe et a
» éveillé les peuples, qui, étonnés de leur long sommeil,
» honteux de leur humiliation, indignés de leur escla-
» vage, sont impatients de rompre leurs fers. Déjà, le
» drapeau tricolore flotte aux sources de l'Isère, au

» nord de la Méditerranée et sur les deux rives du
» Rhin. Le génie de la liberté a pris l'essor ; il plane
» sur l'univers ; les nations le fixent, le contemplent,
» s'embrasent de son feu sacré et les vœux prononcés
» des nations sont des arrêts du destin que ne changent
» pas les tyrans. Le genre humain commence à croire
» qu'il n'est pas né tout exprès pour les sanguinaires
» jouissances d'une centaine d'anthropophages en pos-
» session de les dévorer. Bientôt on ne montrera les
» sceptres et les couronnes que comme on montre les
» dépouilles d'animaux féroces qu'on a détruits.»

Ce *Rapport* conclut par un projet de décret d'après
lequel la Convention nationale, renonçant aux conquêtes, résolue à respecter le saint principe de la souveraineté des peuples, jalouse de dissiper toutes les inquiétudes, prescrit aux généraux français :

1° De respecter personnes, propriétés, opinions ;

2° De ne pas inviter les peuples à adopter les lois
françaises, ni une forme déterminée de gouvernement ;

3° De ne prendre possession d'aucun territoire.

Telles sont les sages dispositions d'un décret qui atteste de hautes vues politiques, comme aussi le profond
sentiment des droits sacrés de tout être humain ; le
style, en dépit de l'enflure, maladie endémique du
temps, révèle un maître écrivain et les développements
ne laissent aucun doute sur l'ardent républicanisme du
Rapporteur et des Girondins dont il était l'organe.

Cependant, il fut jugé tiède, feuillantin, par la Montagne qui, plus que jamais, vit en Lasource et ses amis
des adversaires de la liberté. Ah ! si, au lieu de s'entre-
déchirer, on s'était appliqué à se rendre mutuellement
justice et à travailler ensemble à l'œuvre commune,

gigantesque, qui n'avait pas trop du concours de tous
les caractères et de tous les talents !

Mais dès que les pressantes affaires créent un instant
de relâche, le combat recommence, acharné. La Gironde, du moins dans la Gironde la faction de Roland,
redoute l'immense pouvoir de Robespierre ; il est maître
absolu au Club des Jacobins où les Girondins ne se rendent plus et par le club des Jacobins, il entraîne la
Commune et la force populaire ; les Girondins, hantés
de la crainte de sa dictature, se décident à reprendre
contre lui cette accusation que cependant l'Assemblée
avait déclarée calomnieuse. dans sa séance du 25 septembre. Mais c'est ici. avant cette nouvelle attaque, que
doit trouver sa place une intéressante lettre de Lasource
à son ami et ancien collègue, le pasteur Nazon de
Castres (1).

Paris, 14 novembre de l'an Ier.

Il est temps, en effet. que je t'écrive, mon cher Nazon;
il y a si long-temps que je ne l'ai fait ; mais, en vérité, je
ne sais où donner de la tête. Tu n'as pas tort de voir
avec peine nos divisions ; j'en présente les causes à la
Société (le club des Jacobins de Castres); tu verras ma
lettre ; j'y parle d'une manière ménagée : à toi je parlerai sans détour. Quand tu blâmes ceux qui ont cessé
d'aller aux Jacobins, tu ne sais pas, mon ami, ce qu'est
cette Société depuis quelque temps. Les scélérats qui

(1) Nazon fut bientôt après nommé procureur-syndic du département du Tarn. En rapport suivi avec Lasource et dans le
même courant politique, il lui avait reproché dans sa correspondance de se tenir éloigné du Club des Jacobins : ce que le
Cub Jacobin de Castres voyait de mauvais œil.

commandèrent les assassinats du 2 septembre, se sont emparés d'elle ; ils y règnent despotiquement. Si on y parle avec quelque force, on n'y peut achever deux phrases, on y est menacé par les membres et par les tribunes et l'on y court de très grands dangers ; je te donne ma parole d'honneur que la première raison qui m'a empêché d'y aller, c'est que je ne m'y suis pas cru en sûreté. Les 2, 3, 4 et 5 septembre, les citoyens n'osaient point sortir : la terreur dont tout le monde était frappé retint chez eux, pendant quelques semaines, un grand nombre de bons Jacobins ; les chefs des massacres s'y trouvèrent seuls avec leurs créatures ; ils s'y établirent souverainement et leur despotisme y dure encore : voilà le mot. Cette Société est tombée, à mes yeux, dans l'état d'avilissement le plus profond ; j'attends qu'elle se relève, et ce ne sera que quand elle se sera regénérée que j'y serai de nouveau assidu. J'ai été bien exposé, mon pauvre Nazon ; si tu savais qu'il m'a fallu du courage pour être ferme dans mes principes. Veux-tu une idée des opinions qui règnent aux Jacobins ? La voici : tu as vu mon *Rapport* sur la conduite à prescrire aux généraux : eh ! bien, il a passé pour une production feuillantine parmi les membres de la Convention qui vont habituellement à cette Société, et m'a valu chez eux la réputation d'un ennemi de la liberté ! Il est une certaine classe d'hommes qui appellent la loi tyrannie et le brigandage patriotisme. Si la faction de ces hommes devient assez puissante pour dominer, la République est perdue ; mais je suis loin de le croire. Je ne pense pas que la Convention s'occupe, du moins encore, du projet de force armée ; nous voyons bien que c'est une pomme de discorde par les soins des agitateurs ; mais aussi ce qu'il y a de bien sûr, c'est que nous sommes sous le despotime de Paris et sous le couteau des assassins. Quand nous en viendrons à la Constitution, il faudra faire la volonté de Marat ou consentir à perdre la tête et à voir ressusciter le despotisme des excès même de l'anarchie. Ces idées, mon cher ami, ne sont rien moins que satisfaisantes. Je n'ai d'autre consolation que de voir le peuple se détromper insensiblement et connaître ses vrais amis. Combien de temps que je n'ai écrit au citoyen Laroque (1); excuse-moi auprès de lui ; je lui écrirai dans peu. Dis-lui mille choses ainsi qu'à ses dames. Adieu, mon ami, je t''embrasse de tout mon cœur.

Mille amitiés à ta chère femme.   LASOURCE.

Le 4 novembre, l'an Ier.

On lit, sur le revers, de l'écriture de M. Nazon: « *Lettre du pauvre Lasource.* » — Ma correspondance avec lui et les députés de la Gironde fut brûlée par un ami après ma sortie de réclusion, le 3 germinal, an III. — Précieuse annotation qui fait connaître le sort de la volumineuse correspondance de Lasource avec ses amis, sa jeune femme, de Roquecourbe et ses parents d'Anglés.

C'est une grande perte qu'explique la nécessité d'échapper à l'inquisition des terroristes qui ne connaissaient plus d'autres lois que leurs passions ou ce qu'ils estimaient être le salut de la patrie. Quelles eussent été précieuses les lettres de Lasource, s'épanchant dans l'inti-

---

(1) Autre pasteur de Castres, qui, sa démission donnée, fut nommé juge à Castres même et puis, non sans peine, réintégré dans ses fonctions pastorales.

mité sur les questions du jour ! Que d'impressions, que de détails révélateurs ne devaient-elles pas contenir ! Nos regrets ne sont atténués qu'en partie par la lettre de justification qu'on lira plus loin, adressée par Lasource aux Jacobins de Castres et qui n'est qu'une espèce d'autobiographie politique, durant la première moitié de son séjour à Paris.

Elle fait mieux comprendre, tout en résumant l'ensemble de la vie de Lasource, la double illusion qui précipitait les uns sur les autres des hommes également dévoués à la patrie. Sans doute, ils différaient sensiblement par la méthode : les Girondins aspiraient à la liberté par la liberté, et les Montagnards, par le despotisme ; ceux-ci inclinaient trop vers le radicalisme, et ceux-là pas assez. Chacun des deux partis abonde dans son sens ; ils s'exagèrent ou dénaturent les moindres faits ; ils prennent des mirages pour des réalités et s'abandonnent mutuellement aux soupçons les plus gratuits, aux accusations les plus fausses.

Cette fois, c'est le Girondin Louvet qui prend l'initiative de l'attaque ; et, le 29 octobre, il y procède avec impétuosité. Sous cette forme : « Je t'accuse », il accumule des déclamations virulentes, plus que des faits précis. « Je t'accuse (Robespierre) d'avoir calomnié les plus
» purs patriotes, dans les journées affreuses de la pre-
» mière quinzaine de septembre, c'est-à-dire dans un
» temps où tes calomnies étaient des proscriptions. Je
» t'accuse d'avoir persécuté les représentants de la nation
» et fait méconnaître leur autorité ; je t'accuse de t'être
» produit comme un objet d'idolâtrie, d'avoir souffert
» qu'ont te désignât comme le seul homme qui pût sau-
» ver le peuple ; je t'accuse d'avoir tyrannisé l'Assemblée

» électorale du département de Paris ; je t'accuse d'avoir
» marché au suprême pouvoir, ce qui est démontré et
» par les faits que j'ai indiqués et par toute ta conduite
» qui, pour t'accuser, parlera plus haut que moi. » Après
Louvet, Barbaroux, et après Barbaroux, Vergniaud
intervient ; et Robespierre sembla un moment écrasé
sous le poids des accusations, mais il se défendit avec
sang-froid, énergie et un certain air de grandeur qui
toucha... « Pour moi, dit-il, je renonce au facile avantage
» de répondre aux calomnies de mes adversaires par des
» dénonciations plus redoutables ; j'ai voulu supprimer
» la partie offensive de ma justification ; je ne demande
» pas d'autre vengeance que le retour de la paix et le
« triomphe de la liberté. » Là-dessus, l'ordre du jour
fut adopté : nouvel échec des Girondins, qui n'obéissaient,
en général, qu'à leurs impulsions spontanées, sans stra-
tégie parlementaire et sans calcul des conséquences.

CHAPITRE II

LASOURCE ET LE PROCÈS DE LOUIS XVI

Les Montagnards provoquent le procès du Roi. — Les Jacobins
de Paris et de Province. — 6 novembre 1792, victoire de Jemmapes. — *Rapport* de Valazé concluant à la mort. — Second
Rapport de Mailhe concluant à la compétence de la Convention.
— Comparution de Louis XVI à la Convention, 11 décembre
1792. — Lecture de l'acte d'accusation. — Seconde comparution, le 26 décembre. — Origine de la défection du général
Dumouriez. — Défense du Roi par Desèze. — Les débats
commencent le lendemain. — Lasource en mission dans le
Var. — Harangue de Rabaut St-Étienne. — Les trois questions poéses à la Convention. — Le 16 janvier 1793, la majorité se prononce pour la mort. — Votes détaillés des députés
du Tarn. — Le 21 janvier, exécution de la sentence.

« Aujourd'hui sur le trône et demain dans les fers. »

ES Montagnards voyaient plus loin ; ils ne voulaient point, par exemple, que le Comité législatif, tout composé de Girondins, sauf Danton,
demeurât chargé de rétablir l'ordre légal et
d'organiser la République. Et, dans le but de continuer
la période révolutionnaire, c'est-à-dire le règne de l'arbitraire et des coups violents, sous prétexte de raison
d'État, ils demandèrent et obtinrent qu'il fût procédé
sans retard au procès du Roi. Leur espoir était que,
la multitude réclamant la mort du monarque déchu, les
Girondins s'efforceraient de le sauver ; qu'il en résulte-

rait un conflit; que la haine du peuple s'allumerait de
plus en plus contre eux; qu'ils achèveraient de se perdre dans l'opinion publique; que, par la force des choses,
le timon des affaires passant en leurs propres mains, ils
organiseraient alors comme ils l'entendraient la République par une Constitution de leur façon.

Plan perfide et adroit, bien que la plupart des Girondins fussent aussi hostiles qu'eux au Roi et à la Royauté.

Déjà, le club des Jacobins avait abordé et traité la
question. Pour lui et pour la masse fanatisée qui le suivait aveuglément comme un troupeau, il n'y avait qu'une
solution : la mort. Déjà, à son instigation, les clubs de
province, se faisant son écho, demandaient aussi la mort
de celui qu'on n'appelait plus que *Louis Capet;* n'alla-t-
on pas même jusqu'à faire défiler devant la barre de l'Assemblée un blessé du 10 août criant vengeance! Si le
Roi fut épargné par les massacres de septembre, c'est
uniquement grâce au ruban tricolore, dont la prison du
Temple avait été entourée et que les égorgeurs respec-
tèrent; mais maintenant, l'heure semble venue de décider le sort de l'ex-famille royale. Triste coïncidence!
C'est le jour même d'une publique explosion de joie que
commence le lugubre drame. La glorieuse victoire de
Jemmapes, remportée par les jeunes troupes républicaines sur les vieilles armées de la coalition, qui leur
ouvre la Belgique et leur communique le feu sacré, —
cette victoire vient d'électriser la nation; c'est le 6 novembre 1792 ; et c'est justement ce même jour que le
girondin Valazé, au nom de la Commission des vingt-
quatre, chargée de dépouiller les papiers à elle remis
par le Comité de surveillance, présente un violent *Rapport*, qui, dépassant le terrain prescrit, conclut presque à

la mort. Le 7, second *Rapport,* au nom du Comité de législation, par le montagnard Mailhe, avocat de Toulouse,
qui conclut que Louis XVI, n'étant plus inviolable, peut
être jugé et doit l'être, non par les tribunaux ordinaires,
mais par la Convention. La Convention ajourne au 13 le
débat sur cette grosse affaire.

Dans l'intervalle, le 8 novembre, à l'occasion d'un *Rapport* sur les massacres de septembre, Lasource cède à
son impétuosité dans un très grand discours dont nous
ne citons que ce trait : .....« Je ne reparlerais point de
» ces horreurs, dont le souvenir me déchire, si votre
» Comité n'en avait fait un des principaux objets de son
» *Rapport.* Ceux qui se sont élevés contre les massacres
» du 2 septembre ont soutenu que ce n'était pas l'ou-
» vrage du peuple, mais celui de quelques scélérats sou-
» doyés..... C'est vous qui dénigrez Paris, en confon-
» dant la révolution avec les crimes de quelques scélé-
» rats (*Murmures*). Parmi ceux qui m'interrompent, y
» aurait-il quelqu'un qui eût quelque raison pour justi-
» fier ces crimes? Ne murmurez pas sitôt; vous avez des
» vérités à entendre. Je veux défendre Paris; et ceux
» qui s'en disent les amis ne cherchent qu'à le perdre
» (*Nommez-les*). Je ne fais pas une liste de noms, je
» présente des traits ; que ceux à qui ils conviennent se
» les appliquent et se taisent. Je ne flagorne point Paris,
» je le sers... Je ne m'abaisse pas devant une section du
» peuple comme devant la cour d'un roi ; je ne courbe
» pas mon front en vil courtisan devant la fraction du
» souverain qui m'entoure ; mon souverain, c'est la na-
« tion... On veut jeter du louche sur la pureté de nos
« intentions ; j'éclairerai le peuple qu'on cherche à asser-
» vir, et ses oppresseurs ne règneront qu'après avoir

» étouffé ma voix et teint de mon sang le sceptre dont
» ils voudraient opprimer la nation (*Applaudissements*).
» Je demande l'ordre du jour sur l'impression du *Rap-*
» *port.* » Sa motion est adoptée.

Le 13 novembre la discussion du 7 est reprise sur le
sort de Louis XVI ; elle est confuse, animée, plusieurs
fois suspendue et, finalement, recommencée le 3 décembre. Les Girondins étaient aussi hostiles que les Montagnards à la Royauté ; mais ils les soupçonnaient de ne
vouloir la renverser que pour la relever ensuite sous
forme de Dictature. De là, le 4 décembre, la proposition
de Buzot de décréter la peine de mort contre quiconque
parlerait de rétablir la Royauté sous quelque dénomination que ce soit. Cette motion adoptée, on revient au
procès ; une partie de l'Assemblée ne veut pas de procès ; les extrèmes, St-Just entr'autres et Robespierre,
demandent que Louis XVI soit déclaré « traître envers
» les Français, criminel envers l'humanité et condamné
» sur le champ à mort, en vertu de l'insurrection. » Mais,
sur la proposition de Pétion, la Convention décrète que
« Louis XVI sera jugé par la Convention nationale ».

Depuis quatre mois il vivait avec sa famille dans la
prison du Temple, calme, sans colère et sans espoir ;
n'ayant auprès de lui que son fidèle serviteur Cléry, qui,
arrêté plus tard, fut remis en liberté par la Commune.
Dès qu'il fut décidé de faire passer le Roi en jugement,
on le sépara des siens, ce qui lui fut un coup cruel, et la
Commune le fit surveiller avec une extrème rigueur, sans
lui épargner aucune humiliation. Conformément à ce qui
avait été résolu, on le conduisit, le lendemain du jour où
la Convention décida qu'il serait jugé par elle, à la barre
de l'Assemblée pour y entendre l'acte d'accusation et y

subir un interrogatoire (11 décembre 1792) (1). Il comparaît comme un accusé ordinaire et il est traité comme tel. Barrère préside. Louis XVI est debout : « Louis, dit » le président, la Nation française vous accuse. On va » vous lire l'acte énonciatif des délits qui vous sont im-» putés. Vous pouvez vous asseoir. » Il s'assied. Un des secrétaires lit l'acte tout entier; après quoi, le président, reprenant chaque article, interpelle l'accusé, qui répond.

Séance longue et fatigante. Ramené dans sa prison du Temple, il obtient de la Convention un conseil composé de Malesherbes, Tronchet et Desèze. C'est le 26 décembre qu'eut lieu sa seconde comparution à la barre de l'Assemblée, assisté de ses trois défenseurs. Dans l'intervalle, les armées républicaines marchant de triomphe en triomphe, la Convention avait rendu un décret qui ordonnait aux généraux de proclamer dans les pays occupés par eux l'abolition des impôts, de la dîme, des droits féodaux, des droits de chasse exclusifs, de la noblesse, de tous les privilèges, la souveraineté du peuple, la convocation des Assemblées primaires pour une nouvelle administration..... Ce décret déplut fort à Dumouriez, d'autant que Cambon, l'inflexible ministre des finances, brisa ses marchés avec des fournisseurs qui exploitaient la nation. Ce fut le point de départ de l'évolution de Dumouriez, dont on avait du reste le pressentiment, au point que ce mot prophétique était sorti depuis quelque temps de la plume de Marat, dans l'*Ami du Peuple* : « Dumouriez désertera comme Lafayette »; et déjà, on commençait à l'appeler César-Dumouriez.

(1) Nᵒˢ 348 du *Moniteur* portant l'Acte d'accusation et l'Interrogatoire.

Après cela et un grave démêlé entre Girondins et Montagnards, au sujet d'une proposition d'exil de Philippe-Égalité, on revient au procès du Roi. Le 26, Desèze présente sa défense et fait valoir tous les arguments de droit et de fait que présente la cause ; quant au droit, il invoque l'inviolabilité royale et l'axiome moral d'après lequel on ne peut être juge et partie ; quant aux faits, il dissipe quantités de puériles et imaginaires accusations, sans détruire le point dominant le débat : sa complicité avec l'étranger (1). Louis XVI est reconduit, aussi calme qu'après son interrogatoire, dans sa prison du Temple ; et pourtant il n'a guère d'illusion sur les dispositions de ceux qui s'érigent à la fois en accusateurs et en juges.

A son départ de la Convention, un terrible orage se déchaîne, les uns réclamant l'ouverture de la discussion, les autres demandant un jugement immédiat ; les premiers l'emportent, et, le 27, commencent les solennels débats. La situation des Montagnards est très nette : dominant l'émotion produite sur eux par l'attitude de Louis XVI dans ses deux comparutions, ils sont pour sa mort, et par nécessité politique, et parce qu'ils le croient coupable. Mais les Girondins, eux, pour la plupart du moins, sont fort incertains : s'ils l'absolvent, ils trompent leur conscience qui le déclare coupable et, du coup, deviennent suspects de royalisme ; d'autre part, s'ils le condamnent, ils manquent aux exigences de leur cœur et à leur penchant de résister aux violences de leurs adversaires. Ils observent longtemps un silence embarrassé, et finalement ils proposent l'appel

____

(1) N° 362 du *Moniteur*.

au peuple pour dégager leur responsabilité. Acte de faiblesse : car, convaincus de l'innocence de Louis XVI, il fallait le défendre ; convaincus de sa culpabilité, il fallait le condamner. Lasource, logique et courageux, tout entier à sa conviction, n'eût pas tergiversé ; mais il était absent depuis quelques jours, envoyé par la Convention avec Goupilleau et Collot d'Herbois, comme commissaires à l'armée du Var et au pays de Nice (1). Il n'assista pas au début du procès, ni aux premiers votes de l'Assemblée ; mais son opinion étant faite, énergique et résolu, il écrivit à la Convention, le 1ᵉʳ janvier 1793, qu'il voterait pour la mort, ainsi que ses deux collègues ; et, en effet, il revient exprès, malgré la distance, pour le dernier vote du 16 janvier, alors qu'il lui eût été si facile, avec un peu de calcul ou de lâcheté, d'esquiver, grâce à sa mission lointaine, la grave responsabilité d'un acte illégal et inhumain ; mais, en lui, le devoir civique primait tout. Il le prouva clairement dans cette occasion solennelle.

La discussion dura jusqu'au 7 janvier 1793, et au milieu de très éloquents discours, je suis heureux de pouvoir citer cette généreuse harangue du pasteur Ra-

(1) Nous retrouvons sa trace dans le *Moniteur* du 19 décembre 1792. Les trois commissaires adressent à la Convention une lettre, datée de Nice du 10 décembre, dans laquelle ils disent qu'ils ont empêché le massacre d'un prisonnier innocent et adressé au pays une proclamation dont ils envoient copie à la Convention, « ainsi que de toutes celles qu'ils ont faites précédemment. » Dans cette lettre à la Convention, nous relevons ce passage : « Soyez bien assurés, citoyens, que, quoi qu'il arrive, nous ne » resterons pas au-dessous de notre mission et que nous péri- » rons plutôt que de ne pas voir rétablir l'ordre, la justice et la » loi. »

baut-St-Étienne qui, déjà dans la Constituante, avait
joué un rôle considérable : « Quant à moi, je suis las
» de ma portion de despotisme ; je suis fatigué, harcelé,
» bourrelé de la tyrannie que j'exerce pour ma part, et
» je soupire après le moment où vous aurez créé un
» tribunal qui me fasse perdre les formes et la conte-
» nance d'un tyran. Vous cherchez des raisons politi-
» ques ; ces raisons sont dans l'histoire. Le peuple de
» Londres, qui avait tant pressé le supplice du Roi, fut
» le premier à maudire ses juges et à se prosterner
» devant son successeur. Lorsque Charles II monta sur
» le trône, la ville lui donna un superbe repas ; le peu-
» ple se livra à la joie la plus extravagante, et il courut
» assister au supplice de ces mêmes juges, que Charles
» immola depuis aux mânes de son père. Peuple de Pa-
» ris, Parlement de France, m'avez-vous entendu ? » (1).

Finalement, on décida que la position des questions
se ferait dans la séance du 14 janvier ; le 14, en effet, la
Convention résume la cause dans les trois questions suivantes (2) :

1° Louis Capet est-il coupable (3) ?

2° Le jugement sera-t-il soumis à la sanction du
peuple ?

3° Quelle sera la peine ?

(1) Extrait de son long discours si profondément sensé et patriotique pour l'appel au peuple. *Moniteur*, N° 365. — Jean Bon
St-André, l'ancien pasteur de Castres, combattit, en une rhéto-
rique très ampoulée, l'appel au peuple. *Moniteur* du 4 janvier
1793, N° 4.

(2) N° 16 du *Moniteur*.

(3) Le premier appel nominal ne porte, pour le Tarn, que la
mention : « Lasource, absent par commission, et Daubermesnil,

Dans la séance du 15, les deux premières questions sont mises aux voix par appel nominal. Sur la première, 693 voix déclarent Louis coupable de trahison contre la Nation et d'attentats contre la sûreté générale de l'Etat; 26 membres seulement s'abstiennent et font des réserves ; mais pas un seul ne le déclare non coupable, tant sa complicité avec l'étranger était évidente. Il faut reconnaître que ses traditions, ses principes, son entourage, sa position de roi, comme aussi les terribles nécessités du moment, formaient des circonstance atténuantes, dont on aurait tenu compte dans un autre milieu.

La seconde question, sur le recours au peuple, donne pour résultat : 20 absents par commission ; 10 abstentions ; 3 malades ; 3 absents sans motifs ; 424 contre l'appel au peuple ; 283 pour.

Dans ce second appel nominal, nous remarquons au *Moniteur* (1) la mention suivante pour le Tarn : Marvéjouls, Gouzy, Rochegude, Meyer : oui ; Campmas, Soloniac : non ; Lacombe-St-Michel : Dans mon opinion, le peuple ne doit sanctionner que la Constitution ; je crois que la mesure de l'appel au peuple serait affreuse par la

» absent par un congé antérieur au décret. » Tous les autres députés du Tarn s'étant prononcés pour l'affirmative, le *Moniteur* dit en note qu'il n'en fera pas mention. Daubermesnil, quoique de Tulle, reçut du Tarn le mandat de député à la Convention, à cause de son zèle ardent et de la première heure, en faveur de la République. Il était fermement Girondin et malade pendant le procès de Louis XVI. Démissionnaire, il fut rappelé à l'Assemblée en 1795, commissaire du Directoire à Albi, membre du Conseil des Cinq-Cents, hostile au 18 Brumaire, théophilanthrope, mort à Perpignan en 1802.

(1) *Moniteur*, N° 19.

guerre civile et les dissensions intestines qui pourraient en résulter. Je crois que si elle avait lieu, j'en serais responsable ; je dis : non. — Lasource, encore dans le Var sans doute, n'y figure pas, pas plus que Daubermesnil, toujours malade.

Quant à la troisième question, sur la peine encourue par Louis XVI, l'appel nominal, commencé le 16 janvier, à 8 heures du soir, dura sans interruption 24 heures, la plupart des députés ayant motivé leur opinion. Dans la séance du 17, à 8 heures du soir, le président Vergniaud en proclame le résultat. Sur 721 votants, la majorité absolue étant de 361, on compta : 1 voix pour la mort, avec réserve de commutation de peine ; 23 pour la mort, avec diverses restrictions : 10 pour un sursis ; 2 pour les fers ; 319 pour la détention pendant la durée de la guerre et le bannissement à la paix ; 366 pour la mort : dans ce dernier nombre, la plupart des Girondins. Ce relevé fait, Vergniaud, président, s'écrie, avec l'accent d'une vive émotion : « Je déclare, au nom de la Convention natio-
» nale, que la peine qu'elle prononce contre Louis Ca-
» pet est celle de la mort. » — Voici le vote de la députation du Tarn (1).

Lasource (2) : « Mon opinion vous est connue. Je l'ai
» manifestée par écrit. Je vais la reproduire. Dans ma
» manière de voir, il n'y a pas de milieu ; il faut que
» Louis règne ou qu'il aille à l'échafaud. Mais j'ai une
» observation à faire. La mesure que vous prenez sup-
» pose que vous êtes à une grande hauteur. Si la Con-

(1) *Moniteur,* N° 20.

(2) Rentré du Var exprès pour voter, ainsi qu'il résulte de sa lettre de justification adressée, en avril 1793, aux Jacobins de Castres.

» vention s'y maintient, elle écrasera les factieux et
» établira la liberté. Mais si les partis, si les haines con-
» tinuent, si la Convention n'a pas le courage de les
» étouffer, alors on dira qu'elle n'était composée que des
» plus vils, des plus lâches de tous les hommes ; elle ne
» passera à la postérité qu'avec l'exécration universelle.
» Après cette réflexion, je prononce la mort.

Lacombe St-Michel : « Je vote la mort (1). »

Solomiac : « La détention et le bannissement. »

Campmas : « Comme représentant d'une nation qui
» veut être libre, je dis : La République, plus de rois et
» la mort du tyran. »

Marvéjouls : « La détention et le bannissement. »

Gouzy : « Comme représentant du souverain, j'exprime
» ce que je crois être sa volonté. Je vote pour la mort,
» mais sursise jusqu'au prononcé sur les Bourbons, »

Rochegude : « La détention et le bannissement. »

Meyer : « La mort. »

Daubermesnil : Malade (2).

On demande un sursis à l'exécution ; mais 380 voix le

(1) *a)* Lacombe St-Michel : voir sa nomination à l'Assemblée législative.

b) *Solomiac.* homme de loi, perdu dans la foule, entra dans la magistrature après la Convention.

c) *Gouzy* (Pierre-Louis), né à Rabastens, membre du Conseil des Cinq Cents ; puis, inspecteur des contributions dans le Tarn ; se réfugia en Suisse sous la Restauration, pour fuir la loi contre les régicides.

d) *Rochegude* (marquis de), contre-amiral, né à Albi ; siégea aux Cinq Cents jusqu'en 1798.

L'histoire n'a conservé aucun souvenir de ceux qui ne reçoivent, ici, aucune mention spéciale.

(2) Voir le premier appel nominal.

rejettent, après un quatrième appel nominal, dans lequel
Lasource, Meyer, Lacombe-St-Michel, Campmas, votent : non ; et les 5 autres députés du Tarn : oui. En conséquence, la sentence de mort est notifiée le jour même,
20 janvier 1793, au condamné, par le Pouvoir exécutif,
qui reste chargé d'en assurer l'exécution dans les 24 heures. Une proclamation est publiée, annonçant que l'exécution aura lieu le lendemain, 21 janvier, sur la place de
la Révolution, ci-devant Louis XV, entre le piédestal et
les Champs-Élysées ; que le prisonnier partira du Temple à 8 heures du matin, afin que tout soit terminé à midi.
En effet, le 21, au matin, après de déchirants adieux à sa
famille, après quelques instants de recueillement intérieur et de prière, ce roi débonnaire, l'un des meilleurs de
France, mais victime des vices accumulés de la Royauté,
de sa situation de roi et d'un temps particulièrement
tragique, a la tête tranchée à 10 heures 20 minutes. Avant
de mourir avec un chrétien courage, il prononce sur
l'échafaud, d'une voix ferme, ces dernières paroles, cou-
pées par le roulement des tambours : « Français, je
» meurs innocent. Je pardonne à tous mes ennemis, et
» je souhaite que ma mort soit utile au peuple (1).... »

---

(1) Un conventionnel de Castres, qui n'avait pourtant pas voté
la mort de Louis XVI, déclara en son âme et conscience qu'il
était coupable : « Songez, ajoutait-il, que la mort du roi fut vo-
» tée par 29 ci-devant nobles, 32 prêtres, 20 médecins, 10 hom-
» mes de lettres, 164 avocats ou anciens magistrats ; et condam-
» nez après cela en masse, si vous le pouvez, ces 366 individus,
» qui ne manquaient assurément ni de conscience, ni du désir
» d'être justes. » (*Hist. de la ville de Castres pendant la Révol.*
» *Franç.*, par A. Combes).

CHAPITRE III

LASOURCE ET LES COMMISSAIRES DU TARN

Exaspération des partis. — Téméraire vœu de Lasource. — Accusations réciproques. — Dénonciation d'une fête anti-civique par Lasource. — Son activité intellectuelle. — Son allocution sur l'annexion du comté de Nice. — Sa motion contre Nicole et contre les journalistes. — Les embarras de la Convention. — Envoi de commissaires pour enflammer le patriotisme. — Les Girondins signalés comme des obstacles; les Montagnards gagnent du terrain. — Mesures extraordinaires. — Échec du complot du 10 mars 1793 contre les Girondins. — Le comité de Salut Public. — Les commissaires Bô et Chabot dans le Tarn, 23 mars. — Leur adresse aux populations. — Leur présence, le 26, à la salle du Conseil de Castres. — Leur violence. — Ils arrêtent 114 citoyens. — Visite aux prisons, par Chabot. — L'homélie et la confusion de Chabot dans l'église des Capucins.

> « *Osez être terrible, ou vous êtes perdu.* »
> DANTON.

OIN d'être exaucé, le vœu de Louis XVI devint comme le signal de la coalition de tous les trônes d'Europe contre la France. Danton avait dit : « Nous jetons à l'Europe pour gant » de bataille la tête d'un roi. » Ce gant fut relevé ; l'intensité de la guerre redoubla, et les efforts, les sacrifices durent être multipliés pour faire face à tout. D'autre part, comme le sang appelle le sang, la rage des partis ne connut plus de bornes ; le roi n'étant plus là pour les unir accidentellement, en leur servant de cible commune, ils ne semblèrent plus hantés que de la vision de la dictature ou du fédéralisme, et de la nécessité d'anéantir les ennemis de la patrie, les traîtres, comme ils avaient immolé Louis XVI.

Lasource, en motivant son vote, avait déjà exprimé ce vœu d'extermination ; il avait demandé que la Convention, « pour ne pas s'attirer l'exécration universelle » dans la postérité, écrasât les factieux » ; par où il entendait ceux de ses collègues qui marchaient avec les Jacobins du dehors ; vœu téméraire, qui devait sitôt se retourner contre lui-même et ses amis! Combien il eût mieux fait de se souvenir qu'il avait jadis exalté Louis XVI pour son édit de tolérance, de reculer devant sa mort et de se prononcer pour son bannissement ! Que sa gloire serait plus pure si, se conformant à sa générosité naturelle et à l'exemple de son divin Maître ; si, — ministre de J.-Christ comme l'abbé Grégoire, — il avait comme lui dignement répondu : « Ma religion me défend de verser le sang humain ! »

Les accusations recommencent de plus belle. Comme si ce n'était pas assez de la guerre à soutenir contre les puissances européennes, auxquelles viennent se joindre l'Angleterre et la Hollande, les uns accusent Marat, les autres Roland ; et, dans la séance du 30 janvier 1793, Lasource même dénonce une fête célébrée le 16 janvier, dans l'Eure, en l'honneur du roi, de la reine, du dauphin, et dans laquelle on a chanté : « *Domine, salvos re-* » *gem et reginam..* » Il signale la femme Sainclar, Gérard, officier municipal, et sa femme, comme les principaux agents de cette fête anti-civique, et dit que la dame Sainclar a été portée en triomphe par les officiers municipaux eux-mêmes. Lecture une fois faite du procès-verbal, Lasource propose un décret, adopté à l'unanimité, et portant :

Qu'il y a lieu à accusation contre Sophie Sainclar, Gérard, officier municipal, et Antoinette Thévenet, sa femme, habitants de Rosez ;

Que la municipalité de Rosez est destituée ;

Qu'il sera pris des renseignements sur les officiers municipaux de Rosez, le Juge-de-paix de Charleval, les juges et commissaires du Tribunal des Andelys, et qu'un *Rapport* sera fait à la Convention dans la quinzaine.

L'activité intellectuelle de Lasource semble infatigable ; car, dans la séance même du lendemain, quand il est question de la réunion à la France du ci-devant comté de Nice, et que quelques-uns, Ducos entr'autres, hésitent et veulent renvoyer au Comité cette affaire, sous prétexte que ces réunions peuvent, pour des siècles, influencer en bien ou en mal sur le sort de la République, — Lasource qui, dans sa mission du Var, avait été mis au courant de tout, dit que : « Ducos a confondu un » objet général avec un objet particulier. Il ne s'agit, en » ce moment que de la réunion du comté de Nice. Le » *Rapport* du Comité diplomatique est inutile. Plusieurs » motifs sollicitent cette réunion : 1° L'intérêt territorial. » Là finissent les Alpes, et vous avez voulu, en réunis- » sant la Savoie, mettre cette barrière entre vous et le « despote de Turin ou d'Italie. — 2° L'intérêt commer- » cial. Il y a à Villefranche, qui n'est qu'à une demi- » lieue de Nice, un port très beau, très commode, qui, » dans la guerre que nous aurons avec l'Angleterre, nous » sera infiniment utile. Avec la Sardaigne, la Corse, Vil-

» lefranche, Marseille et Toulon, nous sommes maîtres
» de la Méditerrannée. C'est donc une clef dont il faut
» se hâter de s'emparer. Et ce n'est pas seulement l'in-
» térêt de la France, c'est aussi l'intérêt du peuple de
» Nice. Il avait d'abord reçu les Françaîs avec cordia-
» lité ; mais les partisans du roi de Sardaigne lui ayant
» dit qu'il s'aventurait, dans le cas où la France ne pro-
» noncerait pas la réunion, il a éprouvé de la défiance.
» Aussi, nous l'a-t-il fait sentir à notre arrivée. Mais
» nous lui avons promis secours et fraternité ; nous avons
» même pris sur nous de lui faire espérer la réunion, et
» alors il a proclamé la déchéance du despote de Tu-
» rin. Je demande donc la réunion. » — La Convention déclare à l'unanimité qu'elle accepte, au nom du
Peuple Français, le vœu émis par le peuple souverain du
ci-devant comté de Nice, et qu'en conséquence, il fera
partie du territoire de la République (1).

Toutes ces annexions n'étaient point le fruit de la
force, du despotisme, comme celle de l'Alsace et de la
Lorraine en 1871 ; elles procédaient du libre consente-
ment, de l'acclamation enthousiaste des peuples enivrés
du souffle de la liberté ; j'en trouve la preuve dans ce
même numéro du *Moniteur* : La commune de Liège demande sa réunion à la France par 9,700 voix contre 40,
et les suffrages s'exprimaient au scrutin secret.

Lasource figure encore dans la séance du 1er février ;
parlant au nom du Comité de surveillance, il accuse le
journaliste Nicole d'être un ennemi juré de la chose publique, et le démontre par l'extrait de certains articles de
lui, où il dit que la stupeur est dans Paris, que la ter-

(1) *Moniteur,* N° 32, 1793.

reur enchaîne l'expression de tous les sentiments ; que la
sûreté individuelle n'est plus respectée ; que le nouveau
Comité de surveillance est souillé des noms de Bazire, de
Chabot et d'autres hommes de sang, qui disposent souverainement de la réputation, de la fortune, de la vie
des citoyens. « C'est le Conseil des Dix de Venise ; ils
» n'ont qu'à dire : poignardez ! et l'on poignardera..... »
Il l'accuse encore d'avoir mal parlé de Lepelletier, assassiné par un homme qui se vengeait de ce qu'il avait voté
la mort de Louis XVI après lui avoir promis le contraire.
« Au moment où le peuple Français s'afflige de la perte
» d'un ami de la liberté, n'est-il pas d'une lâcheté, d'une
» férocité abominable qu'une homme vienne encore lui
» ravir son honneur ? » Aussi, le Comité de surveillance
a-t-il fait arrêter Nicole, et Lasource demande-t-il qu'il
soit présenté un *Rapport* sur tout ce qu'ont fait les journalistes depuis six mois.

Mais on s'élève de toute part contre cette motion
restrictive de la liberté. « Lisez donc les feuilles de
» Marat », s'écrie une voix. « Il est bien d'autres écrits
» inspirés par la plus virulente aristocratie, et ce n'est
» que par le plus profond mépris qu'il faut punir ces
» lâches calomniateurs. » — Salles : « Peut-on conce-
» voir que la mémoire de Lepelletier ait pu être atteinte
» par la calomnie d'un journaliste ? » — Lenthenas :
« Comment peut-on concilier les principes sacrés de la
» liberté de la presse avec la conduite proposée contre
» le journaliste en question ? » — St-André : « Il serait
» dangereux de s'attaquer à la liberté de la presse ; et
» quand les journalistes ont débité leurs calomnies, il
» est grand, il est beau de les livrer au mépris qu'elles
» méritent. »

En définitive, l'ordre du jour pur et simple et la liberté du citoyen-journaliste sont décrétés.

Mais la Convention avait sur les bras de tout autres affaires : la guerre du Nord défavorable sur le Rhin et sur l'Escaut ; ses flottes partout bloquées ; l'émeute et le pillage, à l'instigation de Marat ; le soulèvement de la Vendée, la cherté du pain, les désordres qui éclatent en plusieurs villes, notamment à Lyon, Bordeaux, Dijon ; la guerre avec l'Espagne ; enfin, la trahison de Dumouriez, et avec cela point de finances, presque point d'armées. N'importe, loin de défaillir, la Convention, avec héroïsme, suffit à tout. Paris se lève avec enthousiasme, et, sur la proposition de Danton, la Convention envoye des commissaires dans les 48 sections de Paris et dans tous les départements pour enflammer le zèle des citoyens en état de porter les armes. Les spectacles se ferment, le drapeau noir flotte à l'Hôtel-de-ville ; les places et les rues sont encombrées de volontaires qui marchent, frémissants, à l'ennemi. C'est que, malgré la licence écœurante et les crimes dont on est témoin, l'amour de la patrie et de la liberté vibrait avec force dans les cœurs. La puissance morale ne décuple-t-elle pas la puissance matérielle et ne communique-t-elle pas à l'homme, avec le feu sacré, le don de la victoire ? — Sous la pression des périls de la patrie, les Girondins consentent au départ des troupes fédérées qui veillent à la sûreté de Paris ; c'est se désarmer en face de la plèbe maratiste, capable de tous les coups de main. C'est d'autant plus imprudent que les Girondins, esclaves de la légalité, retenus par leurs scrupules, passent pour être parfois une entrave à la rapide et complète application des moyens de salut ; qu'on les accuse de ne voter ces moyens que par contrainte, de ne les exécuter qu'à regret ou pas du tout ; aussi, l'idée vient-elle aux violents, d'abord de les neutraliser, et puis de les détruire.— Les temps sont excessivement graves. Le 9, se forme la première coalition de dix Etats contre la France ; et, dans les bas-fonds, quelques-uns rêvent l'égorgement de la Gironde ; mais ce n'est pas encore le cas des chefs Montagnards qui, tout en s'en prenant à elle des dangers publics, n'ont d'autre but que d'obvier énergiquement à la situation.

Déjà, les Montagnards ont gagné du terrain ; ils ont rempli de leurs amis le Comité de surveillance ; ils ont arrêté le député et journaliste Gorsas, tout dévoué à la Gironde ; ils ont réussi à couper court aux poursuites contre les massacreurs de septembre ; et ils obtiennent, dans la séance du 9 mars, la création d'un tribnnal criminel extraordinaire destiné à épurer la nation, futur instrument de terreur, sans appel et sans recours au tribunal de cassation ; une taxe de guerre frappant les riches et 41 Commissions de deux députés chacune pour accélérer le recrutement dans les départements, y incarcérer les suspects, s'emparer des chevaux de luxe ; en un mot, y exercer la dictature. Danton fut l'inspirateur de cette idée.

En outre, des défaites successives sur les frontières font crier à la trahison des généraux, des ministres, des Girondins ; surexcitent les esprits ; redoublent la fureur des Jacobins, qui conçoivent le projet de massacrer les Girondins à la Convention même, dans la séance de nuit du 10 mars 1793. Cette horrible entreprise échoua, mais l'intention n'y était pas moins ; elle fit son chemin dans le peuple, et celui-ci peu à peu s'accoutuma à cette idée

criminelle. Le lendemain, du reste, une des sections de
Paris vient réclamer la mise en accusation de Dumouriez et les têtes de Gensonné, Vergniaud et Guadet.
Aussi, le 13, Vergniaud dénonce le complot dans un
véhément discours.... « On a vu se développer cet
» étrange système de liberté d'après lequel on vous dit :
» Vous êtes libres, mais pensez comme nous, ou nous
» vous dénonçons aux vengeances du peuple. Vous êtes
» libres, mais courbez la tête devant l'idole que nous
» encensons, ou nous vous dénonçons aux vengeances
» du peuple. Vous êtes libres, mais associez-vous à nous
» pour persécuter les hommes dont nous redoutons la
» probité et les lumières, ou nous vous dénonçons aux
» vengeances du peuple. Citoyens, il est à craindre que
» la Révolution, comme Saturne, ne dévore successive-
» ment tous ses enfants et n'engendre enfin le despo-
» tisme avec les calamités qui l'accompagnent. ..... »
Intuition prophétique, qui devait se réaliser à bref délai.
C'est en vain que Louis Blanc, l'avocat des Jacobins,
s'évertue à les innocenter dans cette affaire (1). Il cite
bien un fragment du discours de Vergniaud ; mais ce qui
le condamne, c'est qu'il passe sous silence la partie que
nous citons nous-même, si caractéristique et qui ne laisse
aucun doute sur les vrais coupables. Thiers, du reste,
lui, n'hésite pas là-dessus (2).

La fureur populaire ne désempare pas ; à chaque
revers, à chaque péril, les Jacobins sonnent la charge
contre les traîtres et contre les Girondins, leurs prétendus complices. Le soulèvement de la Vendée leur fournit
une occasion propice , puis encore la défection de

(1) VIII, 123.
(2) Thiers, III, 289.

Dumouriez. Aussi le tribunal révolutionnaire commence-t-il à sévir avec énergie, à Paris et dans la Province, contre les nobles et les prêtres. Les Jacobins exploitent l'irritation publique contre les Girondins ; ils les englobent perfidement dans les désastres nationaux, en particulier dans la défection de Dumouriez, bien qu'ils l'eussent attaqué eux-mêmes plus vivement que personne ; ils habituent la foule à l'idée d'un retranchement de la partie malsaine de la Convention. Moins nombreux, mais soutenus par la pression des adorateurs de Marat, des tricoteuses de Robespierre, du rebut du peuple, ils réussissent à l'emporter presque sur toutes les questions. Ils réussissent, en particulier le 28 mars 1793, à faire voter la formation d'un Comité de Défense générale. Les Girondins ont l'imprudence. ne pensant pas à mal, de se prêter à cette dangereuse création. Sans doute, ils le composent en grande partie ; mais, dans la suite, les Jacobins s'en empareront, concentreront en lui tous les pouvoirs et en useront comme d'une arme d'extermination (1).

C'est dans cette situation complexe, pendant ces violentes luttes, que, le 23 mars 1793, arrivent à Castres Bô et Chabot, les deux Commissaires de la Convention envoyés dans le Tarn et l'Aveyron, conformément à la délibération du 9 mars, pour veiller aux suspects, aux certificats de civisme ; pour activer les armements, prélever sur les riches les taxes de guerre ; et, à l'occasion de la cherté des grains, imposer bourgeois et nobles et ameuter contre eux les pauvres. Bô, médecin de l'Avey-

---

(1) Le Comité est composé de 25 membres et Lasource en fait partie.

ron, était un farouche montagnard, mais moins farouche
encore que François Chabot, ex-capucin, fils d'un cui-
sinier de Rodez. Né en 1759, doué d'une vive imagination, vicaire-général de Grégoire, évêque de Tours, il
quitta son couvent de Capucins, fut élu député en septembre 1791 par le Loir-et-Cher et se rangea à l'extrême-
gauche. Il conservait et exagérait intentionnellement la
proverbiale malpropreté des Capucins, afin de mieux
éloigner tout soupçon de richesse et de luxe. Il avait la
tête crasseuse, le cou et la poitrine découverts, ne portait
qu'une jaquette marron, un pantalon d'étoffe grossière,
des sabots, le bonnet phrygien et la ceinture rouge.
D'humeur sombre et acariâtre, il émaillait d'injures son
grossier langage. Il devint, plus tard, après son mariage
avec une riche Autrichienne, l'instrument des émigrés;
il augmenta considérablement sa fortune en fabricant de
faux billets de la Compagnie des Indes et en acceptant
de larges pourboires du fournisseur d'Espagnac, à l'effet
de favoriser la conclusion de ses marchés. Finalement,
dénoncé et condamné à mort, il est exécuté le 5 avril
1794, après avoir en vain tenté de s'empoisonner. Ce fut
l'expiation de ses méfaits (1).

Bien que le récit de son séjour à Castres forme une

(1) Voici les vers qui consacrent sa triste célébrité et que nous
trouvons dans le *Dictionnaire de la Révolution Française* de
Décembre — Alonnier :

> Connaissez-vous rien de plus sot
> Que Merlin, Bazire et Chabot? —
> Non, je ne connais rien de pire
> Que Merlin, Chabot et Bazire. —
> Et personne n'est plus coquin
> Que Chabot, Bazire et Merlin.

assez longue digression, nous n'hésitons pas à le donner, parce qu'il révèle l'état des esprits, fait connaître à fond l'un des ennemis acharnés de Lasource et explique l'accent d'amertume de la lettre de celui-ci à son ami Nazon.

Avant toute chose, les deux Commissaires Bô et Chabot se font précéder d'une proclamation filandreuse, homélie sociale, dans laquelle ils annoncent aux populations du Tarn et de l'Aveyron leur mission, leurs doctrines socio-politico-religieuses, leur but et leurs moyens. Cette élucubration, datée de Castres, 24 mars 1793, an second de la République, et signée François Chabot et Bô, dans laquelle respire, douze pages durant, l'esprit dictatorial le plus odieux, débute ainsi : « Les dangers » de la patrie ont été proclamés par la Convention » nationale, et 82 députés de la Montagne se sont » répandus dans les départements pour les sauver. Le » fanatisme, l'aristocratie et l'intrigue ont étouffé l'esprit » public dans les départements. La Convention nous a » conféré des pouvoirs suffisants pour les vaincre..... » L'intention manifestée par la Convention nationale est » de faire peser sur les riches le poids des contributions » nécessaires aux frais du gouvernement et de faire » supporter les frais de la guerre aux gens suspects.... » Le jugement dernier est arrivé pour le patriotisme ; le » bon grain va être séparé de l'ivraie... Que les modé- » rés apprennent que le vent de la liberté souffle, que sa » violence s'accroît tous les jours par la résistance qu'il » rencontre, et qu'il emportera avec lui tout ce qui se » trouve à la surface du globe, pour en accroître la force » ou pour l'engloutir sous les ruines des trônes et de » toutes les tyrannies sacerdotales, nobiliaires et autres

» qu'il va renverser..... Quant à nous, nous traiterons
» en ennemis du peuple tout ce qui n'en sera pas l'ami ;
» car nous avons appris dans l'Evangile que tout ce qui
» n'est pas avec nous est contre nous...... »

Après une théorie sur la propriété, la société, l'impôt
progressif, ils en viennent à cette évangélique déclaration,
destinée à leur concilier par avance leurs administrés,
mais que leurs actes devaient si étrangement démentir..
.... « Aimons-nous comme des frères, c'est la même
» main qui nous a pétris. Nous adorons tous le même
» Créateur de la nature. Plaignons, éclairons ceux qui
» s'en font de fausses idées, mais ne les égorgeons pas,
» car l'effusion du sang humain n'a servi qu'à cimenter
» des erreurs. La vérité ne se propage que par la cha-
» rité, c'est-à-dire par l'amour de ses semblables ; que
» chacun choisisse le prêtre qu'il voudra, pourvu qu'il
» ne choisisse que des amis de la Révolution ; qu'il le
» salarie à sa manière. Les meilleurs seront ceux qui
» ressemblent à Jésus-Christ et à ses Apôtres, qui tra-
» vaillent de leurs mains pour n'être pas à charge aux
» fidèles ; que tous les prêtres se souviennent au moins
» que Jésus-Christ a dit que son Royaume n'était pas
» de ce monde ; qu'il n'avait pas un lieu où reposer sa
» tête ; qu'il était venu non pour dominer ses frères,
» mais pour être leur serviteur, et qu'il a défendu à ses
» Apôtres de le défendre par d'autres armes que celles
» de la vertu et de la charité..... »

Cette proclamation fut aussitôt suivie d'une taxe de
guerre sur les riches et de la formation au chef-lieu d'un
corps de 200 gardes nationaux, dont 50 à cheval, — destinés au service du département.

En arrivant à Castres, les deux proconsuls de la Con-

vention ordonnent aux membres du Conseil général de
la commune de se réunir ; et, le 26 mars 1793, à 2 heures
de l'après-midi, ils font leur entrée solennelle dans la salle
du Conseil, à la Maison commune de la ville. A leur
approche, le Conseil se lève, marche à leur rencontre,
et le citoyen Batigne, commissaire-maire, salue au nom
de tous les représentants de la République Française.
Chabot, prenant alors la parole, s'exprime en ces termes crus, passablement disparates avec le langage
onctueux de la proclamation ci-dessus : « Nous venons
» faire cesser l'anarchie, assurer l'exécution des lois,
» détruire l'aristocratie, et pétrir le cœur des citoyens
» de patriotisme et d'amour pour la révolution. Nous
» venons assurer au peuple le soulagement de la misère.
» Ce sont les aristocrates riches, les gens suspects, qui
» seront forcés de secourir les sans-culottes qui prodi-
» guent leur sang pour la défense de la patrie. Il est
» temps que le peuple trouve enfin le bonheur après
» lequel il soupire depuis quatre ans. Les malheurs dé-
» rivent principalement de la négligence et de l'aristo-
» cratie du corps administratif. Le Conseil général de
» la commune a des reproches à se faire. Il s'élève des
» plaintes contre lui, à raison des certificats de résidence
» et de civisme qui ont été délivrés avec inconsidéra-
» tion. Plusieurs membres du Conseil général et même
» de la Municipalité mériteraient peut-être d'être desti-
« tués... »

Après ce peu insinuant exorde, il passe au détail de
ses griefs. Il reproche à la Municipalité sa mollesse « à
» rechercher les scélérats qui avaient insulté l'arbre de
» la liberté » ; et au Procureur de la commune, de n'avoir
point agi contre le Maire démissionnaire pour « sa ca-

» lomnie contre un officier municipal. » Quant à Bô, il obtient du Conseil qu'une taxe soit imposée pour les indigents sur les riches « suspects d'incivisme. »

Telle est la première journée des deux Commissaires; ils se retirent, et le Conseil général de la commune leur fait escorte. Avant de partir le lendemain pour Lacaune, chef-lieu de district, ils dressent, avec le concours des Jacobins Castrais, une liste de proscription qui, trois semaines après, le 23 avril, devait recevoir son exécution: emprisonnement de 51 citoyens, dont 19 ci-devant nobles, au Petit-Séminaire, à l'ouest de l'ancien Évêché; — consignation dans leur domicile de 17 citoyens, avec un ou deux gardes pour empêcher leur évasion; — arrestation sous caution de 36 citoyens appartenant aux professions libérales, à la bourgeoisie, des propriétaires, des commerçants ou des artisans.

Ces deux apôtres de la Terreur qui rayonnèrent dans le département, se plaignant partout, en particulier à Sorèze, qu'aucune tête ne fût encore tombée pour la sécurité publique, retournèrent à Castres, dans le courant de mai, — peu importe le jour, qui est discuté. Mais ce qui est hors de doute, ce sont leurs féroces dispositions, si contradictoires avec les termes de leur *chrétienne* circulaire du 24 mars, dans laquelle ils disaient: « L'ef-» fusion du sang humain n'a servi qu'à cimenter des » erreurs; la vérité ne se propage que par la charité... » Au mépris de leur profession de foi, et après avoir, dans une nouvelle séance du Conseil municipal, tonitrué contre « les anciens nobles, les prêtres cachés, les accapa-» reurs, les négociants qui ont enfoui leurs richesses », on se lève en disant: « Il faut en finir. » « Oui, s'écrie si-» nistrement Chabot, il faut en finir; mais pour cela, il

» faut commencer; par quoi? par l'extermination des
» traîtres ; les morts seuls ne reviennent pas; voyons nos
» ennemis face à face ; qu'on me conduise à la prison
» des détenus. »

Nous l'avons dit, l'ancien Séminaire, à l'ouest de l'Évêché, servait de prison pour les conspirateurs et les suspects. Les prêtres étaient incarcérés dans l'ancienne
Chartreuse de Saïx, et les femmes à l'hôtel Beaudecourt.
Chabot, dans sa visite aux prisons, tenant en main le
registre d'écrou, lit à la première page : *Conspirateurs...*
Ginieys, ci-devant de St-Ginieys, aristocrate ; Brassac,
ci-devant marquis.

« N'est-ce pas toi, dit Chabot à ce dernier, qui te
» trouvais à l'Abbaye lors de la justice du peuple, au
» 2 septembre ? —Je n'ai pas quitté Castres. — Cepen-
» dant, il y avait un noble de ton nom ; à telles enseignes
» que, mis en liberté, il demanda à retourner, réclamant
» un violon qu'il avait oublié. — C'était mon frère.

» Poursuivons: Galaup, ci-devant de Lézert, aristo-
» crate ; Martin, ci-devant de Viviers, aristocrate ; Fal-
» guerolles, ci-devant aristocrate ; Suc Saint-Affrique,
» ci-devant marquis, père de trois anciens gardes du
» corps du tyran, devenus prêtres. — Et tes enfants, où
» sont-ils? — Citoyen Représentant, je l'ignore. — Tu
» payeras pour eux. — Passons à une autre catégorie.

» *Fanatiques :* Guy, ancien doctrinaire; Vialelle, char-
» pentier.

» — Tu ne sais donc pas que le père du Nazaréen
« était un charpentier, un sans-culotte de son temps?

» — Je ne connais que mon métier.

» — On t'apprendra celui d'un véritable enfant du
» peuple en révolution. — X..., ex-capucin. — Et moi

» aussi, François Chabot, je suis un ex-capucin ; —
» je n'en ai pas moins abjuré mes erreurs, comme tu
» abjureras les tiennes, sinon... (geste significatif de la
» main qu'il porta au cou).

— « Pujol, avocat ; Pujol, médecin. — Eh quoi ! mé-
» decin et fanatique ! — J'ai toujours cru en Hippocrate,
» répondit Pujol. — Quant à ce Dieu-là, je te le passe.
» — Voyons une autre catégorie.

» *Fédéralistes :* Peyre, négociant ; Lamousié, avocat ;
» Gaubert, greffier ; Gleyzes, homme de loi ; Malpel,
« professeur ; Sers, ancien subdélégué de la ci-devant
» intendance ; Azémar, ex-syndic du diocèse ; Balard,
» avocat ; Cros, chirurgien ; Bel, praticien : Sancerre,
» avocat.

» L'on ignore donc, dans cette ville de Castres, que
» le République veut être une et indivisible ! Ne sait-
» on pas que le couteau de la Convention est levé sur la
» tête de ses enfants ingrats? Il retombera bientôt, et
» malheur à ceux qu'il pourra atteindre. Ah ! Messieurs
» les avocats, vous avez cru nous endormir avec de bel-
» les phrases ! Le peuple ne veut plus des vôtres. Il lui
» faut désormais des armes et du pain ; à ce sujet, je lis
» ici : « Accapareurs ! »

» *Accapareurs :* Lalande, Picard, Périlhou, tenanciers
» désignés ; Fabre, marchand ; Baux, propriétaire fon-
» cier, Terson, *id. ;* Alquier-Bouffard, *id. ;* Nayrac, *id. ;*
» Murasson, *id...* vous saurez le sort des accapareurs,
» quand le peuple manque de pain... »

Le soir même de cette visite aux prisons se tint dans
l'Église des Jacobins une séance du Comité révolutionnaire. A côté de l'estrade, les membres du Comité de
surveillance de la commune, tous avec leur bonnet rouge

et leur carmagnole. Chabot est acclamé... Discours véhément, cynique, sauvage, n'ayant plus rien du ton hypocritement paternel de la circulaire dont il s'était fait précéder dans le pays : « Frères et amis, je viens au nom
» de la République une et indivisible, au nom de l'éga-
» lité des citoyens et de la liberté du peuple, au nom de
» la Convention nationale, je viens vous demander du
» sang pour la patrie, du fer contre ses ennemis, et la
» guillotine pour les traîtres, les rois, les fédéralistes,
» tous les adversaires, en un mot, de la Révolution Fran-
» çaise.

» Qui suis-je, direz-vous, pour parler ainsi ? Je suis
» François Chabot, ex-capucin, autrefois ministre du
» Dieu de l'imposture, aujourd'hui apôtre de la vérité,
» parce que je suis un vrai montagnard, c'est-à-dire l'ami
» du peuple. — Quelle est ma loi, demanderez-vous
» encore ? Je réponds : la loi naturelle, celle qui dit :
» Pauvres, allez chez les riches ; filles, allez avec les
» garçons. Obéissez tous à vos instincts ; tout ce qui s'y
» oppose est une infraction au grand principe de l'éga-
» lité. — Mais pour triompher de ceux qui nous trahis-
» sent, des conspirateurs, des accapareurs, des gens de
» l'ancien régime, sous quelque masque qu'ils se ca-
» chent, une terrible énergie est nécessaire. Nous sau-
» rons l'entretenir, nous, les premiers enfants de la pa-
» trie ; et, s'il le faut, nous enverrons aux ennemis avec
» des boulets, dans chaque canon, la tête d'un aristo-
» crate... » *(Acclamations frénétiques)*. Mais, tout-à-coup
une voix retentit dans les tribunes : c'est un militaire
s'écriant que lorsqu'il termina sa philosophie, en 1788,
il offrit sa thèse aux chefs des corporations religieuses,
qui, tous, l'accueillirent favorablement, sauf un seul, un

capucin. Il y signala des doctrines contraires à l'orthodoxie, et opéra de tels changements, que la thèse en
était méconnaissable ; et comme alors le candidat les repoussait tous : « Jeune homme, lui dit le moine étroit
» et fanatique, je vous tiens d'ores et déjà pour un hé-
» rétique, et, comme tel, je vous voue à la damnation
» éternelle. » Ce moine si rigide, poursuit l'interrupteur
des tribunes, ce capucin si orthodoxe, c'était... François
Chabot... !

« Ah ! le coquin ! s'exclame un assistant. » Chabot, dé-
contenancé, et trouvant que sévir est plus facile que répondre, ordonne l'arrestation des perturbateurs ; mais
ceux-ci avaient prestement décampé non-seulement de
l'église des Jacobins, mais de la ville, en sorte qu'il n'y
eut pas moyen de retrouver leurs traces.

Les deux proconsuls terroristes une fois partis de
Castres, ce fut un soulagement général. En somme, ils
firent plus de peur que de mal. Le temps leur manqua.
Mais ils excitèrent les plus basses passions ; ils diffamè-
rent la députation relativement modérée du Tarn, notamment le girondin Lasource, son membre de beaucoup le
plus éminent ; ils réussirent à le faire passer comme traître à la patrie ! Mais là, se bornèrent leurs exploits ; des
calomnies et des menaces, ils ne passèrent pas à l'exécution. Les détenus demeurèrent dans les prisons, plutôt
par mesure de prudence que comme victimes dévolues à
la mort, et en sortirent plus tard, lorsque des commissaires plus humains vinrent, au nom de la Convention,
visiter de nouveau Castres (1).

(1) Baudot, Malarmé, Bouillerot, Laurençot, Paganel, Colom-
bel ; ce dernier, le 7 nivôse an III, détermina une sérieuse et salutaire réaction.

Pendant que la terreur régnait dans le Tarn et dans l'Aveyron, elle s'étendait aussi sur le reste de la France, grâce aux 80 commissaires montagnards qui parcouraient les départements, et, surtout, elle étreignait Paris. Dans les derniers jours de mars 1793, parurent coup sur coup des décrets plus terrifiants les uns que les autres, — désarmant les suspects, les nobles et les prêtres, — mettant hors la loi les ennemis de la révolution, — et ordonnant d'afficher à la porte des maisons les noms, âge, qualité, état de ceux qui les habitent; moyen plus commode que libéral pour faciliter les arrestations et les exécutions futures.

CHAPITRE IV

LASOURCE, DANTON ET MARAT

Horreur de Dumouriez pour la Convention. — Dénonciation
contre Danton par Lasource, 1er avril 1793. — Réplique de
Danton. — Rupture irrémédiable entre la Gironde et la Montagne. — Inexpérience politique de la Gironde. — Le 2 avril,
arrestation des Commissaires par Dumouriez. — Dumouriez
hors la loi. — Décret d'accusation contre Marat. — Paris en
feu. — Deux dénonciations contre la Gironde. — Discours de
Robespierre. — 15 avril, délégués des 35 sections réclamant
l'expulsion de 22 Girondins. — Débat sur la consultation des
départements. — Discours de Lasource, combattu par Vergniaud. — 17 avril, reprise de la discussion de la Constitution.
— Allocution de Lasource. — Lasource, président de la Convention, 18 avril 1793. — Réclamation des registres de la commune. — Blâme infligé à la pétition contre les 22 Girondins.
— Acquittement de Marat. — Il est porté en triomphe à la
Convention. — Présence d'esprit du président Lasource.

LA grosse affaire de la trahison du Dumouriez
eut son contre-coup à la Convention. Dumouriez, ambitieux aventurier, qui, pour arriver à
ses fins, flattait tour-à-tour et trompait tout le
monde, se lia d'abord avec Gensonné et les principaux
Girondins ; puis, il les abandonna pour la Cour ; s'apercevant qu'il ne pouvait compter sur cette dernière, il

ménagea à la fois et les Girondins et les Montagnards ;
après le 10 août, il noua des intrigues avec les Anglais
et le parti orléaniste ; finalement, il se concerta, assure-
t-on (1), avec Danton, pour couronner le duc de Char-
tres, pendant qu'il redoublait de protestations auprès de
Gensonné ; et, découvert, il passa à l'ennemi, avec lequel
il ne cessa plus de conspirer contre la France.

A un certain moment, Danton, dont on connaissait les
relations avec Dumouriez, fut envoyé en mission auprès
de lui et n'en put obtenir aucune déclaration satisfai-
sante ; au contraire. « La Convention, s'écria Dumou-
» riez, c'est une réunion de 745 tyrans..... Ils me font
» horreur ! » Grand émoi à Paris, à la nouvelle de ses
dispositions et des noirs desseins qu'on lui suppose ;
mandats d'arrêt contre Égalité père et fils, de même que
contre plusieurs personnes soupçonnées de complicité
avec Dumouriez, et ordre de mettre les scellés sur les
papiers de Roland. Tous les partis se jettent la pierre ;
tous s'accusent réciproquement d'être en connivence
avec Dumouriez. La Gironde, irritée de la mesure prise
contre Roland, un des siens, et soupçonnant Danton,
ne songe qu'à prendre sa revanche.

Lasource, « homme d'une probité raide et d'un tem-
» pérament agressif (2) », avait déjà demandé des explications à Danton et à Lacroix qui n'avaient pu faire
arrêter le général au milieu de son armée ; Danton avait
proposé la conciliation, mais « la main qu'il tend ruisse-

____

(1) Le Bas, *Dictionnaire encyclopédique*, VII.

(2) Louis Blanc, VII, 217; --- appréciation peu bienveillante que
nous n'acceptons pas. La probité toute huguenote de Lasource
n'était pas *raide*, mais franche et ferme ; et son tempérament
n'était pas *agressif*, mais tout d'une pièce et primesautier.

» lante du sang de septembre, ne peut être acceptée par
» les Girondins (1). » Cependant, avant de lancer un
acte d'accusation contre Danton, Lasource avait ajourné
jusqu'à la comparution de Dumouriez à la barre : « Car,
» dit-il, sans vouloir dans ce moment inculper qui que
» ce soit, je regarde la désorganisation de l'armée de
» Belgique comme la suite d'un plan de conjuration ;
» tout ce que nous avons entendu jusqu'à présent ne
» peut nous donner que des conjectures ; ce sont des
» certitudes que nous devons acquérir ». L'ajournement
est alors prononcé. Mais ensuite, Lasource prend occasion du *Rapport* présenté par Proly, Pereyra et Dubuis-
son, pour dénoncer ouvertement Danton. « Il salua
» Danton, dit Michelet, d'une foudroyante invective,
» d'une attaque à bout portant, dont, étourdi, effarou-
» ché, terrassé presque, Danton n'eut d'autre défense
» que d'étrangler qui l'étranglait. »

Là-dessus, Michelet trace de Lasource un portrait
fantaisiste qui fait plus d'honneur à son imagination qu'à
la vérité. Il le donne comme Cévenol, alors qu'il est
du Haut-Languedoc ; d'une nature *âpre*, alors qu'il n'a
que la rude franchise de l'intégrité ; comme un *esprit
malade et romanesque*, alors qu'il est doué d'un jugement
droit, d'une sûre raison, d'une inflexible justice ; comme
un poète qui confond ses rêves avec les faits, alors qu'il
n'est pas d'esprit plus pratique, je dirai plus prosaïque
dans son ardeur à défendre ce qu'il croit être la bonne
cause (2). La preuve en est dans les nominations si nom-
breuses et si flatteuses dont l'honorèrent ses collègues,

____

(1) Mortimer-Ternaux, VII, 6.
(2) Michelet, VI, 441.

malgré sa jeunesse. Non, Lasource n'est ni un rustre, ni un rêveur, mais un cœur fort, « très convaincu », comme le reconnaît Michelet, et qui, tout en se trompant quelquefois, comme dans le cas présent (*errare humanum est*), n'obéit jamais qu'aux emportements d'une pure conscience.

Il commence contre Danton, par poser ainsi la question : « Dumouriez a ourdi un plan de contre-» révolution. L'a-t-il ourdi seul ? » Et il poursuit avec une dialectique habile : « Danton prétend qu'il n'a pas » pu, qu'il n'a pas osé faire arrêter Dumouriez ; et ce-» pendant, il nous avait déclaré quelque temps aupara-» vant au Comité que l'armée était tellement républi-» caine que si son chef était décrété d'accusation, elle » l'amènerait elle-même à la barre de l'Assemblée.

» Danton prétend qu'il a annoncé au Comité que la » République n'avait plus rien à espérer de Dumouriez. » Voici ce qu'il a dit : Dumouriez a perdu la tête en » politique ; mais il a conservé tous ses talents militaires » et il faut se garder de l'arracher à l'armée. Robes-» pierre demandait que l'on examinât sérieusement la » conduite de Dumouriez et que l'on prît sur-le-champ » un parti. Danton s'y opposa et déclara qu'il ne fallait » prendre aucun parti contre le général en chef de l'ar-» mée du Nord avant que la retraite de Belgique ne » fût entièrement effectuée.

» Voilà les faits ; et voici comme je raisonne : Je dis » qu'il y avait un plan formé pour rétablir la Royauté et » que Dumouriez était à la tête de ce plan. Que fallait-» il pour le faire réussir ? Il fallait maintenir Dumouriez » à la tête de son armée. Danton est venu à la tribune » et a fait le plus grand éloge de Dumouriez. Il fallait

» se populariser soi-même ; qu'a fait Lacroix ? En arri-
» vant de Belgique, il affecte un patriotisme exagéré,
» dont jusqu'ici il n'avait pas donné d'exemple. Il se
» déclare Montagnard ; il tonne contre les députés qui
» ont voté l'appel au peuple. L'avait-il fait jusqu'alors ?
» Non. Pour réussir, enfin, il fallait tenir les deux ex-
» trémités du fil. Lacroix reste en Belgique, Danton
» vient ici ; il assiste au Comité de Sûreté générale et
» il se tait...»

Danton, qui s'est contenu jusqu'alors, s'écrie de sa
voix tonnante : « C'est faux ! » et tous ses amis de répéter en chœur : « C'est faux ! » (1).

Sans se troubler, Lasource reprend : « Danton, inter-
» pellé sur les motifs qui lui ont fait abandonner la Bel-
» gique, ne nous dit que des choses insignifiantes.
» Comment se fait-il qu'après avoir rendu compte de
» l'état des choses en Belgique, Danton reste à Paris ?
» Avait-il donné sa démission ? Non. Si son intention
» était de ne pas retourner à son poste, il fallait qu'il le
» dît afin que l'Assemblée le remplaçât ; et, dans le cas
» contraire, il fallait qu'il s'y rendît immédiatement.
» Pour faire réussir la conspiration de Dumouriez, il
» fallait faire perdre à la Convention la confiance publi-
» que. Que fait Danton ? Il paraît à la tribune ; et, là,
» il reproche à l'Assemblée d'être au-dessos de ses
» devoirs ; il annonce une nouvelle insurrection ; il an-
» nonce que le peuple est prêt à se lever ; et cependant,
» le peuple reste tranquille.

» Pour protéger la conspiration, il fallait exagérer les
» dangers de la patrie ; Lacroix et Danton grossissent

(1) Mortimer-Ternaux, VII, 14.

» l'étendue de nos revers. Ils espèrent arriver ainsi à un
» double résultat : les âmes timides s'épouvanteraient,
» les lâches se cacheraient ; le peuple, se croyant trahi,
» menacerait la tête des hommes d'État. Ainsi, on cher-
» chait à exciter un mouvement, à dissoudre la Conven-
» tion nationale, tandis que Dumouriez se serait avancé
» à la tête de son armée pour nous donner un roi. Ci-
« toyens, voilà les nuages que j'ai vus dans la conduite
» de vos commissaires, et qu'il faut déchirer. Comme
» Danton, je propose que vous nommiez une commis-
» sion *ad hoc*, pour éclaircir les faits et découvrir les
» coupables. Le peuple veut la justice. Il a vu assez
» longtemps le capitole et le trône ; il veut voir la roche
» tarpeïenne et l'échafaud ! Le Tribunal que vous avez
» créé ne marche pas encore. — Je demande qu'il
» rende compte, tous les trois jours, des procès qu'il a
» jugés, et de ceux qu'il instruit. Je demande que les
» citoyens Égalité et Sillery, qui sont inculpés, mais
» que je suis loin de croire coupables, soient mis en état
» d'arrestation chez eux. Je demande, enfin, que les let-
» tres et les procès-verbaux qui vous ont été lus soient
» envoyés aux départements et aux armées, et que vous
» accompagniez ces documents d'une adresse. Enfin,
» pour prouver à la nation que nous ne capitulons jamais
» avec un tyran, je demande que chacun de nous prenne
» l'engagement de donner la mort à celui qui tenterait de
» se faire roi ou dictateur. »

Une acclamation unanime se fait entendre. L'Assemblée entière se lève, et répète le serment de Lasource (1).

Une commission est nommée. Mais les amis de Dan-

(1) Mortimer-Ternaux, VII, 15.

ton le pressent de se défendre. Il débute avec calme ;
puis, peu à peu, éclate : « Que vous a dit Lasource dans
» le roman qu'il vient de débiter ? Il a menti quand il
» vous a dit qu'à mon retour de Belgique, je ne m'étais
» pas présenté au Comité de défense générale ; j'y suis
» allé dès le lendemain (1)...

» On prétend que nous voulons un roi... il n'y a que
» ceux qui ont voulu punir Paris de son civisme et armer
» contre lui les départements ; il n'y a que ceux qui ont
» voulu le fédéralisme ; il n'y a que ceux qui ont fait des
» soupers clandestins avec Dumouriez, quand il était à
» Paris...

» Lasource en était », hurle Marat.

« Eux seuls, sont les complices de la conjuration ; et
» c'est moi qu'on accuse ! »

L'agitation est extrême, et les deux côtés de la Chambre s'adressent des menaces également passionnées.

Danton termine avec fureur : « J'appelle sur ma tête
» les investigations de la commission que vous venez
» d'instituer ; je pulvériserai les scélérats qui ont osé
» m'accuser ; je me suis retranché dans la citadelle de la
» raison ; j'en sortirai avec le canon de la vérité. »

L'impression fut profonde ; la Montagne, les tribunes l'applaudissent à outrance ; et, comme si ce n'était
point assez de perdre, en perdant Danton, le dernier
espoir de la conciliation et de la paix (2), — la Gironde,

____

(1) Arrivé le 24, il ne s'y présentait que le 27 ; il mentait donc
impudemment. (Mortimer, vii, 18.)

(2) « Ah ! tu m'accuses, moi ! riposta Danton à Guadet ; tu ne
» connais pas ma force. » « Lui seul retenait encore les colères
» amassées contre les Girondins, et ils essayent de le déshono-
» rer par les accusations de Lasource. La réponse de Danton

pour répondre aux incessantes provocations de Marat, qui criait : « Frappons les traîtres quelque part qu'ils se » trouvent, députés, ministres, généraux », — prête imprudemment les mains à la suspension de l'inviolabilité parlementaire, et vote le décret suivant, dont on devait bientôt s'armer contre elle : « La Convention, considé- » dérant que le salut est la suprême loi, décrète que, » sans avoir égard à l'inviolabilité d'un représentant de » la Nation Française, elle décrètera d'accusation celui » ou ceux de ses membres contre lesquels il y aura de » fortes présomptions de complicité avec les ennemis de » la liberté... »

Cette séance du 1er avril fut malheureuse entre toutes : par le vote de ce décret, par la rupture définitive avec Danton, par le mot d'échafaud, qui retentit pour la première fois, comme une sinistre menace d'un parti à l'autre. La situation se dessine de jour en jour plus nettement. Les Girondins ont encore pour eux le gouvernement, les comités, la majorité de la Chambre ; ils croient qu'avec leur intégrité, leurs talents exceptionnels, leur éloquence incomparable, — la noble cause qu'ils défendent, c'est-à-dire l'empire de la liberté par la justice et la loi, finira par l'emporter. Mais la multitude, avec sa force irrésistible, la multitude qui court au but

» fut le grondement du Lion dans son antre. Avec lui, se hérisse » le Paris de la Révolution ; il se sent déchaîné, libre dans sa » fureur. Celui qui le tenait en laisse vient de lui donner car » rière.

» Ce jour-là, les Girondins détruisirent de leurs mains le rem » part qui les protégeait contre la foule. Chaque parti commet, » à un certain jour, une faute impardonnable qui entraîne et » explique sa chute. » (Edgar Quinet, *La Révolution*, 1, 462.

sans regarder aux moyens, leur échappe de plus en plus. Danton, en véritable homme d'État, indépendant envers les deux partis, avait rêvé leur conciliation, adressé des appels, tenté des efforts. Poussé à bout par une attaque qui le blessa profondément, soit quelle fût injuste, soit qu'elle révélât, comme l'affirme Lamartine (1), la secrète pensée d'un retour par l'armée de Dumouriez à la monarchie constitutionnelle de la famille d'Orléans, — Danton, qui alors inclinait plutôt vers les Girondins, se rejette avec son puissant génie et ses fureurs vers les Montagnards ; il leur apporte l'énorme appoint de son ascendant sur le peuple, qui devait faire pencher la balance en leur faveur. Les Girondins, dans cette occasion, comme en plusieurs autres, manquèrent de sens politique ; ils se conduisirent avec droiture, mais avec naïveté ; animés des meilleures intentions, ils firent ce qu'auraient fait de grands enfants. Bientôt, ils recueilleront les fruits amers de leurs illusions politiques et comprendront, mais trop tard, qu'il ne suffit pas d'avoir pour soi la raison et le bon droit, et de poursuivre idéalement son chemin, sans regarder aux intrigues, aux pièges, aux calomnies des adversaires. Loin de faire abstraction des faits, des passions et des événements, la politique, au contraire, en tient compte comme d'éléments essentiels, dans le jeu de ses combinaisons. Tout en restant pure dans ses principes et dans son but, elle est idéaliste, quant au temps, aux procédés et aux moyens. La politique théorique est une poésie qui peut mener aux abîmes ; or, les Girondins furent, à ce point de vue, les poètes de la Révolution.

(1) III, p. 321.

Le drame se développe ; le 2 avril, Dumouriez fait arrêter des commissaires que la Convention lui envoye pour le sommer de comparaître à sa barre, et il passe à l'ennemi. Désormais, plus de doute ; et les accusations de complicité de redoubler ; Dumouriez est mis *hors la loi*, 100,000 écus promis à qui l'amènera, mort ou vif, à Paris, et Dampierre le remplace au commandement de l'armée du Nord. Robespierre rejette sur la Gironde la responsabilité de ces événements ; Vergniaud et Guadet les mettent au compte de la Montagne. Guadet donne même lecture d'une adresse de Marat, où il dit : « La » contre-révolution est dans le gouvernement, elle est » dans le sein de la Convention. Citoyens, marchons-y, » marchons... Il est dans la Convention une cabale ven-» due à la Cour d'Angleterre... » Marat, de sa place : « C'est vrai. » Une voix crie : « Marat est un monstre qui a osé demander pour la tranquillité 270,000 têtes ! » — « Eh bien, oui, réplique cyniquement Marat, c'est vrai ; » qu'avez-vous à dire ? » Aussitôt l'Assemblée se soulève, et l'on n'entend plus que : « A l'Abbaye ; qu'il soit dé-» crété d'accusation ! » Marat eut beau s'expliquer, Ro-bespierre intervenir, et Danton conseiller de ne pas « entamer l'Assemblée », la majorité exaspérée l'envoye à l'Abbaye, et l'acte d'accusation, approuvé le lende-main par elle, est remis au Tribunal révolutionnaire (1). C'est « la guerre de l'échafaud qui commence. »

Paris est en effervescence ; la Commune, les sections, les faubourgs s'agitent. Marat, tout monstre qu'il est, jouit d'une immense popularité dans les bas-fonds. Quelle témérité de renverser l'idole de la plèbe ! D'ailleurs,

(1) 220 pour le décret d'accusation ; 92 contre.

bien que provoquant chaque jour au pillage et au meurtre, Marat est député ; on touche en lui à l'inviolabilité
parlementaire ; on avait usé, pour la première fois, du
décret récent qui la suspendait, en arrêtant, le 1er avril,
Philippe Égalité ; en arrêtant Marat, c'est la seconde.
N'est-ce pas ouvrir la porte aux poursuites futures des
représentants du peuple ? Grave faute politique qui ne
tardera pas à porter ses conséquences naturelles pour
ceux-là même qui l'ont commise.

Le *Rapport* contre Marat est adressé aux départements que la Convention prend pour juges en cette
affaire.

Bientôt après, sous le coup des nouvelles extérieures,
la Montagne obtient la création d'une armée de sans-
culottes, chargée à la fois de marcher à l'ennemi et de
tenir les aristocrates sous leurs piques. Le 6 avril, trans-
formation du Comité de Défense générale en Comité
de Salut public, composé de 9 membres titulaires et
de 9 membres suppléants : néfaste tyrannie qui devait
mener aux plus criants excès (1). Les dénonciations de
Robespierre contre la Gironde, dans les premiers
jours d'avril, furent comme une semence de meurtre ;
leur résultat immédiat fut une première pétition lue à la
barre de l'Assemblée par les pétitionnaires eux-mêmes :
« ..... La voix publique, dit-elle, vous désigne les
» Brissot, les Gensonné, les Buzot, les Guadet, les Ver-
» gniaud, les Barbaroux, les Louvet, etc. ; qu'attendez-
» vous pour les frapper d'un décret d'accusation ? Vous

---

(1) Ce nouveau Comité de Salut public vit ses attributions
augmenter de jour en jour, le nombre de ses membres s'élever
à douze, et il fonctionna, terrible, implacable, jusqu'au 9 thermidor, où ses principaux membres furent décapités.

» mettez Dumouriez hors la loi, et vous laissez ses com-
» plices s'asseoir parmi vous !... Appelez le glaive de la
» loi sur la tête de ces inviolables... »

Le 10 avril, nouvelle adresse d'une des sections de Paris contre la Gironde ; Danton s'élance à la tribune, les Girondins l'arrêtent ; Danton, se redressant dans sa stature athlétique et leur montrant le poing : « Vous » n'êtes que des scélérats, je demande pour l'adresse » une mention honorable » ; tumulte indescriptible ; dans un amer et perfide discours, Robespierre accumule une vingtaine d'accusations contre la Gironde, que Vergniaud, dans une sublime improvisation, réduit en poudre ; séance épouvantable, duel à mort. Le 12 avril, scène encore plus scandaleuse, où les dénonciations véhémentes, les qualifications de traîtres, d'assassins, de brigands, se croisent en tous sens.

Situation suraiguë qui tend rapidement à sa fin logique.

La Société Jacobine, la Commune et les Montagnards, poursuivant la ruine de l'opposition par la suppression des opposants, et donnant d'ailleurs libre cours à leurs pensées de représailles au sujet de l'arrestation de Marat, — font arriver, le 15 avril, à la barre de l'Assemblée, les délégués de 35 sections conduits par le maire de Paris, Pache, et réclamant impérieusement l'expulsion et la mise en accusation de 22 Girondins (1) ; Boyer-Fonfrède, dans un beau mouvement, se plaint de n'être pas inscrit sur cette liste honorable ; « Et nous aussi,

(1) Brissot, Guadet, Vergniaud, Gensonné, Grangeneuve, Buzot, Barbaroux, Salles, Biroteau, Pontécoulant, Pétion, Lan_ juinas, Lasource, Valazé, Hardy, Louvet, Lehardy, Gorsas, Fauchet, Lauthenas, Valady, Chambon.

crient les trois-quarts de l'Assemblée, tous, tous ! » La
pétition demande « que tous les départements soient
» consultés par courriers extraordinaires sur les 22 dé-
» putés coupables du crime de félonie envers le peuple
» souverain, afin qu'aussitôt que la majorité des dépar-
» tements aura manifesté son adhésion, ils se retirent
» de la Convention. » Discutée le lendemain, cette
pétition, tour à tour combattue et appuyée, soulève le
plus violent orage. Vergniaud et Philippeaux l'attaquent,
Lasource la soutient ; il propose en substance (O) que
les Assemblées primaires se réunissent le 5 mai, qu'elles
soient consultées sur cette question appliquée à chaque
membre de la Convention : « Tel député a-t-il perdu vo-
» tre confiance, oui ou non ? », et que les membres de la
Convention qui auront contr'eux le vœu de la majorité
des Assemblées primaires soient exclus de droit. Ce
projet, Lasource le défend par un de ses plus énergiques
discours : « Citoyens, c'est un sentiment de reconnais-
» sance que vos membres dénoncés doivent à leurs dé-
» nonciateurs ; c'est ce sentiment que je leur vote pour
» la modération dont ils usent. Je les remercie d'avoir
» préféré la voix de la calomnie au son du tocsin ; je les
» remercie d'avoir changé la conjuration du 10 mars,
» ourdie contre notre existence, en un système de dif-
» famation contre notre honneur ; mais ce tribut de
» reconnaissance que je leur paie serait bien mieux
» mérité, si tout le monde ne savait qu'on n'a eu recours
» à des libelles que parce qu'on n'a pu exciter la sédi-
» tion. Quoi qu'il en soit, l'adresse dont je viens ap-
» puyer les conclusions a quelque chose qui doit éton-
» ner.

» D'abord, contre qui fait-on cette adresse ? On vous

» a dit que c'était contre des *hommes d'Etat*. Eh bien !
» sommes-nous des hommes d'Etat, nous qu'on a dé-
» noncés ? Huit d'entre nous n'ont-ils pas voté la
» mort du tyran ? Ne l'ai-je pas votée moi-même, à
» 250 lieues d'ici ? Ne suis-je pas venu ratifier mon vœu
» à cette Tribune ? Les lâches qui me dénoncent en
» eussent-ils fait autant, si, chargés d'une mission par
» la Convention nationale, ils avaient pu rester cachés
» au fond d'un département et s'empêcher de se pronon-
» cer ? » Il déclare ici que sur 22, il n'y en a que 4 contre
qui on articule quelques faits ; pour les autres, ce sont
de simples suspicions. « J'ignore ce qui fait mouvoir les
» pétitionnaires »; mais peut-être n'y est-il pas étranger
» le scélérat ambitieux qui, craignant des hommes dont
» l'énergie est connue, voue leur tête à sa vengeance
» et forme despotiquement de leurs noms une liste de
» proscription ! Par qui est provoquée cette pétition ?
» Ici, j'avoue, citoyens, que mon âme se partage entre
» la douleur et la confusion ; ce sont nos propres collè-
» gues qui l'ont provoquée, et Robespierre a été l'un
» des rédacteurs nommé par la Société des Jacobins... .
» *Robespierre* : Ce n'est pas vrai ! — Si ce n'est pas vrai,
» ce sont donc les journaux même de la Société qui
» mentent... » Après cela, il base son raisonnement sur
la crainte plausible que les Jacobins, avec leurs ramifications dans la France entière, ne fissent arriver à Paris,
de tous côtés, des adresses d'expulsion contre les 22 ; et,
quant à lui, il préfère la voie régulière du suffrage ; il
craint aussi le retour du fédéralisme, la guerre civile et
le renversement de la République. Si le département
seul de Paris met hors la loi des députés, pourquoi tel
autre département n'en ferait-il pas autant pour d'autres

députés ? Il faut empêcher que les départements ne ma-
nifestent leurs vœux isolément et, pour cela, les consulter tous. Il reprend : « Le département de Paris dénonce
» 22 membres; s'ensuit-il que, parce que le départe-
» ment de Paris les dénonce, ils aient perdu la confiance
» publique ? Non. Tout ce qui en résulte, c'est que ces
» 22 membres ont perdu la confiance du département
» de Paris (*Interruptions*). Et parce que quelques hom-
» mes qui se disent les représentants des 48 sections de
» Paris, parce que des ignorants qu'on égare ou quel-
» ques furieux qu'on déchaîne viennent vous dire ici
» qu'ils parlent au nom de Paris, s'ensuit-il que la ma-
» jorité de Paris a proscrit aussi ces 22 membres ? Non;
» il s'ensuit que les hommes sur lesquels les intrigants
» ont de l'influence sont venus emprunter le nom de
» Paris.... (*Murmures à gauche. Quelques voix à droite :*
» Oui ! oui !) Ces murmures sont une preuve de ce que
» je dis : Si les pétitionnaires ont parlé au nom de Paris,
» ne murmurez pas, laissez faire Paris, il parlera bien
» lui-même. Pourquoi êtes-vous inquiets d'avance ? Vous
» soupçonnez donc que ce n'est pas la ville de Paris qui
» a parlé, mais quelques intrigants qui ont emprunté
» son nom. (*Murmures à gauche.*)

» L'élection d'une nouvelle Convention n'obvierait
» pas au mal ; on dirait des mêmes députés réélus : vous
» avez été réélus chez vous, par vos intrigues ; cela ne
» prouve pas que vous ayez la confiance de la majorité
» de la nation. Tandis que, lorsque les assemblées pri-
» maires seront convoquées, en faisant lire dans chacune
» la liste des membres de la Convention, en obligeant le
» président de ces assemblées de lire les noms un à un,
» et de demander à chaque nom : « Le représentant

» dont je viens de prononcer le nom a-t-il, oui ou non,
» votre confiance ? — il en résulte que chaque section,
» chaque assemblée primaire émettra son vœu ; vous
» connaîtrez parfaitement le vœu de la Nation ; non le
» vœu d'un département, mais de toute la République...
» Alors, il faudra bien que les pétitionnaires, parlassent-
» ils au nom d'un département, au nom de deux, au nom
» de dix, il faudra bien qu'ils courbent leur tête auda-
» cieuse sous la volonté nationale ; qu'ils obéissent ou
» qu'ils déclarent à la Nation qu'ils veulent être rebelles
» et régner seuls ! Alors, la Nation choisira ; alors, à notre
» tour, nous en appellerons à la France. Nous n'exci-
» terons pas des mouvements partiels autour de vous ;
» nous ne vous environnerons pas des hommes qui vous
» couvrent sans cesse de huées et de murmures scanda-
» leux. Mais nous dirons à la France entière : environ-
» nez vos représentants ; vous avez dit qu'ils avaient
» votre confiance ; empêchez qu'on ne les insulte ; sé-
» vissez contre ceux qui les outragent ; maintenez leur
» liberté ; et, après avoir secoué le joug d'un tyran, ne
» subissez pas celui de quelques intrigants qui dominent
» une ville... !
Après avoir réfuté quelques objections :
« Je vous ramènerai toujours à ce dilemme : ou vous
» avez la confiance nationale ou nous l'avons. Si vous
» l'avez, on vous rendra justice, et c'est vous que la Na-
» tion rappellera. Si nous l'avons, la Nation nous rendra
» justice, et vous obéirez. Alors, il n'y aura plus de vo-
» ciférations scandaleuses, d'injures et de proscriptions.
» Pourquoi ne voulez-vous pas, comme nous, vous sou-
» mettre au vœu national, au jugement, non de quel-
» ques hommes, mais de tous les citoyens ? Dans quel-

» que hypothèse que vous vous placiez, vous devez le
» subir, et si vous craignez la mesure, c'est parce que
» vous redoutez le jugement de la nation. » *(Une voix à
gauche :* Ce n'est pas vrai !) « Eh bien, si ce n'est pas
» vrai, et j'aime à le croire, il faut que je sois expulsé,
» ainsi que tous les autres proscrits, et certes j'y con-
» sens. Je consens à être chassé du temple des lois, si
» la Nation me trouve indigne du poste qu'elle m'a
» confié ; je consens à ne sortir du temple des lois que
» pour aller à l'échafaud, si j'ai trompé l'attente du peu-
» ple, si j'ai trahi ses intérêts, si j'ai agi contre son bon-
» heur ! Mais aussi je veux, si j'ai la confiance de la Na-
» tion, que quelques scélérats ne puissent pas me la
» ravir ; je veux que, si je n'ai point commis de crimes,
» on ne fasse pas pleuvoir sur ma tête et les traits
» empoisonnés de la calomnie et les fureurs de quelques
» hommes égarés, auxquels on veut inspirer la soif de
» mon sang ; je veux que vous le subissiez tous comme
« moi, le jugement de la Nation entière !

» Je finis par une réflexion ; elle frappera tous les bons
» esprits. Il ne s'agit point, ici, des individus, mais de la
» République ; car, si l'on fait expulser aujourd'hui
» 22 membres par une intrigue, rien n'empêchera que
» demain une nouvelle intrigue n'en expulse 100, et que
» l'existence de la Convention ne se trouve à la merci
» des manœuvres des intrigants. D'ailleurs, la Conven-
» tion ne peut faire le bien que par la confiance, et le
» seul moyen de l'en investir, c'est de consulter la
» Nation. Il faut bien qu'elle nous juge, puisque nous
» n'avons pas su nous-mêmes faire cesser nos divisions.

» Encore un mot, et j'ai dit. Je sais pourquoi mon nom
» se trouve sur la liste des proscrits ; il n'y eût pas été,

» il y a 15 jours. J'ai parlé d'un homme, c'est assez ; j'ai
» été dénoncé. J'ai témoigné de la méfiance contre un
» homme (1), sur le compte duquel on ne voulait même
» pas permettre le soupçon ; dès lors, il a bien fallu me
» proscrire, puisque j'avais eu la témérité de m'élever
» contre l'idole du jour ! La voilà, la raison pour laquelle
» mon nom se trouve sur la liste ; car je défie ceux qui
» me dénoncent de citer une seule de mes opinions, une
» seule action de ma vie qui puisse prouver que j'ai trahi
» un instant la cause du peuple, que j'ai cessé d'aimer
» un instant la liberté de mon pays. »

L'Assemblée, après ce discours, est désorientée ; la
Montagne recule par peur du verdict populaire, et préfère, après jugement sommaire ou même sans jugement,
« le châtiment des traîtres ». De son côté, la Gironde
redoute, comme un ferment de guerre civile, cet appel à
la Province. Écho de Danton, Philippeaux tance les
deux partis de l'Assemblée et propose de décréter qu'on
regardera comme mauvais citoyens ceux qui voudraient
la dissolution de l'Assemblée en tout ou en partie ;
qu'en conséquence, elle improuve l'adresse des 35 sections. Mais, tout en applaudissant, on ne décide rien.

Le 17 avril, — la Royauté abolie, — on se met en
demeure de donner à la France une Constitution démo-
cratique, précédée d'une nouvelle *Déclaration des droits
de l'homme*. Après l'analyse de nombreux projets de
Constitution, on prend pour base, non l'ancienne déclaration du 14 septembre 1791, mais le projet de Déclaration des droits rédigé par le Comité de la Constitution.
Barrère, rapporteur, lit le premier article :

(1) Danton.

Les droits naturels, civils et politiques des hommes sont : la liberté, l'égalité, la sûreté, la propriété, la garantie sociale et la résistance à l'oppression.

Lasource fait aussitôt cette judicieuse observation : « Je n'entends pas bien ce qu'a voulu dire le Comité par » ces mots : « droits naturels ». Dans l'état de pure na- » ture, il n'existe pas de droits, si ce ne sont ceux de la » force. Dans l'état de nature, l'homme a droit à tout » ce qu'il peut atteindre, et ce droit n'a de bornes que » la possibilité. Ce droit, il l'abandonne dès le moment » où il entre en société ; et je suis étonné que le Comité » ait pu le comprendre dans un même article avec les » droits conventionnels sociaux. Je demande la radiation » des mots *droits naturels*. » Vergniaud propose : « Les droits de l'homme en société sont : la liberté, etc.»; et cette motion est adoptée à l'unanimité.

Mais de ces discussions calmes, élevées, il faut vite redescendre dans l'arène tempétueuse. Le 18 avril, Grangeneuve jeune, frère du député, se présente à la barre, à la tête d'une députation du département de la Gironde, dénonce une correspondance et des circulaires imprimées compromettant des membres de la Convention, de la Commune de Paris et de la Société des Jacobins ; il y était dit « qu'on ferait passer le goût du pain à tous les Royalistes». Vergniaud fait renvoyer cette affaire au Comité de Salut public. Lui et ses amis ont encore la majorité ; ils emportent presque tous les votes ; le 18 même, ils confèrent l'honneur de la présidence de la Convention à l'un de leurs membres les plus intrépides et les plus ardents, Lasource (1). Trois Girondins

(1) Chaque Président ne demeurait en fonctions que quinze

aussi, Lehardy, Chambon, Pontécoulant sont nommés secrétaires, et Marat dénonce tous ces choix avec fureur dans son journal l'*Ami du Peuple*, n° 176. Le malheur est, qu'obéissant à leur initiative personnelle, les Girondins manquent de discipline, d'homogénéité; tandis que la Montagne, appuyée par les masses qu'elle soulève à sa guise, par la Commune qui s'érige de plus en plus en pouvoir rival de la Convention, est compacte et unanime.

Sur la proposition de Guadet, on décrète que les registres de la Commune de Paris seront portés à la Convention; et de leur examen découle que, dans la séance du 18 avril, sur le réquisitoire de Chaumette, procureur de la Commune, le conseil général a arrêté : 1° Qu'il se déclarait en état de Révolution, tant que les subsistances ne seraient pas assurées ; — 2° Qu'il se déclarait frappé lorsqu'un citoyen serait frappé pour ses opinions; — 3° Que le Comité de correspondance avec les 44,000 municipalités serait au plus tôt mis en activité et composé de 9 membres au lieu de 5 ; — 4° Que 12,000 exemplaires de la pétition du 15 avril, dénonçant 22 députés, seraient imprimés et remis le lendemain au Comité. Il était clair que la Commune tendait chaque jour à absorber en elle la souveraineté. Les officiers municipaux porteurs des registres s'attendaient à quelques paroles aimables du Président Lasource et à être invités aux honneurs de la séance. Mais Lasource observant un

---

jours; il était nommé à haute voix, par un appel nominal et à la majorité absolue. (Règlement des 26 et 27 septembre 1792.)

Dans la Constituante et dans la Législative, c'étaient les bureaux qui, à la majorité relative, procédaient à la nomination du Président.

glacial silence, — un Montagnard fait la proposition directe de les inviter aux honneurs de la séance ; l'Assemblée étant partagée, on procède à un appel nominal ; et, comme il dure longtemps, ce n'est qu'à une heure du matin, quand la séance est finie, qu'ils sont admis à y siéger par une minorité de 149 voix, les autres députés, à cette heure tardive, étant déjà rentrés chez eux.

Dans cette même séance, en attendant que les registres de la Commune — qu'on était allé prendre fussent apportés — la question de la pétition contre les 22 revient à l'ordre du jour, et Vergniaud combat énergiquement la proposition de Lasource d'en appeler aux Assemblées primaires. Il prétend que les députés eux-mêmes se mettraient en suspicion, qu'ils sembleraient accepter les calomnies de leurs ennemis, et qu'une telle convocation risquerait de perdre la Convention, la République et la liberté. Il ajoute que si l'on en est réduit à l'alternative de réunir les Assemblées primaires ou de se livrer aux vengeances des ennemis, — mieux vaut encore ne pas mettre en balance quelques hommes et la chose publique, « et se jeter dans le gouffre pour sauver la patrie. »

A la suite de ce discours, ce qui prouve la grande force légale dont disposait encore la Gironde, qu'une éruption révolutionaire allait emporter sitôt, — la Convention « improuve comme calomnieuse la pétition qui » lui a été présentée le 15 avril, au nom de 35 sections, » adoptée par le Conseil général de la Commune de « Paris, et tendant à proscrire 22 de ses membres ». Elle décide, en outre, que le présent décret sera envoyé aux départements.

Ce triomphe de la Gironde vint s'ajouter à sa vic-

toire sur Marat ; l'affaire a suivi son cours ; et Marat,
s'étant constitué prisonnier le 24 avril, comparaît devant
le Tribunal révolutionnaire. Mais il s'y montre, il y
parle en maître, en martyr de la liberté. Après un vain
simulacre de justice, il est acquitté aux acclamations
d'une foule immense qui le porte en triomphe à la Convention. Lasource préside ; plusieurs députés s'échappent pour n'être pas témoins d'une telle ignominie ; la
foule hurlante fait irruption de tout côté ; la séance est
interrompue par les clameurs de ce honteux triomphe ;
on n'entend plus qu'un cri : « Vive Marat ! » Un sapeur
s'avançant : « Citoyen Président, je demande la parole
» pour annoncer que nous vous ramenons le brave
» Marat. (*Applaudissements de la gauche et des tribunes.*)
» Marat a toujours été l'ami du peuple et le peuple sera
» toujours pour Marat. On a voulu faire tomber ma tête
» à Lyon, pour avoir pris sa défense. Eh bien ! s'il faut
» que la tête de Marat tombe, la tête du sapeur tom-
» bera avant la sienne. Nous vous demandons, Prési-
» dent, la permission de défiler devant l'Assemblée.
» Nous espérons que vous ne refuserez pas cette faveur
» à ceux qui ont accompagné l'ami du peuple. »

La situation ne manque pas d'être embarrassante ; mais
le président Lasource s'en tire avec autant de fermeté
que de présence d'esprit : « Citoyens, dit-il, vous vous
» réjouissez de ce que la loi n'a pas trouvé de coupable :
» c'est le sentiment de tout bon citoyen ; les représen-
» tants du peuple s'en réjouissent avec vous. La Conven-
» tion va examiner la demande que vous lui faites de
» défiler dans son sein. » La faveur accordée, le cortège
se répand comme un torrent qui a brisé sa digue ; ce sont
des cris, des chants, des vivats étourdissants, comme
une bave sur la Convention.

Quand paraît Marat, l'exaltation monte au délire ; sa tête est couronnée de feuilles de chêne ; les officiers municipaux lui font cortège ; et, porté à bras, il passe des bras du peuple à ceux des Montagnards. Après d'ardents embrassements, l'*ami du peuple* est déposé à la tribune ; il fait signe qu'il veut parler ; et, un moment, les applaudissements s'arrêtent pour entendre cet aboyeur de la guillotine : « Législateurs du Peuple Français, les
» témoignages éclatants de civisme que vous venez de
» voir dans votre sein, ont rendu au peuple un de ses
» représentants dont les droits avaient été violés. Je
» vous présente, en ce moment, un citoyen qui avait été
» inculpé, et qui vient d'être complètement justifié. Il
» vous offre un cœur pur ; il continuera de défendre
» avec toute l'énergie dont il est capable les droits de
» l'homme, la liberté. » La liberté... ! lui qui, toute sa vie, en avait fait litière !

Mais sa déclamation n'en soulève pas moins un enthousiasme indescriptible : chapeaux, bonnets phrygiens, mouchoirs, cocardes, sont jetés en l'air par une foule frémissante ; les vivats étourdissent la Convention. Le héros du jour venait de quitter la Tribune pour s'asseoir au sommet de la Montagne : « Maintenant, dit-il,
» je tiens les Girondins et les Brissotins ; ils iront en
» triomphe aussi, mais ce sera à la guillotine. » On le ramène à la tribune pour y recevoir, selon l'usage, la réponse du Président. Il se flatte, sans doute, de voir son triomphe proclamé et consacré par un de ses plus ardents adversaires, par Lasource lui-même ; mais il compte sans l'habileté du président, qui répond simplement et froidement : « qu'il n'a rien à répondre, — l'usage étant
» de ne répondre qu'aux citoyens qui présentent des

» pétitions ; or, Marat n'est pas, ici, comme pétition-
» naire, mais comme représentant du peuple. » Marat
alors retombe dans les bras de la plèbe, dont le cortège
défile pendant plus d'une heure devant la Convention,
aux cris cent fois répétés de : « Vive Marat, l'ami du
» peuple ! Vive la Montagne » ! De là, on le conduit au
club des Cordeliers, où il harangue la foule et lui pro-
met du sang. Les cris de : « Mort aux Girondins ! » retentissent alors comme un son de tocsin. — Nul n'est
mieux placé que Lasource pour les entendre ; aussi, dès
cette heure, le vif pressentiment de sa fin se fait-il jour
dans son âme.

CHAPITRE V

LASOURCE ET LES PÉRILS DE LA SITUATION

Pétition en faveur des Girondins. — Virulente apostrophe de Lasource. — Dangers extérieurs. — Pétition du faubourg St-Antoine. — Protestation de Lasource aux Jacobins. — Décret sur les subsistances. — Lettre justificative de Lasource aux Jacobins de Castres. — Série de décrets. — Excitation contre les 22. — La Convention transférée aux Tuileries, 10 mai 1793. — Injustices contre les Girondins. — Le danger redouble. — Tempêtes à la Convention. — Indignation de Vergniaud. — Une émeute de femmes. — Succès de Lasource sur la levée des armées. — Le 20 mai, éloquent et inutile appel de Lasource à la concorde. — Le 22 mai, son apostrophe aux tribunes. — La Commission des Douze. — Arrestation d'Hébert et soulèvement de la Commune. — Envahissement de la Convention, 27 mai, et sommations aux députés. — Imprudence d'Isnard, président. — Surprise du vote. — Décret rapporté, le lendemain. — Le 29, Comité Insurrectionnel. — Révolution du 30 mai. — Les Girondins se cachent. — Prière de Rabaut St-Étienne.

« Il ne perd rien qui ne perd Dieu. »

MAINTENANT, la soif du sang est allumée; et le sang des Girondins l'excitera au lieu de l'étancher. Dans la Convention, les séances dégénèrent en batailles; et, au dehors, le vent tourne entièrement à l'anarchie. Plus de sécurité. Les Girondins en viennent à proposer de transférer la Convention à Versailles ; et une députation de Bordeaux peut dire à la barre, à propos des 22 députés menacés : « Si l'on ne sauve les députés du peuple, nous allons fon- » dre sur Paris ; nous périrons tous, plutôt que de subir » le règne des brigands et des égorgeurs. » De son côté, Guadet ne ménage pas ses menaces : « Si vous n'envoyez » pas à l'échafaud cette poignée d'assassins qui trament » de nouveaux crimes contre la représentation nationale, » oui les départements fondront sur Paris... »

C'est probablement, à cette occasion, sans qu'il me soit possible de l'affirmer, que Lasource, dans la langue si crue de l'époque, révéla toute son énergie. Un interrupteur persistant vient d'obliger Guadet à descendre de la tribune : « J'invite M. Guadet, dit Lasource, à n'être » pas dupe de cette astuce, par laquelle on cherche à » l'écarter de la tribune, et je l'invite à couvrir du mé » pris le plus profond les propos indécents de ces Mes » sieurs du côté droit. » L'interrupteur fut envoyé trois jours à l'Abbaye.

C'est la lutte à mort ; toute la Vendée est en l'air ; les Anglais menacent la Bretagne ; Dampierre est tué et son armée recule ; la famine sévit et les arrivages font défaut. — Ces nouvelles, arrivées coup sur coup, surexcitent les esprits au plus haut degré ; les Départements sont soulevés par de nouveaux Commissaires Montagnards ; et, à Paris, l'anarchie et l'émeute ont le pas sur la Convention. Une pétition insensée est portée par le faubourg Saint-Antoine, et une foule immense remplit l'Assemblée.

La Convention passe à l'ordre du jour sur la pétition ; mais, le soir, Lasource, comme président de la Convention, se plaint au Comité de salut public ; voici le procès-verbal de la séance, qui met bien en relief la situation du moment (1):

« Comité de Salut public.

» Présents : Guyton, Barrère, Cambon, Lindet, Delmas, Danton, Lacroix.

» Séance du 1ᵉʳ mai 1793, au soir.

» Le citoyen Lasource s'est présenté et a dit que la
« Convention avait été exposée ; que le Maire et le
» Commandant avaient manqué à leurs devoirs ; que ni
» l'un ni l'autre n'avaient donné avis du mouvement qui
» avait eu lieu, quoique la salle se soit trouvée investie,
» pendant la séance, par plus de 10,000 hommes.

» Le Commandant a attesté que Paris avait été tran-
» quille ; que, fréquemment, il se porte autant de monde
» à la Convention ; que le peuple s'est comporté avec
» décence ; qu'il n'y a pas eu la moindre apparence de
» trouble, quoiqu'on ait paru vouloir provoquer le peu-
» ple ; que, pour lui, il a reçu des assurances par écrit
» de la tranquillité du peuple et de sa persévérance, mal-
» gré les calomnies et les outrages. »

Satisfait des explications du commandant Santerre, le Comité ne donna aucune suite aux plaintes de Lasource, qui avait pourtant parlé au nom de la Convention. On voit, par cette attitude, comment le Comité de Salut Public comprenait la protection et la dignité de la représensation nationale.

Le 3 mai, sous la pression de la famine, est signé un décret déplorable, qui ouvre la porte à tous les arbitraires, à toutes les violences du despotisme : vrai triomphe de la démagogie. Plus on avance, plus on pressent que

---

(1) Mortimer-Ternaux, VII, p. 178.

son règne n'est pas loin. C'est ici que vient se placer
une importante lettre de Lasource à la Société populaire
de Castres. Outre qu'elle nous met en plein contact avec
les réalités vivantes du jour, qu'on y saisit sur le vif les
fiévreuses préoccupations de l'heure présente ; qu'elle
initie mieux que tout au terrible tourbillon qui broyait
hommes et choses dans son courant ; — cette lettre con-
tient de nombreux détails sur la conduite politique et la
vie de Lasource, détails d'autant plus précieux qu'ils
sont donnés par lui-même, et résumés en un ensemble
de quelques lignes. Lasource, comme les autres Girondins, avait été calomnié dans son propre pays, d'abord
par Chabot et Bô, à l'époque de leur première mission
à Castres ; puis, par les nouveaux Commissaires qui
inondaient la Province ; et la calomnie, dans ce temps,
était comme la première marche de l'échafaud. Aussi, on
voit, au ton de Lasource, à sa violence encore plus
grande que d'habitude, qu'il n'a plus rien à ménager,
que le sacrifice est fait de sa vie, qu'il se sent arrivé au
commencement de la fin (1).

A la Société populaire de Castres, chef-lieu du Tarn.

J'apprends avec indignation que quelques agents des
scélérats qui veulent me faire égorger ici, ne cessent de
me calomnier au milieu de vous, pour me ravir votre

(1) Il est juste de dire que cette pièce majeure m'a été signalée
et procurée par mon ami M. Bélisaire Tailhades, ainsi que plusieurs autres renseignements précieux. En rendant à César ce
qui appartient à César, je suis heureux de rendre un public hommage à un homme d'une rare érudition, pour lequel l'histoire lo-
cale n'a pas de secrets, et qui ajoute au mérite de sa science
celui d'une parfaite serviabilité.

estime ; ils veulent vous empêcher d'accorder quelques regrets à ma mémoire et de venger ma mort, qu'ils préparent par leurs machinations ténébreuses, qu'ils appellent par leurs sanguinaires dénonciations, qu'ils précipitent par le mouvement meurtrier que leurs manœuvres impriment à une masse d'ignorants dont ils trompent la bonne foi, et à une tourbe d'assassins dont ils dirigent les poignards.

J'apprends avec une douleur qu'il serait inutile de chercher à peindre, que ces abominables calomnies, à force d'être répétées, trouvent parmi mes concitoyens quelques esprits crédules qui en reçoivent le poison. Eloigné du théâtre où l'on me déchire, j'ignore profondément ce que m'inputent mes lâches dénonciateurs. Je vous conjure, frères et amis, de les sommer d'articuler des faits; je vous conjure de me faire connaître les objets sur lesquels on cherche à vous faire concevoir des soupçons. Je prends avec vous l'engagement solennel de répondre à toutes les accusations dont on m'aura chargé, à toutes les interpellations que vous m'adresserez vous-mêmes : et s'il en est une seule sur laquelle je laisse le moindre louche, je me dévoue à l'exécration publique et à l'échafaud. Dans l'impossibilité d'articuler aucun fait, les brigands à qui je déplais et qui me persécutent parce qu'ils me craignent, se seront-ils bornés à dire à Castres, comme à Paris, *que j'ai trahi ma patrie !* et vous citoyens, à force de l'entendre dire, l'auriez-vous cru ?... J'ai trahi ma patrie !... Et quand ?... Qu'ils me répondent, les scélérats qui m'accusent. Est-ce quand j'ai déclaré sous l'Assemblée législative, que le pouvoir royal, si l'on n'y prenait garde, anéantirait la liberté, et que j'ai voulu ôter à la Cour la nomination des administrateurs du trésor public ? Est-ce quand j'ai fortement appuyé la formation d'un camp de 20,000 hommes aux environs de Paris pour intimider et perdre une Cour alors toute-puissante ? Est-ce quand j'ai voulu le licenciement de la Garde contre-révolutionaire du ci-devant Roi ? Est-ce quand j'ai demandé (ce qu'on a fait dix mois trop tard) une levée de 200,000 hommes, des secondes lignes, des camps d'exercice dans l'intérieur, pour déjouer les trahisons des Ministres et des Généraux ? Est-ce quand j'ai concouru de toutes mes forces à faire décréter d'accusation le juge de paix Larivière, le premier instrument dont la Cour s'était servie pour dissoudre le Corps législatif ? Est-ce quand j'ai fait décréter l'amnistie, qui pouvait seule mettre un terme aux troubles et aux crimes dont le malheureux pays d'Avignon avait été si longtemps désolé ? Est-ce quand j'ai osé le premier attaquer sans ménagement Lafayette à la tribune, dans un temps où la Cour avait les poignards et où parmi vous-mêmes quelques hommes ont pris mon courage, soit pour l'extravagance d'un fou, soit pour la coupable audace d'un factieux ? Est-ce quand j'ai bravé la mort le 10 août, sous le canon du château, et que j'ai fait chasser hors la salle des séances des représentans du peuple le tyran perfide dont la présence compromettait le salut du Corps législatif ? Est-ce quand, sous la Convention, je me suis élevé contre les usurpations d'une Commune ambitieuse, contre le despotisme révoltant de quelques scélérats qui voulaient régner par la terreur ? Est-ce quand j'ai fait 250 lieues pour me rendre à un poste orageux et y voter la mort du tyran ? Est-ce quand j'ai fait faire à tous les membres de la Convention nationale le serment solennel de poignarder le premier scélérat qui voudrait être Roi,

Dictateur, Protecteur, et usurper le pouvoir du peuple
sous quelque nom que ce fût ? Est-ce quand, méprisant
les fureurs d'une populace égarée, j'ai attaqué ce Danton qui m'a fait proscrire pour lui avoir reproché d'avoir
fait, à son retour de la Belgique, l'éloge du traître Dumouriez, au lieu de l'avoir fait saisir et d'être venu le
dénoncer ? Voilà le sommaire de ce que j'ai fait. Est-ce
là trahir la patrie ? Ah ! si ce sont de telles trahisons
qu'on m'impute, j'en ai commises, j'en commettrai encore ; car je travaillerai jusqu'à la mort au bonheur de
mon pays. Les ambitieux, les traîtres, les hommes altérés
de domination et de sang, peuvent bien me proscrire,
mais non m'intimider ; ils peuvent m'arracher la vie,
mais ils ne me feront jamais composer avec ma conscience. Je braverai tous les *Marius*, je poursuivrai tous
les *Sylla*. Etranger à tous les partis, je n'appartiendrai
jamais ni à *César* ni à *Pompée* ; je ne serai qu'à la patrie,
et je mourrai pour elle, plutôt que de la laisser asservir
par aucune espèce de tyran.

Que ceux qui veulent régner m'assassinent vite ; ils
ont raison, puisqu'ils ne peuvent régner tranquilles que
quand je ne serai plus. Que ma tête leur soit livrée
puisqu'il la leur faut, j'y consens ; mais que ma mémoire
reste pure. Je leur pardonnerai le crime de ma mort ;
mais je ne leur pardonnerai point celui d'avoir voulu me
ravir l'honneur avant de m'arracher la vie : car, après la
liberté de mon pays, le seul bien que j'ambitionne et auquel je ne renoncerai jamais, c'est l'estime de mes concitoyens et de la postérité. J'ai celle de la Convention
nationale ; je sais bien que le témoignage éclatant qu'elle
vient de m'en donner, a augmenté la rage de mes ennemis ; mais quelque furieux qu'ils soient, je ne les crois pas

assez puissants pour me faire perdre celle de la Nation (1).

Un seul trait, frères et amis, doit vous apprendre le fonds qu'il faut faire sur leurs déclamations. Vous vous rappelez les bruits qu'on avait semés, sur mon compte, à la fin de la législature. Par quelle bizarre, dirais-je, ou quelle inconcevable contradiction se fait-il que le même homme qu'on accusait alors parmi vous d'être désorganisateur jusqu'à la loi agraire et à l'anarchie, on l'accuse aujourd'hui d'être modéré jusqu'à l'aristocratie et à la contre-révolution ! Citoyens, je vais vous le dire : c'est que les brigands font aujourd'hui contre ceux qui veulent les réprimer, ce que faisait alors la Cour contre ceux qui voulaient l'abattre. Dans ce temps-là ceux qui ne voulaient point composer avec une Cour perfide et contre-révolutionnaire étaient peints comme des désorganisateurs qui voulaient la loi agraire et l'anarchie ; aujourd'hui ceux qui ne veulent point composer avec les brigands dont le but est la loi agraire et l'anarchie sont peints comme des modérés, des aristocrates qui veulent la contre-révolution.

Ouvrira-t-il les yeux, ce peuple qu'on trompe sans cesse, et l'opinion publique rendra-t-elle enfin justice aux vrais défenseurs de la Liberté ? Pour moi, d'accord avec ma conscience, je réclame et j'attends cette justice, sourd à toutes les clameurs, calme au sein de tous les dangers.

Je suis fraternellement, frères et amis,

Votre tout dévoué concitoyen,

LASOURCE.

8 mai 1793, l'an second de la République (2).

(1) Nommé Président de la Convention du 18 avril au 2 mai 1793.

(2) A Castres, de l'Imprimerie nationale du citoyen Rodière, l'an second de la République française.

Cette lettre témoigne que la division et l'agitation des esprits est à son comble. Pour faire front à tous les dangers, on décide la levée d'une armée de 12,000 sans-culottes destinés à la Vendée ; d'une seconde armée de 12,000 sans-culottes destinés à contenir l'aristocratie ; toutes deux équipées aux frais des riches. On décrète de nouvelles classes de suspects, où sont compris, en sus des prêtres, des nobles et des financiers, les citoyens qui donneront des preuves d'incivisme ; ils seront incarcérés jusqu'à la paix ; et le tribunal révolutionnaire sera invité à activer ses opérations ! Partout, on fait circuler le bruit perfide que la République est en danger par la conspiration des vingt-deux ! On ne parle dans les clubs que de les égorger, et de la nécessité de profiter, à cet effet, du premier tumulte : c'est le vent précurseur de l'orage.

Le 10 mai, la Convention s'installe avec ses Comités, ses Archives, tous ses services accessoires, aux Tuileries, dans la salle de spectacle, inaugurée en 1671 par la *Psyché* de Molière et où Voltaire avait été couronné en 1778. Et comme si ce nouveau local devait porter malheur à ceux qui l'habitaient, pas un seul jour ne se passa sans luttes acharnées. La partialité de Louis Blanc contre les Girondins apparaît, ici, avec évidence ; à mesure que la fin de la tragédie s'approche, ce remarquable historien s'évertue à en rejeter la responsabilité sur les Girondins eux-mêmes, sur leurs contradictions, sur leurs craintes chimériques, sur leurs attaques : système singulièrement forcé et injuste. Que les Girondins aient eu des torts, même graves ; qu'ils se soient souvent trompés, même grossièrement ; cela est malheureusement trop vrai, et nous avons souvent déploré leurs imprudences et leur défaut de sens politique ; mais il y a loin de là à prétendre qu'ils fatiguaient les tribunes de leurs plaintes, qu'ils « faisaient rugir la Montagne » et « frissonner les femmes » de leurs accusations ; que, par conséquent, ils ont ouvert eux-mêmes leur voie douloureuse, et créé le Calvaire où ils sont montés ; les attaquer de la sorte, c'est se montrer aussi juste que le loup s'en prenant à l'agneau de troubler son eau.— N'avaient-ils pas de légitimes sujets de plaintes ? N'étaient-ils pas perpétuellement en butte à la menace, à la calomnie ? N'étaient-ils pas le point de mire de tout ce que la population comptait d'énergumènes et de bandits ? Marat ne demandait-il pas, tous les jours, leur sang ? et les autres chefs de la plèbe, pour être moins audacieusement cyniques, en étaient-ils moins désireux de les retrancher ? Enfin, la pétition des 35 sections réclamant leurs têtes n'était-elle pas un fait assez caractéristique ? Lorsque donc ils répètent sur tous les tons qu'on en veut à leurs jours, ils énoncent un fait patent ; lorsqu'ils se défendent, ils ne se battent pas contre des chimères, ils sont en état de légitime défense ; et lorsqu'ils tomberont, on pourra dire, en dépit des sophismes de L. Blanc, fervent disciple de Robespierre et des Jacobins, qu'ils sont tombés, bien moins par leur faute, victimes de leurs écarts, que martyrs de leur pure foi politique et du fanatisme dictatorial de leurs ennemis.

Isnard, le plus fougueux des Girondins, venait d'être (16 mai), après Lasource (18 avril) et Fonfrède (2 mai), porté à la Présidence, et c'est pourquoi, disposant de la majorité avec la plaine et la droite, les Girondins se font encore des illusions, qu'ils doivent bientôt perdre l'une après l'autre. La masse leur a échappé ; la Commune et la Montagne la manient à leur gré, et, par elle, exercent sur l'Assemblée nationale la plus scandaleuse pression.

La vie de la Convention n'est plus qu'une tempête continue ; chaque jour, les scandales se renouvellent ; les tribunes imposent leur volonté, ou les pétitionnaires hurlent à la barre leurs vociférations, ou l'enceinte est envahie par la populace. Aussi, le 17 mai 1793, Vergniaud laisse échapper ce mouvement d'indignation : « Si,
» à force d'outrages, de persécutions et de violences,
» on contraint une partie de mes collègues et moi à nous
» retirer, le département de la Gironde n'aura plus rien
» de commun avec une ville qui viole la représentation
» nationale. »

Paroles qui donnèrent à penser, et accréditèrent le soupçon de fédéralisme contre les Girondins. Il est certain qu'au commencement de 1793, on avait discuté dans les Conventicules de Mme Roland, — l'âme de la Gironde, — plutôt comme thèse que comme but, — l'idée d'une république du Midi, pour échapper au despotisme de la Commune sur Paris, et de Paris sur le reste de la France. Du reste, l'émeute de femmes qui eut lieu le 18 mai, était bien faite pour inspirer une telle velléité. Dans la misère noire où elles vivaient, on leur avait persuadé que les Girondins accaparaient le pain pour le jeter dans la Seine ! De là, leur fureur ; elles se précipitent vers l'Assemblée avec leurs poignards. Grande bagarre à la porte. Louis Blanc estime-t-il que ces malheureux Girondins sont encore la cause de ce criminel tumulte qui, une fois de plus, met leurs jours en péril ? Dans cette même séance, Lasource défend avec beaucoup de sens et de fermeté l'idée d'une taxe générale pour lever des armées, — au lieu d'abandonner ce droit aux Départements ou aux administrations particulières·

A cela que d'inconvénients ! que de vexations dans le prélèvement de la taxe ! que de détournements probables ! et puis, chaque commune n'aura-t-elle pas sa petite armée ? les fédéralistes ne pourront-ils pas tourner contre la République les hommes et les armes qu'ils lèveront ?

Il ne faut pas que les administrations départementales aient des armées à leur solde. Il faut que l'autorité centrale, loin de relâcher les ressorts du gouvernement, les resserre. « Il faut une taxe ; je la veux comme vous. Les » riches égoïstes, les sybarites, uniquement occupés de » leurs plaisirs, ne donnant pas leur sang pour la patrie, » doivent l'aider de leurs trésors... Je me suis convaincu » depuis longtemps que les décrets rendus d'enthou- » siasme sont de mauvais décrets. Je me suis convaincu » aussi que des mesures révolutionnaires aux mesures » contre-révolutionnaires, il n'y a qu'un pas... (1) » Sa proposition est adoptée.

Deux jours après (20 mai), navré de la situation, non par crainte pour lui-même, mais par patriotisme, il adresse un éloquent mais inutile appel à la concorde : « Au moment où des troubles intérieurs éclatent et où » les factions se déchirent, au moment où Catherine et » Guillaume se partagent la Pologne, doutez-vous qu'on » veuille en faire autant pour la France ? Et est-il quel- » qu'un de vous qui puisse se résoudre à supporter le » despotisme étranger ? On désespère de dissoudre la » Convention nationale, le centre de la République ; » mais on a le projet de faire tomber la tête de plusieurs » de ses membres... pour entrer du dehors dans le sein

(1) *Moniteur*, N° 138.

» de la République sans résistance. Défiez-vous de ces
» hommes perfides qui, accusant sans cesse les patrio-
» tes les plus connus, n'ont d'autre but que de relever le
» trône ou de provoquer la scission de la République...
» Oui, c'est le partage de la France que veulent les puis-
» sances étrangères. Cobourg vous parle de la Consti-
» tution de 1791, comme Catherine parlait de liberté
» aux Polonais. Ah ! Français, ne souffrons pas qu'on
» déchire notre patrie ; réunissons-nous, serrons-nous,
» formons un noyau qu'aucun effort ne puisse briser. »
(*Applaudissements*) (1). Et, le 22 mai, une espèce de révolte éclatant aux tribunes, qui prétendaient dicter des
ordres aux représentants, Lasource se plaint et s'écrie
impérieusement : « Je veux que la ville à laquelle la re-
» présention nationale est confiée, maintienne sa liberté
» et en réponde à la République entière (2). »

L'énergique Guadet avait proposé de viriles résolutions : casser les autorités de Paris ; remplacer en 24 heures la municipalité de Paris par les présidents de sections ; réunir, à bref délai, à Bourges, les suppléants de
la Convention ; expédier ce décret aux départements par
courriers extraordinaires.

Au lieu de cela, redoutant peut-être la guerre civile
qui pouvait en résulter, et la mort de la France, les modérés font adopter à la Convention la création d'une
commission extraordinaire de douze membres, destinée
à poursuivre les conspirations contre la représentation
nationale. Mais, huit de ses membres n'ayant pas voté
la mort du roi, elle fut très impopulaire et devint
comme un nouvel aliment au feu révolutionnaire.

(1) *Moniteur,* N° 140. — (2) *Moniteur,* N° 142.

Ayant découvert une conjuration qui devait éclater le 22 mai, la Commission propose des mesures de précautions extraordinaires, et fait arrêter Hébert, substitut du procureur de la Commune et directeur du journal, aussi sanguinaire que cynique, intitulé le *Père Duchêne*. Exaspérée, la Commune ne rêve plus qu'insurrections ; les bruits les plus perfides sont répandus, et Jacobins et Cordeliers se déclarent en permanence. La Commune, réunie le 19, déclare la Convention incapable de sauver la patrie, prend des résolutions extrêmes, va jusqu'à présenter l'assassinat des 22 tyrans comme un acte de salut public. Une fébrile agitation s'empare de Paris. La Commune, suivie des députés des sections en armes et d'une foule furieuse, se présente à la Convention, toute remplie et enveloppée du flot révolutionnaire, le 27 mai ; réclame la liberté d'Hébert, la suppression des Douze, et leur jugement par le tribunal révolutionnaire. C'est alors qu'Isnard, président, prononce, au milieu de cette atmosphère incandescente, un mot imprudent qui allume une violente indignation et devient une cause de perdition pour les Girondins... « Si, par une de ces insur-
» rections qui se renouvellent depuis le 10 mars, il arri-
» vait qu'on portât atteinte à la représentation nationale,
» je vous le déclare, au nom de la France entière, Paris
» serait anéanti ; oui, la France entière tirerait vengeance
» de cet attentat, et bientôt on chercherait sur quelle
» rive de la Seine, Paris a existé. » Effroyable vacarme ; les pétitionnaires envahissent les sièges des députés ; la foule trépigne, hurle ; et au milieu des clameurs, des menaces de mort qui retentissent, tous, pêle-mêle, votent la cassation des Douze et l'élargissement d'Hébert. Il est minuit et l'on se sépare au cri de : « Mort aux vingt-deux ! »

Le lendemain, 28 mai, la Gironde et la plaine se retrouvent en nombre. Lanjuinais réclame l'annulation du décret de la veille ; assailli des plus virulentes apostrophes, il est soutenu par Guadet, qui s'écrie : « Peut-on » reconnaître qu'un décret a été légalement rendu, « quand les législateurs consignés dans le lieu de leurs » séances, après la dispersion de leurs gardes, ont déli» béré sous le couteau, au milieu des outrages et des » violences ? Lorsque plusieurs membres de la représen» tation, notamment Pétion et Lasource, ont été impuis» sants à percer la foule menaçante et à parvenir jusqu'à » leur poste ? Lorsque la salle était remplie de pétition» naires ? Un décret, rendu dans ces conditions, n'en » est jamais un. »

Le décret est rapporté, mais à une faible majorité. « Il faut voiler la statue de la liberté », s'écrie Collot-d'Herbois. Les journées deviennent convulsives ; l'issue fatale ne se fera pas attendre.

Le 29 mai, de mauvaises nouvelles arrivent de tout côté qui, comme toujours, enflamment les cerveaux. Les meneurs montrent « la liberté en deuil, l'égalité violée, » les patriotes dans les fers, la contre-révolution dans la » Convention, le despotisme de la commission des » Douze relevant sa tête hideuse. » Les clubs se réunissent, et les énergumènes, Marat en tête, y donnent l'impulsion. Un comite insurrectionnel se forme à l'Évêché ; et la Gironde, rendue responsable de tous les maux de la patrie, va, comme le bouc Hazazel, servir de victime expiatoire. Contre tant de forces coalisées, elle n'a pour la défendre que ses illusions sur l'appui des départements, la conscience de son droit, son pur patriotisme ; et malheureusement, plus que jamais, à l'heure suprême, elle est hésitante, irrésolue.

L'insurrection, qui grondait sourdement depuis quelques jours, éclate le 30 mai ; on jure « de mourir ou de » sauver la Révolution expirante. » On se soulève « con- » tre les factions aristocratiques et oppressives de la » liberté. » Les délégués des clubs et des 48 sections rassemblés à l'Évêché cassent le Conseil général de la Commune ; nomment commandant de la force armée Henriot, homme sans scrupules, et promettent 40 sous par jour aux sans-culottes, tant qu'ils resteront sous les armes. On sonne le tocsin dans la nuit ; on bat la générale ; on ferme les barrières ; on arrête les suspects.

Les députés Girondins n'avaient point couché chez eux ; quelques-uns s'étaient réunis dans une chambre, au fond d'un quartier reculé ; Rabaut St-Étienne était du nombre, et, à l'ouïe du tocsin et du canon d'alarme, s'agenouillant au pied du lit, il invoque tout haut, dans une ardente prière, la miséricorde divine sur ses compagnons, sur sa patrie, sur lui-même. Le sceptique Louvet et le jeune Barbaroux racontèrent plus tard que cette prière de Rabaut, — resté fier de son titre de ministre de l'Évangile, — avait profondément remué leur cœur (1).

(1) Lamartine, *Girondins,* IV, 445.

CHAPITRE VI

ARRESTATION DES GIRONDINS

Les derniers combats. — Lasource obtient que deux pétitionnaires de l'Ain soient entendus. — Les délégués des sections introduits à la barre. — Tumulte effroyable. — Suppression de la commission des Douze. — Le 1ᵉʳ juin, projet d'adresse de Barrère, et projet de Lasource. — Les illusions de la dernière heure. — Violente sortie de Chabot contre Lasource. — Omnipotence du Comité de Salut public. — Le 2 juin 1793, la Convention cernée par 80,000 hommes. — Députation incendiaire. — Lugubre séance. — Humiliation de la Convention. — Elle vote, sous la force, l'arrestation de 34 députés. — Elle multiplie ses décrets. — Les députés fugitifs tentent de soulever la Province. — Caractère criminel de la journée du 2 juin. — Appréciation des Girondins. — Haine et vengeance, mauvaises conseillères.

> *« Les grandes révolutions dévorent leurs apôtres. »*
> LAMARTINE.

LE 31 mai, les Girondins se rendent en séance armés de pistolets et de poignards, pendant que, de tous les points de Paris, les troupes et la foule marchent sur les Tuileries, au siège de la Convention. Après les trois girondins, Lasource, Fonfrède, Isnard, qui, pendant six semaines ont occupé le fauteuil, — la majorité, dans un esprit de largeur mal entendue à cette heure, nomme pour Président le montagnard Mallarmé : ce qui sert à merveille les entreprises de la démagogie. Deux citoyens de l'Ain demandent

à être admis à la barre, mais on réclame l'ordre du jour,
c'est-à-dire la discussion du projet de Constitution, con-
tinuellement ajournée par les affaires publiques ou les
dissensions qui ravagent l'Assemblée. Lasource plaide
leur cause, mû par le sentiment de justice qui ne le quit-
tait jamais : « Sans doute, dit-il, il faut s'occuper de la
» Constitution ; ce qui importe le plus, c'est de donner
» une Constitution à la France ; mais, lundi, la Consti-
» tution était à l'ordre du jour ; elle y était hier aussi ;
» et cependant, on a entendu des pétitionnaires de Pa-
» ris ; pourquoi n'entendrait-on pas, aujourd'hui, ceux
» des départements ? Ne dites pas aux départements que
» l'égalité est un vain nom ; ne leur dites pas que, pour
» pouvoir être entendus, il faut qu'ils nous entourent en
» grand nombre *(Murmures du côté gauche)*. Cette
» observation faite, je demande que les pétitionnaires
» soient entendus, mais qu'il ne s'ouvre pas de discus-
» sion sur leur pétition (1). »

Après eux, on entend aussi les délégués des sections
qui se succèdent à la barre, et adressent avec arrogance
leur sommation à l'Assemblée (2). La foule envahit la
salle, et elle est accueillie, excitée même par les Montagnards ; l'un des plus violents, c'est Couthon, auquel
Vergniaud décoche un mot terrible ; se tournant vers
l'huissier qui renouvelle le verre d'eau : « Donnez un
» verre de sang à Couthon, il en a soif. » Les pétitionnaires passent impérieux à la barre ; ils demandent l'arrestation des 12 et des 22 traîtres à la patrie, pour être
livrés au glaive de la justice ; l'armement général des

(1) *Moniteur,* N° 151.
(2) Mortimer-Ternaux, VII, 299.

sans-culottes, à 40 sous par jour ; le pain à trois sous la
livre, aux frais de la République. Après un débat aussi
violent que confus, la Commission des Douze est sup-
primée, et la Convention délibère, sous la pression qui
l'accable, que les papiers de la Commission seront saisis,
et qu'en trois jours un *Rapport* en sera fait ; que la force
armée sera réquisitionnée d'une manière permanente ;
que les complots dénoncés à la barre seront poursuivis
par le Comité de Salut public, et qu'une proclamation
sera adressée aux départements sur la journée du 31 mai...
que la malveillance cherchera, sans doute, à dénaturer !
Chargé de la rédiger, Barrère, le lendemain, 1ᵉʳ juin,
lit une adresse où il atténue les faits jusqu'au travestis-
sement ; il représente le peuple comme s'étant soulevé
pour réclamer justice, mais constamment respectueux
de la Convention ; d'autre part, s'attaquant aux Girondins, il laisse croire à leur trahison.

Tout le côté droit de l'Assemblée frémit de colère ;
repousse cette adresse « comme un tissu de mensonges »,
et déclare ne pouvoir voter que l'adresse de Lasource.
Les Montagnards, de leur côté, rejettent celle-ci comme
remplie de « perfidie. » Voici, du reste, ce projet de Lasource : « Citoyens, des conspirateurs, travestis en patrio-
» tes pour égarer le peuple et perdre la liberté, ont fait
» tirer le canon d'alarme et sonner le tocsin. Les citoyens
» de Paris, dignes de la République et d'eux-mêmes, se
» sont réunis, ont pris les armes pour faire respecter les
» lois, protéger la Convention nationale, et maintenir
» l'ordre. Le calme le plus profond règne à Paris. La
» Convention nationale veille. Elle prendra des mesu-
» res qui ne laisseront aux conjurés que la honte, le mé-
» pris et la mort. » On le voit, jusqu'à la veille même de

leur perte, les Girondins se flattent de l'emporter encore ;
ils croient au calme de Paris, et ils parlent de la honte et
de la mort qui attendent leurs ennemis, alors que déjà
ils sont sous leur main ! La Montagne proteste énergiquement. Chabot s'élance à la tribune : « Lasource vous
» propose une adresse très courte, mais qui renferme
» de très longues perfidies ; d'après lui, ce sont des
» conspirateurs qui ont sonné le tocsin. Eh bien ! je vais
» lui dire quels sont ces conspirateurs ; ce sera un sup-
» plément à son adresse. Ces conspirateurs, c'est d'abord
» Lasource lui-même ; ce sont les complices de Dumou-
» riez ; ce sont ceux qui ont gardé le silence sur les
» mouvements de la Vendée ; c'est cette Commission
» inquisitoriale qui voulait apaiser les mânes de
» Louis (1), en opprimant les patriotes les plus ardents ;
» ce sont ceux des membres de la Convention qui, par
» les lettres les plus insidieuses, levaient sur les com-
» missaires dans les départements le poignard des assas-
» sins (2) ; ce sont les mandataires infidèles qui voulaient
» diviser Paris et les départements. Comment les hom-
» mes qui, hier, abandonnent leur poste, après avoir fait
» serment d'y mourir (3), comment des hommes qui
» n'ont pas assisté à toute cette séance, seraient-ils
» chargés d'en faire le récit dans une adresse ? Lasource
» livre les conjurés au mépris et à la mort. Eh bien, que

(1) Allusion à la composition de la commission, dont 8 membres n'avaient pas voté la mort du Roi.

(2) Allusion aux lettres de Lasource dans le Tarn, dénonçant
les violences Jacobines.

(3) Allusion à la parole de Vergniaud : « Jurons de sauver la
» patrie ou de mourir », et à sa sortie de la Convention, quand
elle fut envahie.

» cette prédiction retombe sur lui-même ! » Vergniaud défend Lasource et son adresse ; Barrère insiste : « Si » je voulais sonner le tocsin, j'adopterais l'adresse de » Lasource ; si je voulais rallier tous les départements à » Paris, j'adopterais l'adresse du Comité. » Grâce aux défaillances de la plaine, l'adresse de Barrère, justifiant l'insurrection du 31 mai, est votée. Trompé par les Mémoires apocryphes de Levasseur, L. Blanc prétend que cette adresse fut subie par les Girondins ; rien de plus faux ; la preuve en est dans les discours de Lasource et de Vergniaud, et dans le procès-verbal de la Convention (1) ; ils résistèrent jusqu'au bout ; ce fut la défection d'une partie de l'Assemblée qui les mit en minorité.

Mais la Commune ne tient pas encore sa proie. Héritier des pouvoirs des Douze, le Comité de Salut public exerce une vraie dictature, commandant au peuple et à la Convention. La séance du 2 juin, aux Jacobins, montre sans voile ce qui va se passer : « Le peuple, y est-il dit, » occupe toutes les avenues de la Convention ; les intri- » gants seront décrétés d'accusation ; si le décret n'est » pas rendu, nous le rendrons nous-même... Tous les » députés seront entourés au point de ne pouvoir sortir, » même pour leurs besoins... » Commune et Comité siégent en permanence et, par des émissaires, savent ce qui se passe d'heure en heure à la Convention. Sous la pression de Robespierre qui insiste pour l'ostracisme des 22, le tocsin retentit encore dans tous les clochers de Paris et une nouvelle insurrection se lève. Les Girondins, réunis à souper dans une maison isolée de la rue de Clichy, discutent sur l'imminence du péril ; — les

(1) *Moniteur*, N° 253.

uns parlent de soulever les départements contre la Terreur qui pèse sur la Convention, les autres proposant de
se rendre à la séance. Ce dernier parti l'emporte ; pourtant, ceux d'entr'eux que désignent les listes de proscription restent cachés ; leurs collègues les tiendront au
courant des nouvelles. Toutes les sections armées cou-
rent à leur poste de combat ; en sorte que le 2 juin, au
point du jour, la Convention est cernée par 80,000
hommes que commande Henriot, l'âme damnée de la
Commune, et par 160 bouches à feu ; l'intérieur, comme
d'habitude, est envahi par la multitude houleuse. L'intrépide Lanjuinais, seul au côté droit, tient tête à l'orage,
en dépit des menaces et du danger ; peu à peu les députés, sauf les proscrits, remplissent la salle. A onze heures, des pétitionnaires de la Commune paraissent à la
barre : « Il faut en finir, dit l'orateur de la députation ;
» depuis quatre jours, les citoyens de Paris n'ont pas
» quitté les armes ; depuis quatre jours, ils réclament
» auprès de leurs mandataires leurs droits indignement
» violés ; et, depuis quatre jours, leurs mandataires se
» rient de leur calme et de leur inaction. Il faut termi-
» ner cette contre-révolution ; il faut que tous les
» conspirateurs tombent sous le glaive de la loi, sans
» aucune considération. Législateurs, les 48 sections,
» les autorités, vous ont demandé un décret d'accusa-
» tion contre les traîtres dont plusieurs siégent parmi
» vous, contre les douze, contre les correspondants de
» Dumouriez, contre ces hommes qui provoquent la
» haine entre Paris et les départements, qui veulent un
» système fédératif, quand le peuple veut une Répu-
» blique une et indivisible. Nous venons, pour la der-
» nière fois, vous les dénoncer. Décrétez à l'instant

16

» qu'ils sont indignes de la confiance publique ; mettez-
» les en état d'arrestation provisoire ; nous en répon-
» dons tous sur nos têtes à leurs départements. Ci-
» toyens, le peuple est las de voir ajourner son bonheur.
» Il le laisse un instant dans vos mains ; sauvez-le, ou
» nous vous déclarons qu'il va se sauver lui-même ! »

Dussaulx proteste contre cette mise en demeure.
Sous le coup de telles menaces, que deviennent la liberté,
la dignité de la Convention ? D'ailleurs, la Convention
n'est pas en nombre, la droite est dégarnie. Mais l'ex-
boucher Legendre insiste : « Il faut que tous ceux qui
» ont voté l'appel au peuple soient mis en état d'arres-
» tation. » Marat ajoute : « Ces hommes qui vo laient
» écraser la Montagne, ce boulevard de la liberté, il faut
» les poursuivre pour leurs machinations ; il faut que
» nous nous occupions de purger la Convention et que
» le peuple ne quitte les armes qu'après l'acte épura-
» toire. »

Lugubre séance, confuse, agitée au possible. « Nous
» ne sommes pas libres, s'écrie Barrère, et ce n'est pas à
» des esclaves à faire des lois. » Il propose alors à l'Assemblée, pour s'assurer que son autorité est encore reconnue, de se transporter en masse auprès de la force
armée qui l'environne. Les députés, revêtus de leurs in-
signes, s'avancent, précédés de leur président, Hérault-
de-Séchelles, dans la cour du palais, au milieu des troupes.
Le Président ordonne au commandant d'ouvrir un passage à l'Assemblée. Mais Henriot lui répond : « Vous
» ne sortirez pas que vous n'ayez livré les trente-quatre. »
Sur quoi, le Président s'adressant aux soldats : « Saisis-
» sez ce rebelle. » Mais Henriot se reculant : « Canon-
» niers, s'écrie-t-il, à vos pièces ! » Humiliée, conster-

née de cette épreuve, l'Assemblée regagne son poste ;
et mettant le comble à sa honte, Marat lui jette cette
cynique apostrophe : « Au nom du peuple, je vous
» somme de retourner à vos postes que vous avez lâche-
» ment abandonnés (1). »

C'est alors que Couthon dit sérieusement : « Vous
» voyez bien que vous êtes libres et que vous pouvez
» voter sur la question qui vous est soumise ; hâtez-
» vous donc... » Après ce refoulement des baïonnettes,
on rentre dans la salle envahie par les énergumènes de
la rue, — les uns criant : « A la guillotine, les traîtres !»
les autres : « Purgez la Convention, tirez le mauvais
» sang ! » Enfin, on reprend et l'on termine la discussion
des noms figurant sur la liste. On met aux voix le décret
suivant, qui prononce l'arrestation de vingt-neuf députés, dont le sort doit demeurer suspendu jusqu'après le
Rapport du Comité : « La Convention nationale décrète
» que les députés ci-après nommés seront mis en état
» d'arrestation chez eux, où ils resteront, sous la sauve-
» garde du Peuple Français, de la Convention nationale
» et de la loyauté des citoyens de Paris.

» Ces députés sont : Gensonné, Guadet, Brissot,
» Gorsas, Pétion, Vergniaud, Salles, Barbaroux,
» Chambon, Buzot, Bîroteau, Lidon, Rabaut Saint-
» Etienne, Lasource, Lanjuinais, Grangeneuve, Lehar-
» dy, Lesage, Louvet, Valazé, Kerveleguen, Gardien,
» Boileau, Bertrand, Vigée, Mollevault, Henri Lari-
» vière, Gomaire, Bergœing.

» Seront également mis en état d'arrestation, chez
» eux, les citoyens Clavière, ministre des contributions

(1) *Mémoires de Buzot.* p. 298.

» publiques, et Lebrun, ministre des affaires étrangè-
» res (1). »

Ce décret de mutilation est voté, grâce à la lâche abs-
tention de la Plaine et aux suffrages des envahisseurs qui
votent pêle-mêle avec la Montagne ; vote arraché par les
clameurs et les violences à l'Assemblée honteuse d'elle-
même (2). La Commune l'emporte, l'Assemblée est abais-
sée à ses pieds. A cette heure pourtant, ce qu'on poursuit
généralement, c'est moins la mort des Girondins que
leur expulsion ; — on aspire à se débarrasser de ces
hommes regardés comme une entrave aux résolutions
héroïques, aux triomphes de la Révolution ; la lutte
acharnée des deux partis semblait rendre impossible la
bonne marche des affaires et la défense nationale ; et,
pour le mieux marquer, la Convention, dans la nuit
même, décrète l'exécution immédiate du maximum du
prix des grains, l'armement des citoyens, l'emprunt
forcé, l'organisation de l'armée révolutionnaire, — le
tout, sans retard ; et charge le Comité de Salut public
de lui présenter un Projet de Constitution, dans les huit
jours.

Le décret d'arrestation est exécuté dans la nuit ;
quatre gendarmes, d'abord, sont placés auprès de chaque
représentant et, puis, réduits à un. Les députés gardés
à domicile sont libres de circuler dans Paris, sous la surveillance du gendarme à leur solde ; mais, par contre,
l'indemnité de dix-huit francs par jour, allouée aux dé-

(1) *Moniteur* du 2 juin 1793, Billaud-Varenne, président ; Mon-
nel, rapporteur.

(2) Voir les détails de cette navrante séance dans les *Mémoires
de Buzot*, p. 71.

putés, leur est continuée. Dans cette situation, prisonniers sans l'être, dépouillés indûment d'un mandat que
la Nation leur avait conféré, victimes de l'intrigue et de
la force, — ils se divisent relativement à la conduite à
tenir. Les uns se refusent à prendre la fuite : Vergniaud,
Lanjuinais, Gensonné, Guadet, Biroteau, Valazé, Pétion, etc. Les autres, au contraire, se sentant libres vis-
à-vis d'un décret arraché par la violence, échappent aux
gendarmes : Barbaroux, Lesage, Vigée, Gorsas, etc.; ce
qui motive un premier décret défendant aux détenus,
dans leur domicile, de communiquer avec personne ; et,
puis, un second qui transfère les détenus dans une prison nationale. D'autres, enfin : Louvet, Grangeneuve,
Lasource, Brissot, Buzot, Rabaut St-Etienne, etc., onze
en tout, absents de l'Assemblée quand elle se mutila, —
se dérobent aux recherches, se cachent dans Paris pour
le quitter à la première occasion et fomenter le soulèvement de la Province contre la Capitale. Henri Martin
n'est pas complet quand il dit que « parmi les hommes
» illustres qui figuraient en tête des vingt-un accusés,
» Brissot et Lasource avaient seuls tenté d'échapper au
» sanglant tribunal pour aller fomenter la résistance dans
» le Midi » (1). Plus de la moitié se sentirent autorisés
à combattre la force devenue loi suprême.

Thuriot prétend que Lasource se rendit à Evreux et
contribua au soulèvement du Calvados. Couthon, d'autre part, l'accuse d'être allé ourdir des intrigues dans le
Tarn. Toujours est-il que, une fois dispersés dans les
départements, soutenus d'ailleurs par plusieurs députés
de la droite non décrétés d'accusation, et qui font cam-

(1) *Histoire de France depuis 1789 jusqu'à nos jours*, ii, 66.

pagne avec eux, ils répandent partout leur indignation. L'Ouest, le Midi, et plusieurs grandes villes, Lyon, Bordeaux, Marseille, Moulins, Montpellier, etc., entrent dans le mouvement ; Nimes, aussi, sous l'influence de Rabaut St-Etienne. Chacun des départements ainsi entraînés décrète la levée d'une troupe de quelques milliers d'hommes qui, après s'être centralisés en une armée unique, marcheront sur Paris pour affranchir la Convention du joug de la Plèbe. Tel est l'unique but et, dès la première heure, tout semble le favoriser. Mais bientôt la situation se complique ; et, loin d'aboutir à une levée d'ensemble, toutes ces insurrections partielles se dissolvent, ne réussissant qu'à exaspérer les Terroristes par leur apparence de fédéralisme.

Le 2 juin fut un coup d'État contre la représentation nationale, une victoire de la Commune de Paris sur la la nation elle-même, dans la personne de ses députés. Désormais, la Commune concentrera ses pouvoirs entre ses mains, et gouvernera de fait ; la Convention avilie n'a plus qu'une autorité nominale (1). « A l'instant même » s'est dissoute la Convention nationale ; ce corps qui » doit être composé d'éléments essentiellement libres » est rompu : son intégrité a été attaquée par un acte de » violence inouï jusqu'à nos jours, et dont aucune révo- » lution chez aucun peuple n'a jusqu'ici offert d'exem- » ple (2). »

Louis Blanc, en des phrases mouillées de larmes, n'en

____

(1) Il faut distinguer la Commune insurrectionnelle, du 10 août au 2 décembre 1792 ; la Commune provisoire, du 2 Décembre 1792 au 19 août 1793 ; la Commune définitive, du 19 août 1793 au 9 thermidor an II (27 juillet 1794).

(2) Déclaration de Saladin, député de la Somme.

fait pas moins l'apologie de ce lugubre et criminel événement, qu'il justifie par la raison d'État. D'après lui, « la
» Montagne ne les frappa qu'avec douleur, par néces-
» sité, pour se sauver et sauver la Révolution (1). » Il
s'exclame devant ce qu'eut d'imposant une pareille insurrection, accomplie « *sans un désordre...* ! » Et il s'appro-
prie ce mot de Prudhomme dans ses *Révolutions de
Paris :* « Quelle journée dans tout le cours de la Révo-
» lution fit plus d'honneur à la ville de Paris (2)! » Pour
.l'ordre, pour l'honneur de cette journée, — il n'y a qu'à
relire les Mémoires du temps, on sera édifié; et quant
au salut de la Révolution par ce coup d'État, on se
demande, d'abord, si la fin justifie les moyens; puis, qui
donc peut assurer que, sans ce crime de lèse-nation, la
France était perdue ? En dépit de leurs défauts, de leur
indiscipline, de leur idéalisme, de leur indécision, — les
Girondins manquaient-ils de génie politique, de patriotisme ou de courage ? Qui prouvera que l'échafaud de
la Terreur, établi à la suite des armées et en permanence
à Paris, a seul été le secret de la victoire ? Les Girondins représentaient la justice, le droit, la liberté, l'humanité; de ces biens sacrés, on fait litière; hommes et principes, on les ensevelit dans la même tombe. Et parce
qu'ils sont vaincus, les Girondins ont tort ! Et parce qu'ils
l'emportent dans une inique victoire, les Jacobins sont
dignes de l'apothéose ! La victoire change-t-elle donc le
crime en vertu ? En outre, combien n'est-il pas téméraire
de s'ériger en prophète ! De dire, par exemple : Sans ce
forfait, la France était perdue ! Qu'en sait-on, avec tou-

(1) VIII, 453.
(2) N° 205.

tes les ressources du génie français et tous les imprévus
de l'avenir ? En tout cas, il n'est point permis de faire
du mal pour qu'il en résulte du bien ; il n'est point moral
de violer le droit et de tuer la liberté, dans l'intérêt du
droit et de la liberté. C'est le pire jésuitisme transporté
sur le terrain politique ; c'est le principe de la dictature
terroriste ; mais ce ne fut et ce ne sera jamais l'inspiration des nobles consciences, esclaves du devoir.

Du reste, les faits parlent plus haut que tout : En dé-
truisant la Gironde, on ne sauve ni la patrie, ni la liberté,
ni la paix. Les événements ultérieurs vont en fournir
une cruelle démonstration. Seules, les haines et les passions politiques trouvent leur compte à ce massacre.
Mais la paix continue à n'être qu'un rêve dans le choc
tumultueux des factions ; la liberté est de plus en plus
guillotinée avec la tête des suspects ; et la patrie, déchirée, épuisée par l'émeute et la guerre, vient échouer,
pantelante, dans les bras d'un tyran, qui recommence le
cycle de l'évolution humaine par un despotisme pire que
celui de Louis XIV. Il valait bien la peine de bouleverser la nation et de verser des fleuves de sang, pour
retomber finalement au dessous du point d'où l'on était
parti ! Et sont-ils bien venus les historiens qui, comme
Louis Blanc, excusent la Montagne, « qui ne frappa....
» que pour sauver la Révolution ? » Loin d'être sauvée,
la Révolution fut déshonorée par l'anarchie et étouffée
par la tyrannie. Misérable avortement de tant d'années
de préparation et de sublimes efforts !

CHAPITRE VII

LA TERREUR ET LES DÉPUTÉS FUGITIFS

La Terreur de fait devient Terreur systématique. — Protestations collectives et individuelles contre le 2 juin 1793. — Protestation véhémente de Lasource sur les murs de Paris, 8 juin. — Diatribe de Vergniaud contre le Comité de Salut Public. — Incarcération des Girondins à la fin de Juin. — Les Prisons de Paris. — Lasource et Sillery au Luxembourg. — Lasource refuse de s'évader. — Avortement de l'insurrection des Provinces. — La Terreur bat son plein. — Les exécutions par fournées, d'abord place de la Révolution, puis barrière du Trône.

« Les tyrans passeront, les peuples sont éternels. »

Du jour du décret contre la Gironde date une ère sanglante, auprès de laquelle les proscriptions de Sylla sont des douceurs. Sans doute, avant le 31 mai, les procédés révolutionnaires, menaces, missions, tribunaux sans appel, suspension de l'inviolabilité parlementaire, fréquence de l'échafaud, avaient terrifié les âmes; mais c'est à partir du 31 mai jusqu'au 9 thermidor, pendant 14 mois, que règne sur la France le spectre rouge de la *Terreur*, proprement dite, la monomanie, la folie de l'échafaud. Les *Mémoires* de Thibaudeau nous révèlent quelques détails, pris sur le fait,

du plus haut intérêt (1). Nul, en France, n'est à l'abri
du glaive, tandis que dans les états despotiques, quelques classes privilégiées, au moins, échappent à la cruauté
du tyran. En France, les têtes tombent sans distinction,
avec la rapidité de l'éclair de l'acier : Girondins, Dantonistes, Hébertistes, Maratistes, — finalement Robespierre, « grand-prêtre de cette sanglante furie », — bourreaux et victimes, passent tour-à-tour sous la lunette de
la guillotine.

On en vient là, au jour le jour, peu à peu, sans savoir
où l'on va, par un irrésistible entraînement. Les dangers
publics affolent les imaginations. La violence des discours pousse à la violence des actes ; l'aristocratie abattue, le Tiers-État prend sa place aux yeux du peuple ;
puis, après le Tiers-État, c'est dans son propre sein que
le peuple cherche ses victimes ; toute supériorité devient
suspecte et suffit pour le voyage fatal de l'échafaud. On
en vient à dissimuler, non-seulement sa situation, sa fortune, sa naissance ; mais ses talents, son éducation, son
esprit, sa politesse, son bon goût.

Être trop distingué pour quoi que ce soit : pour ses
manières, son costume, sa propreté même, suffit pour
une dénonciation à la mort. Le titre « d'homme à talent »
était un titre de proscription : un régime d'imposture et
de sang ne peut se fonder que sur l'ignorance (2). Chacun s'évertue à se faire petit, à se faire peuple pour passer sous le niveau commun, à se confondre dans le pêle-
mêle ; tout ce qui dépasse est tranché. C'est le Comité
de Salut public qui exerce cette monstrueuse dictature,

(1) Pages 58 et 59.

(2) *Mémoires de Buzot*, p. 34.

faisant de la Convention un instrument passif entre ses
mains. La stupeur est partout ; on s'observe sur tout, on
se défie de tous ; car rien n'est plus indifférent : ni paroles, ni gestes, ni regards, ni sourires, ni place où l'on
s'assied. Marat triomphe ; son rêve de sang est réalisé ;
un simple signe, et l'on est perdu.

La Gironde détruite, tous les adversaires du 2 juin
payent successivement de leur tête leur improbation.
Le côté droit de l'Assemblée se dégarnit ; et le cœur se
serre, en voyant dans le *Moniteur* l'absence de tant de
noms illustres ; les séances deviennent courtes et froi-
des ; on ne délibère que sur les sommations des membres du Comité de Salut Public. Aussi, les députés qui
protestent contre le coup d'État du 2 juin n'en ont que
plus de mérite, puisqu'il y va de leur vie, et que leur
conscience l'emporte sur le péril. Déjà, dès le lendemain
du décret, beaucoup de députés font insérer au procès-
verbal de la Convention, qu'étrangers au vote fatal, ils le
répudient. Puis, en dehors de cela, se produisent des
protestations collectives et individuelles. Les premières,
au nombre de quatre : la protestation de 74 députés, —
celle des députés de la Somme, — celle des députés de
l'Aisne — et celle des députés de la Haute-Vienne.
Puis, trois protestations individuelles : celle de Gensonné, de la Gironde ; celle de Deschezeaux, de la Cha-
rente-Inférieure ; celle de Lasource, du Tarn ; les deux
premières relativement mesurées ; la troisième, semblable à une explosion de volcan, porte le reflet des violences de cette époque, convulsivement tourmentée.
Imprimée et placardée sur les murs de Paris, elle en fut
vite arrachée. Mais Mortimer-Ternaux l'a retrouvée

dans les papiers de la *Sûreté générale* (1). Elle vaut la
peine d'être citée en entier : elle révèle l'état des esprits ;
elle signale, sous le nom de « brigands », le petit groupe
de sauvages qui, dans l'ombre, excitent, arment le peuple et le poussent au crime ; elle dénonce, entr'autres,
Marat et Chabot à la vindicte publique ; elle laisse
encore entrevoir l'espérance que « les échafauds seront
» dressés pour eux, et que les couronnes civiques reste-
» ront pour les Girondins ! » ; et exprime cette patriotique pensée qu'il aimerait mille fois mieux mourir digne
d'avoir servi la patrie que de vivre pour être le témoin
des forfaits de ses oppresseurs.

> LASOURCE, *député du Tarn, au Président de la
> Convention.*

Le 8 juin an IIe de la République.

« Citoyen Président,

» Loin de me plaindre contre la Convention nationale
du décret lancé contre moi et plusieurs de mes collègues, je la remercie d'avoir fait un sacrifice à la paix et
préféré son salut (d'où dépend celui de la République) à
la liberté de quelques hommes de bien ; je sais que cet
acte de condescendance était le seul moyen qui lui restait de faire lever le siège de la salle de ses séances,
d'épargner des excès au peuple trompé et des crimes
aux scélérats qui l'agitent pour le déshonorer et le
perdre.

» Ce n'est point au peuple que je m'en prends, je

(1) La Terreur, VII, 557 — elle nous a été signalée par M. Bé-
lisaire-Tailhades, auquel rien n'échappe.

l'aime, je l'ai servi, je le servirai mieux que les scélérats qui l'égorgent en se disant ses amis.

» Mais croient-ils m'avoir fermé la bouche, les audacieux conspirateurs qui ont forcé la Convention nationale à me frapper malgré elle ? Croient-ils m'avoir inspiré la terreur ? Non... Ils ne m'ont donné que la mesure de leur scélératesse et ne m'ont inspiré que l'indignation.

» Je les dénonce à la France, ces hommes gorgés d'or, couverts de sang, affamés de crimes. Je dénonce surtout dix ou douze brigands qui osent appeler leur monstrueuse réunion du nom de Comité révolutionnaire, qui dictent des lois à la Conventiou nationale, qui les font exécuter en l'entourant de piques, de baïonnettes, de mortiers à bombes, de canons et, le dirais-je ? de fourneaux et de grils destinés à rougir les boulets, qui tyrannisent la patrie et assassinent la liberté.

» Dites à ces montres qu'ils tremblent. Leur audace sacrilège va soulever la nation entière et appeler sur leurs têtes une vengeance aussi terrible que leurs crimes sont exécrables. Dites-leur que leur règne expire, et que bientôt il ne restera plus d'eux que leurs forfaits pour l'exécration publique, que leur supplice pour l'effroi des tyrans, que leurs noms pour l'opprobre. S'ils voulaient faire cause commune avec la ville de Paris et dire, comme ils l'ont fait sans cesse, qu'on la calomnie et qu'on veut la perdre, parce qu'on dénonce et qu'on attaque une poignée de brigands et de conjurés qu'elle renferme, dites-leur surtout que je ne confonds pas quelques scélérats, dont elle est souillée, avec les nombreux habitants qui peuplent cette belle cité. Je ne veux point qu'elle périsse ; mais je veux que ses tyrans et ceux de la France scellent de leur chute et de leur sang le triomphe de la liberté.

» Trop pur pour être atteint par leurs calomnies, que la Convention nationale libre a elle-même vouées au mépris public, trop fier pour me croire accusé, je me rends leur accusateur devant la nation dont je suis le représentant. J'accuse devant la nation Hébert et Varlet d'avoir fait retentir Paris, par leurs discours et leurs libelles, de provocations à l'assassinat des membres de l'Assemblée représentative du peuple français. Qu'on est humilié d'être forcé de prononcer de pareils noms et de leur donner même la célébrité du crime ! J'accuse Chaumette d'avoir prêché la révolte contre cette Assemblée auguste dans une réunion de séditieux qui se baptisaient Conseil général de la commune de Paris ; j'accuse Pache d'avoir vu tramer sous ses yeux l'affreux complot d'attenter à la représentation nationale et d'en avoir nié l'existence pour en assurer l'exécution.

» J'accuse une trentaine de bandits, s'appelant Conseil général provisoire révolutionnaire, sortis du rassemblement de l'Evéché après les motions les plus atroces, d'avoir osé se dire les organes du peuple souverain, de s'être arrogé un pouvoir au-dessus des lois, d'avoir fait sonner le tocsin, jeté le trouble et l'alarme dans les départements et provoqué, autant qu'il était en eux, la guerre civile, la dispersion des armées et la dissolution de la République.

» J'accuse les dix ou douze conjurés formant le conciliabule de la contre-révolution, qu'ils ont appelé Comité central révolutionnaire, d'avoir fait des réquisitions, donné des ordres pour faire assiéger la Convention nationale. J'accuse Henriot, se disant commandant général de la force armée de Paris, d'avoir fait tirer le canon d'alarme, d'avoir consigné la Convention, de lui avoir résisté lorsqu'elle voulait sortir de la salle de ses séances pour parcourir les rangs ; d'avoir crié : *Aux armes !* fait braquer les canons, mis, fait mettre le sabre à la main contre elle et de l'avoir fait coucher en joue.

» Je demande que tous ces hommes prévenus de conspiration et de tyrannie soient mis en état d'arrestation. S'ils ont fait une révolution *salutaire* et bien mérité de la patrie, elle leur décernera des couronnes et dressera des échafauds à ceux de mes collègues qu'ils ont arrachés à leurs fonctions. S'ils n'ont fait qu'un acte de contre-révolution, de rébellion contre la patrie, et s'ils n'ont bien mérité que des révoltés dont ils remplissent les tribunes, que des séditieux dont ils peuplent les groupes et les places publiques, que de Pitt et de Cobourg, alors les échafauds seront dressés pour eux, les couronnes civiques resteront pour nous. Au reste, laissant à chacun de mes collègues le soin de sa propre défense et ne me rendant ici le garant que de moi-même, je défie solennellement mes accusateurs, leurs sbires, leurs satellites et tous les brigands qui leur ressemblent, d'articuler contre moi un seul fait qui puisse me faire soupçonner soit d'improbité comme citoyen, soit de trahison envers ma patrie comme représentant du peuple ; je les défie aussi solennellement de prouver qu'ils ne soient pas coupables des faits que je leur impute, et qu'ils sont les maîtres d'appeler, avec Marat ou Chabot, mesures révolutionnaires, mais que j'appelle, moi, avec la France, attentats contre-révolutionnaires, crimes de lèse-nation.

» Après ce double défi, je n'ai plus que deux déclarations à faire pour m'acquitter avec mes commettants et mettre ma conscience en paix, les voici :

» Je déclare à ma patrie que, mettant entièrement de côté tout ressentiment personnel, je ne m'acharne à combattre que pour le maintien de ses droits ; que, profondément convaincu qu'ils ont été méconnus et violés par les scélérats que je lui dénonce et qui sont à mes yeux ses plus cruels ennemis, je les abhorre plus que je ne m'aime moi-même ; que je ne consentirai jamais à capituler devant eux ; que la crainte d'être soupçonné de cette bassesse me rendrait toute indifférence de leur part aussi odieuse qu'eux-mêmes ; que, glorieux d'être une de leurs victimes, je me croirais déshonoré s'ils ne me persécutaient pas ; que si, à la honte de la France, il était possible qu'ils triomphassent, ne voyant plus dès cet instant de moyens de salut pour mon pays, j'aimerais mille fois mieux mourir digne de l'avoir servi que vivre pour voir les forfaits et porter les fers de ses oppresseurs.

» Je déclare à ma patrie que ses lois, son repos, son honneur, sa liberté, sont perdus, si elle ne brise soudain le joug des tyrans qui oppriment par la force et asservissent par la terreur l'Assemblée de ses représentants légitimes ; assemblée dissoute en partie, soit par l'arrestation de plusieurs de ses membres, soit par la dispersion d'un grand nombre d'autres ; assemblée qui n'est plus dans leurs mains sacrilèges que l'instrument de leurs volontés, de leurs passions et de leurs fureurs.

» Quant au scandaleux silence du Comité de Salut public, est-il le fruit de sa perfidie ou l'effet de la terreur que lui inspire la tyrannie municipale ? Ses membres auraient-ils assez de scélératesse pour partager cette tyran-

nie, ou n'ont-ils pas assez de courage pour la proclamer ?
Veulent-ils faire, enfin, leur rapport ? Veulent-ils, en disant la vérité, sonner, enfin, le tocsin contre les tyrans de
la France, ou s'il faut qu'on le sonne contre eux, comme
complices de ces tyrans ?

LASOURCE. »

Cette fougueuse protestation, débordement des passions qui bouillonnaient alors dans tous les cœurs, fut
suivie quelques jours après d'une diatribe, non moins
virulente, de Vergniaud contre les membres du Comité
de Salut public, et qui débute ainsi : « Vous qui vendez
» lâchement vos consciences et le bonheur de la Répu-
» blique pour conserver une popularité qui vous échappe,
» et acquérir une célébrité qui vous fuit, — je vous dé-
» nonce à la France comme des imposteurs et des assas-
» sins..... Vous êtes des imposteurs, car vous nous accu-
» sez d'exciter des troubles que vous seuls avez fo-
» mentés ; vous êtes des assassins, car vous ne nous
» frappez que par derrière. Lâches... ! Ma vie peut être
» en votre puissance. Mon cœur est prêt : il brave le
» fer des assassins et celui des bourreaux..... » Cette
lettre de Vergniaud est du 28 juin, tandis que celle de
Lasource remonte au 8 du même mois. Lasource, en la
placardant sur les murs de Paris, espérait-il exciter un
mouvement général d'indignation ? Il est plus probable
que, tout en protestant contre le crime dont il était victime avec ses collègues, il voulait, dans l'intérêt de la
République, ouvrir les yeux de la partie saine du peuple, pour mettre un terme à une tyrannie qui avilissait la
Convention et la République.

Sa démarche, en tout cas, dénote un mâle courage, le

17

courage d'un homme qui a fait l'héroïque sacrifice de sa
vie à la patrie. A cette date évidemment, il était libre ;
— car, s'il eût été alors sous la garde d'un gendarme,
comment aurait-il pu rédiger, imprimer, afficher ses
fulminants anathèmes ? Du reste, Lamartine prétend qu'il
s'évada. Ce n'était pas dans le Tarn, puisque nous savons
qu'ayant quitté sa femme après huit jours de mariage, il
ne la revit plus ; ce n'était pas non plus à Bordeaux,
puisque son nom ne figure pas dans la liste des fugitifs
qui, longtemps, s'y dérobèrent aux poursuites. Où était-
il donc ? Nul document pour nous le dire ; probablement
dans le Calvados, à Évreux. Toujours est-il qu'après son
placard enflammé, il fut activement recherché et arrêté
avec la plupart de ses collègues vers la fin de juin. C'est
alors, en effet, qu'ils furent incarcérés dans les prisons
de l'État, pour y attendre leur sort.

Ici, nous allons quitter l'histoire générale que nous
avons depuis la première heure fidèlement suivie, et
dont les grandes lignes nous ont servi de cadre pour
enchâsser les actes et les discours de Lasource. Maintenant, pendant que la France, sous le despotisme sanglant d'une bande de terroristes de bas étage, se débat,
affolée, aux prises avec l'anarchie du dedans et l'implacable guerre étrangère, contre laquelle elle lève quatre
armées, — nous allons être exclusivement absorbés par
le drame de la captivité, du procès, de la mort de ces
nobles martyrs de la conscience et de la liberté. C'est à
ce seul objet que nous consacrerons nos dernières pages.

D'après Lamartine, les Girondins auraient d'abord
été provisoirement incarcérés dans la prison des Carmes,
ancien monastère, rouge encore à cette époque du sang
de septembre, et où le poète a relevé lui-même des ins-

criptions sur les murs blanchis à la chaux, et toutes écrites avec du sang. On les emprisonna plus tard à l'Abbaye, au Luxembourg, à la Conciergerie, à la Force.
A partir du 26 juillet 1793, on suit leurs traces dans ces
divers lieux de détention; et il est à croire que leur
première prison, de la fin de juin au 26 juillet, fut celle
des Carmes, — bien que le registre d'écrou soit muet.
La prison des Carmes, en effet, n'était pas régulière,
puisque lors des massacres de septembre on n'y inscrivit les détenus que sur des feuilles volantes. Après avoir
fait aux Carmes leur premier séjour, ils furent transférés
isolément, au gré des convenances, dans les diverses
prisons de la ville, entr'autres à la Force (1), — d'où ils
furent extraits pour la Conciergerie..... seuil de l'échafaud. Là, ces pères de la liberté se trouvèrent entassés
au nombre de 29 dans la même salle, où ils n'avaient
qu'un lit pour cinq (2).

Lasource et Silléry, incarcérés d'abord comme leurs
collègues dans une prison quelconque, furent exceptionnellement placés pour cause de santé au Luxembourg, —
Silléry, le 17 août 1793, Lasource le 19 août (P). Condamnés trois mois au secret, soit au Luxembourg, soit
dans la première prison, ils virent alors se relâcher la rigueur de la Consigne ; on les laissa communiquer avec
leurs co-détenus. Ce n'est que la veille de leur mort,
dans la nuit du 30 octobre, qu'ils furent transférés du
Luxembourg à la Conciergerie.

(1) *Mémoires* de Mme Roland, p. 488. — *Hist. de Vergniaud,* par
Touchard-Lafosse, p. 187.

(2) En ontre des 21, près de 200 députés étaient aussi emprisonnés ou au moment de l'être. *Mémoires* de Mme Roland, p. 467.

Cette dernière prison était la dernière étape des *dé-voués* à la mort, — par la raison que toute évasion y était impossible. Aussi, accordait-on aux malheureux qu'on y parquait une certaine latitude. On leur permettait de se mettre en rapport les uns avec les autres; de se promener dans les cours, de lire, d'écrire, de recevoir leurs parents au guichet. La fuite, au Luxembourg, eût été relativement facile; Lasource aurait pu s'évader, s'il l'eût voulu; mais il ne le voulut pas. Nous le savons de deux côtés : Nazon, l'ancien pasteur de Castres et l'ami de Lasource, a dit à mon père, de qui je le tiens, qu'il avait lui-même, à Paris, vivement pressé Lasource de s'échapper, mais qu'il s'était heurté à une invincible résistance, et n'en avait obtenu que cette réponse : « Ma conscience » est pure, je n'ai rien à craindre. » D'autre part, Barthe, qui l'avait vu en prison, tenait de lui qu'à dix reprises différentes le gendarme, préposé tout d'abord à sa garde, ému de compassion pour sa jeunesse, ses talents, son innocence, lui avait dit : « Lasource, échappe-» toi » ; mais qu'il avait toujours énergiquement refusé, certain que sa patriotique conduite ne pouvait donner lieu à une sérieuse accusation. Dispersés un peu partout, les autres députés fugitifs s'étaient retirés plus nombreux à Bordeaux, et de là, plus tard, à St-Émilion. La tentative d'insurrection de 70 départements, l'indignation de la Province et les efforts des proscrits qui la parcouraient, ne donnèrent pas, un jour, la solide espérance du succès.

Ce qui restait de la Convention, environ la moitié depuis le 2 juin, déploya une énergie surhumaine contre la Vendée, les soulèvements girondins et les armées étrangères. Il fallut se courber sous la force d'une mino-

rité implacable, marchant droit au but et, sans scrupules,
broyant tout sur son chemin : liberté, justice, conscience,
hommes et lois. La Terreur maintenant bat son plein (1) ;
une violation publique et sacrilège du secret des lettres
est à l'ordre du jour ; les exécutions de Charlotte Corday, de Marie-Antoinette, du duc d'Orléans, de Mme Roland, etc., sont les sinistres précurseurs des coups réser-
vés à la Gironde. Sous l'empire de l'effroi, l'évêque de
Paris, Gobel, et son clergé font à la tribune une honteuse abjuration ; coiffé du bonnet rouge, Gobel dépose
aux pieds de la Montagne sa croix, son bâton pastoral,
son anneau d'or. Les édifices religieux sont fermés ou
consacrés à l'usage des clubs ; le culte de la Raison est
établi ; l'arbitraire et la violence ne connaissent plus de
bornes.

A partir du 13 juin 1793 (25 prairial), les exécutions ne
se font plus à la place de la Révolution (place de la Concorde), — mais à la barrière, ci-devant dite du Trône ; et,
chaque jour, c'est par fournées qu'on envoie les suspects
à l'échafaud : le 16 juin, 37 prisonniers de Bicêtre ; le
mois suivant, floréal, compte sept fournées pour la guil-

(1) « La Terreur a été le legs fatal de l'histoire de la France.
» Les cages de fer et les Tristan l'Hermite de Louis XI, les
» échafauds de Richelieu, les proscriptions en masse de Louis
» XIV, voilà l'arsenal où a puisé la Révolution. Par la Ter-
» reur, les hommes nouveaux redeviennent subitement, à leur
» insu, des hommes anciens. » Quinet, II, p. 195. — La Terreur,
c'est horrible ; mais les terroristes de la Saint-Barthélémy, des
dragonnades, des autodafés, sont-ils bien logiques en réclamant
contre elle? La terreur religieuse n'a-t-elle pas été un acheminement à la terreur politique? Et si celle-ci a versé des torrents
de sang, celle-là ne remplirait-elle pas une mer de celui que,
durant des siècles, elle a répandu?

lotine, formant un ensemble de 129 victimes; en messidor, le chiffre des décapités s'élève à 216, en six fournées; du 1ᵉʳ au 9 thermidor, 339; le 28, 22 autres, et le 29, 70, parmi lesquels généraux, substituts, secrétaires. L'instrument de mort semble insatiable; lugubres sons de cloche pour les Girondins sous les verroux.

CHAPITRE VIII

LASOURCE A LA PRISON DU LUXEMBOURG

Description de cette prison. — Les habitudes des détenus. — Fanatisme de la suspicion. — Miss Héléna William et ses rapports avec Lasource. — Son journal sur la vie de prison, le caractère, les qualités, les sentiments, les dernières heures de Lasource. — Les prisons regorgent. — Ajournement du jugement. — *Rapport* d'Amar, le 3 octobre 1793. — Ses conclusions adoptées par l'Assemblée. — Comparution des Girondins, le 24 octobre, devant le Tribunal révolutionnaire.

> « *La vraie liberté est celle de l'âme.* »

QUEL était à la prison du Luxembourg le genre de vie des détenus qui attendaient l'appel suprême? Nous l'avons dit : Si à la Conciergerie, en raison de la sécurité qu'elle offrait, une certaine latitude était laissée aux Girondins, Lasource et le vieux marquis de Silléry jouissaient encore d'une plus grande liberté au Luxembourg, « ci-devant » Palais ». Leur santé délabrée leur avait valu d'être associés dans cette prison, la moins dure de toutes. Les chambres « du ci-devant Palais » avaient une dénomination différente, inscrite à leur porte : *Cincinnatus, Brutus, Socrate, indivisibilité* (destinée aux accusés de fédéralisme), *liberté* (destinée aux condamnés au secret), etc.

Remplie de gens de toute condition et de tout pays, cette prison formait comme un abrégé de l'univers. La matinée était consacrée aux affaires ou à de petits soins matériels : allumer le feu ; faire les lits, balayer, occupations qui incombaient à chaque détenu, à tour de rôle. Chaque chambrée formait une société assujettie à des règlements ; et, chaque semaine, on élisait un président chargé de leur exécution. Dans un esprit d'égalité et de charité, tous les ustensiles servaient en commun ; le pauvre se nourrissait des miettes du riche, et le balai d'une comtesse passait aux mains rugueuses de l'artisan ; il existait une bouilloire unique qui n'avait jamais le temps de se refroidir (1).

Après le dîner, on se groupait en face du jardin et l'on causait ou l'on se promenait ; parfois, le cœur se serrait à la vue d'un parent, d'un ami dans le jardin. Dès le début, les prisonniers pouvaient recevoir leurs parents, ce qui donnait lieu à des scènes déchirantes qu'on peut facilement se représenter : des enfants ne voulant plus lâcher le cou de leur père ; mais puis, à cause du grand nombre de prisonniers, on mit fin à cette faveur. Alors, femmes et enfants en furent réduits à ne plus voir leurs chers prisonniers que de la terrasse du jardin ; les mères élevaient leurs enfants sur leurs bras et les enfants étendaient leurs petites mains vers leurs pères : scènes muettes et poignantes, souvent interrompues par la brutalité

(1) Ces renseignements et les suivants sont puisés dans trois vol. in-12, London, 1795, publiés par une des compagnes de captivité de Lasource, Miss Héléna-Marie Williams, relation du 31 mai 1793 jusqu'au 9 thermidor, et intitulée : *Letter, containing a sketch, of the politics of France*. Précieux journal qui peint les derniers jours et les dernières pensées du martyr Tarnais.

des factionnaires qui éloignaient les passants, leur défendant de faire aucun signe ou même de regarder.

Et penser qu'il suffisait, pour être jeté dans ces cachots pourvoyeurs de guillotine, — de la moindre erreur, du plus futile prétexte, de la dénonciation perfide d'un ennemi, d'un rival. On raconte l'histoire d'un personnage éminent et de sa femme, tous deux ardents patriotes, habitant Paris, qui avaient expédié à leur château de province une cheminée de marbre, dont le foyer se brisa en route ; — l'intendant du château, en leur annonçant l'accident, les avertit que le foyer ne peut être réparé qu'à Paris. Sa lettre interceptée (le secret des lettres n'existant plus), on y surprend une révélation : C'est un *foyer* de contre-révolution qu'on veut préparer à Paris ! Toutes les démonstrations d'innocence échouent contre les préventions du farouche Comité qui, mettant en bon lieu les deux conspirateurs, étouffe ce dangereux foyer contre-révolutionnaire.

De temps à autre, le commandant de la force armée, Henriot, visite les prisons et y répand un mortel effroi.

Une Anglaise, Miss Héléna-Marie Williams, avait été enfermée au Luxembourg par mesure de précaution, ainsi que sa sœur et, du reste, tous les Anglais, tous les étrangers (1), La chambre des deux sœurs se trouvait

---

(1) Ces deux sœurs Anglaises sont la mère et la tante de Charles Coquerel, auteur des *Églises du Désert.* et d'Athanase Coquerel, ancien pasteur de Paris et représentant du peuple en 1848, en même temps que Lacordaire : par conséquent, les grand'-mère et grand'-tante de nos contemporains, si justement appréciés pour leur beau talent, MM. Athanase Coquerel fils et Etienne Coquerel. L'une d'elles épousa. au sortir de prison, le grand-père de ces deux derniers Messieurs et mourut bientôt après, laissant

séparée de la chambre commune par un étroit corridor ;
et quand, le soir, les geoliers avaient fermé la porte du
corridor, la seule qui fût bien gardée, les chambres des
prisonniers s'ouvraient ; ils se réunissaient pour se demander et se donner des nouvelles, en particulier des
nouvelles du terrible Tribunal révolutionnaire. Lasource
et le marquis de Sillery, longtemps au secret, avaient
vu la consigne se relâcher à leur égard. Sillery même
avait obtenu qu'un de ses anciens amis et un de ses fidèles
serviteurs le servissent le jour, à cause de ses infirmités :
il était goutteux et s'appuyait sur des béquilles, ancien
confident du Duc d'Orléans, marié à la comtesse de
Genlis et rallié aux Girondins ; la chambre des deux
Conventionnels demeurant souvent ouverte, il leur était
facile d'avoir de fréquentes entrevues avec Hélèna-Marie
William et sa sœur. Ils demeurèrent là depuis la troisième
décade d'août, ainsi que le porte le Registre d'écrou (1).
Leur procès ne commença que le 24 octobre ; et, pendant la durée du procès, les gendarmes chaque jour les
conduisaient au Tribunal révolutionnaire et les rame-
naient le soir au Luxembourg, où Lasource ne manquait
pas de rendre compte à Miss Hélèna William des péri-
péties de la journée.

Du reste, laissons parler cette Anglaise, que Lasource
avait antérieurement connue dans ses salons et chez
quelques-uns de leurs amis communs, notamment chez
Bernardin de Saint-Pierre. Rien de plus simple et de

en bas âge deux fils : Athanase et Charles Coquerel, qui furent
élevés par leur tante Miss Hélèna-Maria Williams, l'auteur des
3 vol. de lettres cités.

(1) Voir aux Pièces justificatives P.

plus attachant que son récit, qui nous révèle de précieuses particularités sur le caractère, le talent et les habitudes de notre Girondin :

« La seconde nuit après notre arrivée au Luxembourg,
» lorsque tous les prisonniers furent rentrés dans leurs
» chambres, le concierge ferma la dernière porte qui
» conduisait à nos trois appartements et Lasource entra
» dans notre chambre. Ah ! quelle affreuse différence de
» cette entrevue à ces jours heureux, où notre petite
» société réunie jouissait des agréments de la conversa-
» tion de Lasource et des charmes de son éloquence,
» toujours animée par cette chaleur d'enthousiasme qui
» appartenait particulièrement à la trempe de son carac-
» tère ; Lasource était du Languedoc et réunissait à des
» talents très supérieurs la vivacité d'imagination qui
» distingue toujours les méridionaux. Dans l'âme de
» Lasource, la liberté était moins un principe qu'une
» passion ; son cœur était pétri de philanthropie ; et,
» dans la première partie de sa vie, ayant été pasteur, il
» avait personnellement senti, sous l'ancien régime, la
» verge de la tyrannie. Sa sensibilité était exquise et son
» horreur pour les crimes qui souillaient la Révolution,
» en proportion de son vif et sincère attachement pour
» sa cause. Lasource avait dans ses manières de la poli-
» tesse et de l'amabilité ; il avait du goût pour la musi-
» que et une fort belle voix. Il chantait comme il parlait,
» avec toute l'énergie du sentiment. Après avoir passé
» laborieusement la journée dans les débats publics, il
» aimait à faire, le soir, trêve avec la politique et à repo-
» ser son imagination en conversant avec quelques
» hommes de lettres qui venaient prendre le thé chez moi
» presqu'habituellement. Ah ! que je prévoyais peu, dans

» les doux moments que m'a fait passer cette société
» charmante, qu'il viendrait une époque où je rencon-
» trerais Lasource au fond d'une prison et que je m'ex-
» poserais à de grands dangers pour jouir de cette entre-
» vue ! Nous étions forcés de converser à voix basse et
» de faire le guet tour-à-tour à la porte d'entrée, afin
» que si nous entendions le moindre bruit, notre ami eût
» le temps de repasser promptement dans sa chambre.
» Enfermé au secret depuis trois mois, sans rien savoir
» de ce qui se passait dans le monde, il eut à me faire
» un grand nombre de questions. Chaque soir, les por-
» tes de la prison fermées, quand on n'entendait plus
» que le cri rauque et répété des sentinelles de l'exté-
» rieur, il se hâtait d'arriver sans bruit dans notre cham-
» bre ; la découverte de ses visites pouvait avoir pour
» nous des suites très fâcheuses. Mais l'amitié parlait
» plus haut que la prudence. A sa seconde visite, La-
» source fut accompagné de Sillery (70 ans, licencieux,
» infirme, élégant, habile dessinateur, fit de beaux
» paysages dans la prison, lisait beaucoup, érudit, moins
» ferme que Lasource en pensant à la fin suprême). Ils
» étaient condamnés d'avance, leurs jours étaient comp-
» tés ; le Tribunal n'était que la première marche de
» l'échafaud. La religion chez Lasource était une habi-
» tude de l'âme fondée sur les plus sublimes idées de
» l'être suprême ; il se reposait sans murmure sur la jus-
» tice de cette Providence qui tient en ses mains la vie
» et la mort. Lasource et son ami composèrent une pe-
» tite hymne, adaptée à un air d'une mélodie charmante
» et convenable au sujet qu'ils nommaient *leur office du*
» *soir*. Ils la chantaient tous les soirs avant de nous
» quitter, à voix basse, de peur d'être entendus. Et ces

» sons funèbres de nos infortunés amis retentissent en-
» core au fond de mon cœur :

1.— Calme nos alarmes,
Prête-nous des armes ;
Source des vrais biens
Brise nos liens !
Entends les accents
De tes enfants
Dans les tourments ;
Ils souffrent ; leurs larmes,
C'est leur seul encens !

2.— Prends notre défense
Grand Dieu de l'innocence !
Près de toi toujours
Elle trouve un secours ;
Tu connais nos cœurs

Et les auteurs
De nos malheurs.
D'un sort qui t'offense
Détruis les rigueurs.

3.— Quand la tyrannie
Frappe notre vie,
Fiers de notre sort,
Méprisant la mort,
Nous te bénissons :
Nous triomphons
Et nous savons
Qu'un jour la patrie
Vengera nos noms ! (1)

» Lasource parlait souvent de son épouse avec un ten-
» dre regret. A peine marié depuis une semaine, il fut
» élu membre de l'Assemblée législative, partant brus-
» quement pour Paris, laissant sa femme en Languedoc,
» auprès de sa mère âgée. — A la séparation de la Lé-
» gislative, Lasource fut nommé à la Convention et ne
» put obtenir un jour de congé pour aller auprès de sa
» femme, qu'il ne revit jamais.

» Dans ses méditations sur la chaîne des événements
» politiques, il me fit part d'une aventure qui semblait
» vivement l'avoir frappé d'une sorte de crédulité supers-
» titieuse. Peu de jours après la révolution du 10 août,
» il dîna au faubourg St-Antoine avec plusieurs mem-

(1) Hymne patriotique plutôt que cantique, respirant moins
l'esprit religieux qu'un fier stoïcisme et la confiance dans le futur triomphe de la justice, dans la gloire de leur nom.

» bres de l'Assemblée législative distingués par leurs
» talents et leur patriotisme. Ils se félicitaient de l'insti-
» tution de la nouvelle République et du rôle glorieux
» qu'ils avaient à remplir comme ses fondateurs. Un
» habitant du faubourg, leur convive, ne leur cacha point
» qu'il craignait pour eux un sort beaucoup moins digne
» d'envie : « Si vous êtes, dit-il, les fondateurs de la
» République, vous pourriez bien aussi en être les vic-
» times. Vous serez bientôt forcés d'imposer au peuple
» des restrictions et des devoirs. Vos ennemis procla-
» meront que vous n'avez renversé le trône des Rois que
» pour élever votre propre autorité sur ses ruines ; on
» vous accusera d'aristocratie, et je prévois, ajouta-t-il
» avec agitation, que vous périrez sur l'échafaud.» On
» rit de cette prédiction ; mais l'hiver suivant, à l'as-
» sombrissement de l'horizon politique, Lasource se
» ressouvint de la prophétie et la rappela souvent à Ver-
» gniaud, qui n'y prenait pas garde. Mais, peu avant le
» 31 mai, lorsque la Convention fut la première fois as-
» siégée, Lasource de nouveau : « Eh bien que pensez-
» vous du prophète de St-Antoine ? » Vergniaud : « J'ai
» peur qu'il n'ait raison. »

» Lasource, Sillery, dix-neuf autres conventionnels,
» ne tardèrent pas à être traduits au tribunal révolution-
» naire. Quand les gardes vinrent les prendre, tous les
» prisonniers accoururent à la salle commune pour les
» voir défiler ; ils rentrèrent vers 5 heures du soir ; peu
» après, ils reçurent la visite de leur Conseil et nous ne
» pûmes les voir avant minuit. Ils nous racontèrent ce
» qui s'était passé. La conduite des juges et la conte-
» nance des jurés leur ôtaient tout espoir. Les premiers
» ne pouvaient supporter un mot en leur faveur ; les au-

» tres écoutaient avec impatience, lançant des regards
» féroces. Et pourtant leur âme restait tranquille
» et élevée. « Lasource nous décrivit, avec son élo-
» quence ordinaire, le noble enthousiasme de la liberté,
» l'ardent amour de la patrie, l'héroïque mépris de la
» mort qui animait ses collègues, qu'il n'avait pas vus
» depuis qu'ils avaient été transférés à la Conciergerie,
» — ayant obtenu, lui et Sillery, la permission de rester
» au Luxembourg sur les certificats des médecins. La-
» source nous assura que l'histoire ancienne ne fournis-
» sait point d'exemples de vertus publiques supérieu-
» res à celles que ses collègues avaient montrées au tri-
» bunal. Réunissant dans leur prison le courage romain
» à la gaieté française, ils passaient les derniers moments
» de leur vie dans une seule chambre, où ils étaient tous
» renfermés, à converser et à prendre ensemble leur re-
» pas, qu'ils terminaient par des chansons patriotiques :
» Peut-être, dit Vergniaud à Lasource, quand ils se
» rencontrèrent au tribunal, trouvez-vous quelque chose
» à regretter en perdant la vie ; la vue des jardins du
» Luxembourg peut vous rappeler qu'il existe encore
» quelque chose de beau dans la nature ; mais nous qui
» demeurons dans une boucherie d'hommes ; nous, qui
» voyons tous les jours entraîner à l'échafaud de nou-
» velles victimes, nous sommes si familiarisés avec la
» mort que nous la contemplons sans pâlir. Quelques
» jours avant la fin de ce procès sanguinaire, les admi-
» nistrateurs de la police expédièrent des ordres pour
» transférer, le lendemain, toutes les anglaises du
» Luxembourg dans un couvent du faubourg St-An-
» toine ; nouvelle qui fut un sujet de chagrin très vif
» pour Sillery et Lasource. Ils nous remercièrent mille

» fois des dangers que nous avions courus en recevant
» leurs visites et des marques d'amitié qui avaient adouci
» les derniers moments de leur existence. Ils nous ré-
» pétèrent mille fois que s'il était encore possible qu'ils
» échappassent, ils se considéreraient jusqu'à la mort
» comme intimement unis avec nous... Mais hélas !...
» ils périrent ! Sillery coupa une boucle de ses cheveux
» blancs qu'il me présenta, et je reçus de Lasource un
» présent pareil. Après nous être embrassés avec une
» vive émotion, ils prièrent l'Eternel de répandre sur
» nous ses bénédictions, et nous nous quittâmes pour
» ne jamais nous revoir. »

Mis en état d'arrestation à domicile avec ses collègues, par le décret du 2 juin 1793, Lasource avait réussi
à se cacher pendant quelque temps, puisqu'il put lancer
sa véhémente protestation du 8 juin, et que le registre
d'écrou du Luxembourg porte qu'en « vertu d'un décret
» de la Convention nationale du 24 juin 1793, le citoyen
» Lasource, député, a été écroué en prison d'arrêt le
» 19 août 1793 et transféré par ordre de l'administration
» de la Police. » Pendant que ses journées se dérou-
laient monotones au Luxembourg, dans l'ignorance absolue des nouvelles extérieures, et n'ayant pour adoucir
ses tristesses que son intimité avec le marquis de Silléry
et Miss Héléna Williams, — l'orage grondait toujours
sur les frontières ; et, au dedans, les Montagnards exas-
pérés ne reculaient devant aucun excès. Le 27 juillet,
Robespierre étant entré au Comité de Salut public, la
Convention déclare, le lendemain, traîtres à la patrie
plusieurs de ses membres, et porte un décret d'accusation contre certains autres.

Le 7 août, on compte dans les prisons de Paris

1,555 détenus ; et le 21 du même mois, toutes les femmes, sous peine de 8 jours de détention, doivent arborer la cocarde nationale.

Le 5 septembre a lieu une séance détestable que Louis Blanc trouve lui-même « bien sombre » ; elle décrète une armée révolutionnaire, destinée à comprimer la contre-révolution ; la peine de mort contre tout vendeur d'assignat ; l'accélération des jugements ; les visites domiciliaires la nuit, etc., le tout éclairé du sinistre commentaire de Barrère, l'orateur jacobin : « Il est » temps que l'égalité promène sa faux sur toutes les » têtes ; il est temps d'épouvanter tous les conspira- » teurs..... Ils ont voulu faire périr la Montagne ; eh » bien! la Montagne les écrasera. » Allusion aux Girondins. Ces mesures et ces menaces sont couronnées, le 17 septembre, par une nouvelle et effrayante loi des suspects.

Sur ces entrefaites, les Girondins prisonniers, supportant avec impatience leur longue captivité, ne cessent de réclamer un *Rapport* et des juges. D'autre part, les députations des sections et des Jacobins demandent souvent leur supplice, à la barre de la Convention ; il leur semble que, les Girondins une fois disparus, l'âge d'or renaîtra : « Législateurs, jugez le monstre Brissot et ses » complices, Vergniaud, Gensonné et autres scélérats ; » mettez la Terreur à l'ordre du jour. » Mais les scènes du 31 mai au 2 juin avaient provoqué une telle émotion dans le pays, qu'il eût été imprudent de donner aux Girondins la parole en public, avant qu'il se fût produit un apaisement à leur sujet ; longtemps, on observe un silence politique. Déjà sur le *Rapport* du terrible Saint-Just, *l'alter ego* de Robespierre, *Rapport* présenté au nom du

Comité de Salut Public (1), la Convention avait, dans sa séance du 9 juillet, déclaré traîtres à la patrie ceux qui s'étaient soustraits au décret d'arrestation du 2 juin, et décidé de poursuivre ceux qu'on tenait sous les verroux. Mais, par prudence, on ajourne encore, — ajournement qui ne sert qu'à augmenter le nombre des prévenus. Enfin, sous la pression de cinq députations Jacobines, qui viennent successivement à la barre de l'Assemblée vociférer leurs clameurs contre la Gironde (2), et sur les réclamations réitérées de St-Just, — la Convention entend « le 13ᵉ jour du 1ᵉʳ mois de l'an II de la République Française, et du vieux style, le 3 octobre 1793 », le *Rapport* d'Amar, député de l'Isère, au nom du Comité de Sûreté générale.

Après avoir obtenu que les portes de la Convention soient gardées, pour qu'aucune victime n'échappe, — Amar, homme violent, — quoique ou parce que ex-Feuillant, — passé de l'hostilité à la Révolution à l'esprit révolutionnaire le plus fanatique, lit son long réquisitoire, qui ne comprend pas moins de 23 chefs d'accusation et 16 colonnes du *Moniteur* (3).

Il affirme qu'il a existé une conspiration contre l'unité et l'indivisibilité de la République, contre la liberté et la sûreté du Peuple Français. Et, après avoir cité les noms des conspirateurs, il allègue un certain nombre de faits comme preuves du crime : factum perfide, respirant d'un bout à l'autre le parti pris et la haine ; les actes les plus purs sont travestis ; les moindres paroles sont exploitées ; de simples apparences deviennent des monstruosités, et

(1) *Moniteur* des 18 et 19 juillet 1793.
(2) *Moniteur*, 11, 21, 26, 28 septembre 1793.
(3) *Moniteur*, N° 34.

la calomnie fournit aussi sa large part. En voici le dernier paragraphe :

..... « Nos villes livrées ou incendiées, nos campagnes
» ravagées, nos femmes et nos enfants égorgés par les
» barbares satellites du despotisme ; l'élite de la nation
» immolée ; l'opinion publique dépravée ; les mœurs pu
» bliques altérées dans leur naissance par des leçons
» continuelles d'intrigue et de perfidie ; des germes
» éternels de corruption et de discorde semés dans toute
» l'étendue de la République ; nos maux passés, nos
» maux présents, ceux que l'avenir prépare, — voilà
» leurs crimes ; — la France et l'univers, voilà les té
» moins. — L'histoire de la Révolution, leurs discours,
» leurs écrits, leurs actes publics, toutes les pièces qui
» présentent quelques traces des complots tramés contre
« la patrie, — voilà les preuves. Parmi les faits innom
» brables qui accusent la faction, quelques-uns sont per
» sonnels à certains individus ; la conjuration est com
» mune à tous. S'ils ont paru se diviser dans certaines
» occasions rares, pour mieux cacher leur concert cri
» minel ; s'ils ont, dans certains points, semblé prendre
» des sentiers différents, ils se sont toujours retrouvés
» dans la grande route ; ils ont marché ensemble à la
» ruine de la patrie. Il résulte des faits exposés: 1° qu'il
» existe une conspiration ; 2° que les individus dénon
» cés dans le présent acte sont auteurs ou complices. »

Le *Rapport* conclut à déclarer coupables de conspiration 40 députés ; traîtres à la patrie, 20, et à arrêter
73 députés protestataires des 6 et 17 juin. Un membre
faisant observer que Rabaut St-Étienne était oublié,
Amar répond qu'il ne l'est pas, pas plus que 20 autres,
déjà mis *hors la loi*, et dont il était superflu de s'occu

per (1). La Convention décrète les conclusions de ce *Rapport*, et les prisons de Paris, en particulier La Force, reçoivent le soir même ces nouveaux hôtes. L'article 2 du décret portait que les Conventionnels de première catégorie seraient traduits devant le tribunal révolutionnaire, c'est-à-dire envoyés à la mort ; car ce tribunal, comme le sépulcre, ne rendait pas sa proie.

C'est donc le 3 octobre 1793 (12 vendémiaire) que s'accomplit cette mutilation de l'Assemblée nationale, qui la priva d'un tiers de ses membres, du plus pur de son sang. Le peuple ayant été mis en appétit, on assistait chaque jour à de nouvelles arrestations et exécutions. C'était le *panem et circenses* des anciens Romains remis à jour : 7 octobre, prémice de la prochaine moisson sanglante, le girondin Gorsas est exécuté ; 16 octobre, tombe sous le couperet la tête de la reine Marie-Antoinette ; et ce sang royal excitant la soif des supplices, on presse la solution ; 22 octobre, on communique aux Girondins l'acte d'accusation ; le 24 octobre, leur procès commence devant le tribunal révolutionnaire.

Chaque jour, on transfère les accusés de la Conciergerie et du Luxembourg « à la salle actuelle de la Cour » de Cassation, où siège le tribunal révolutionnaire (2) » ; et le soir, après les débats, on les réintègre, sous bonne escorte, dans leurs prisons respectives. Une force imposante environne le Palais de Justice et les prisons, et révèle aux passants un grand procès politique.

(1) *La mise hors la loi* donnait à chaque citoyen le droit et lui imposait même le devoir de courir sus au condamné et de le mettre à mort.

(2) Lamartine, v, 240.

CHAPITRE IX

LASOURCE AU TRIBUNAL RÉVOLU-
TIONNAIRE

Absence de garanties. — Fausseté des accusations. — Lasource
et ses amis. — Son portrait. — Son impression sur la défense
de Brissot. — Interrogatoire de Lasource. — Les charges de
Chabot. — Les soupçons et les sophismes de Fouquier-Tinville. — Fermes réponses de Lasource. — Procès-verbal tron-
qué. — Décret abrégeant les débats. — Condamnation à mort.
— Émouvante scène. — Dernier mot de Lasource.

> « *Où donc est maintenant ta forteresse ?* » *de-
> mande-t-on à Étienne Colonna, prisonnier. «Ici»,
> répondit-il fièrement, en mettant la main sur son
> cœur.*

ES 21 victimes dévolues à la mort sont introdui-
tes. Tout est inique dans ce procès : point de
garanties légales ; les accusés sans défenseurs
ne peuvent que se défendre sommairement
eux-mêmes ; le dossier des pièces, absent ; deux témoins,
Hébert et Chaumette, figurent parmi les juges ; les procès-verbaux partialement rédigés ; une hâte inouïe dans
la procédure supprime tout débat ; et quelques-uns même
des accusés, englobés dans le jugement d'ensemble,
bien qu'aucune articulation particulière n'ait été faite
contre eux. Herman, qui préside l'implacable tribunal,

est une créature de Robespierre ; au reste, il expia sous
peu son iniquité en place de Grève (1).

L'accusateur, Fouquier-Tinville, ancien procureur
chassé de sa compagnie, puis agent de police, protégé
de Robespierre et de Danton, qu'il envoya plus tard à
la guillotine ; qui fit périr des milliers de victimes sans
forme de procès, sans même les entendre, et qui, à son
tour, objet de l'exécration universelle, monta sur l'échafaud en mai 1795 ; — des juges, indignes de ce nom,
assassins déguisés, souillant le siège qu'ils occupent ; —
des témoins..... « Pache et Chaumette, ivres de haine ;
» Hébert et Chabot, hideux personnages : Hébert, la-
» quais infidèle, escroc, rédacteur du *Père Duchesne*,
» agent principal des massacres de septembre ; — Cha-
» bot, capucin défroqué, émule de Marat, aussi sangui-
» naire que lui ; — Desfieux, l'un des plus vils produits
» de l'écume révolutionnaire, vautours acharnés sur
» leur malheureuse proie, ne se bornant pas à déposer,
» mais usurpant le rôle d'accusateurs impudents (2).

Et en face d'eux tous, comparaît au banc des criminels « ce qu'il y a de plus grand et de plus pur parmi
» les mandataires du peuple, les Vergniaud, les Gen-
» sonné, les Brissot, les Lasource, les Fonfrède, les
» Ducos, etc. (3) »

(1) « La France et l'Europe connaissent leur procès, si l'on
» peut donner ce nom à la proscription la plus atroce. Il fut tout
» du long la violation la plus solennelle de tous les droits, jusqu'à
» leur ôter enfin celui de se défendre. » (*Mémoires d'un détenu
pour servir à l'histoire de la tyrannie de Robespierre*, par Honoré
Riouffe, 1 vol. in-8°, 2ᵉ édit., Paris, an III, p. 45, — signalé par
M. B. Tailhades.)

(2) Lamartine, VII, 385.

(3) Lamartine, VII, 384.

De quoi sont-ils accusés ? Qu'on les accuse de maladresse, d'incohérence dans leur ligne politique et même de quelques fautes plus graves... soit ; quel est le parti qui n'en commet pas ? Leurs accusateurs eux-mêmes n'étaient-ils pas plus coupables ? Mais les accuser de royalisme, d'hostilité à la République... eux qui en sont les fondateurs et les adorateurs ! — de fédéralisme... eux qui ne rêvent qu'une force départementale destinée à couvrir l'autorité souveraine de la nation contre le despotisme de l'anarchie ! Comme si ce n'était pas le déchirement de la Convention, le 2 juin, qui avait déchiré la France ! Comme si, même en mettant les choses au pire, le fédéralisme était un crime ! Comme si la Suisse et l'Amérique, nations libres et heureuses entre toutes, n'étaient pas des Républiques fédéralistes ! Comme si J.-J. Rousseau et Montesquieu ne s'étaient prononcés pour la fédération ! — Les accuser de guerre civile... parce que, une fois proscrits de la Convention, ils ont rêvé, par le soulèvement de la Province, de rétablir contre l'émeute les droits de la Convention ! — d'avoir affamé Paris, inspiré Charlotte Corday, soutenu la Vendée, donné la main aux émigrés et aux étrangers, comploté avec Lafayette, voulu conserver le Prince royal avec Pétion pour gouverneur et Roland pour régent, attaqué la Commune, laissé faire les massacres de septembre, etc.; mais ce sont là d'odieuses, de stupides calomnies qui se réfutent d'elles-mêmes. Ramassis d'accusations qui traînaient dans les clubs, dans l'ordurier *Père Duchesne* et dans une espèce de roman de Camille Desmoulins contre Brissot et les Brissotins. Desmoulins ne voulait que rire ; on le prit au mot ; désespéré des conséquences qu'on tira de son pamphlet, il voulut réclamer, mais ce fut en vain ; le coup était porté.

Entrés à onze heures dans la salle d'audience, entre deux haies de gendarmes, les Girondins écoutent la lecture de l'acte d'accusation faite par le greffier. Les prévenus, au nombre de 21, sont interrogés sur leurs nom, prénoms, âge, profession, lieu de naissance et domicile.

Le treizième appelé est Lasource, déclarant se nommer Marc-David Alba, d'Anglès (Tarn), âgé de *39 ans*, erreur de dix ans puisqu'il était né le 22 janvier 1763. En outre, il est à remarquer que la profession, indiquée pour tous les autres, ne l'est point pour Lasource.

Les témoins sont introduits ; quels sont-ils ? leurs ennemis : Pache, Chabot, Hébert, Chaumette, Montaut, Fabre d'Églantine, Bourdon, Desfieux.

Chauveau, le défenseur officieux, se plaint qu'aucune des pièces à la charge des accusés ne leur ait été communiquée. Fouquier-Tinville répond que plusieurs ne sont point parvenues, que d'autres sont sous les scellés et qu'elles seront sans doute bientôt remises. On passe outre et les débats commencent. Mais les accusés et leurs conseils ne pouvant présenter de défense et la seule relation du Tribunal subsistant, on peut apprécier l'hypocrisie, l'iniquité du jugement ; néanmoins, malgré tout, malgré les réponses tronquées et dénaturées des accusés, on est forcé de leur donner raison, de les reconnaître innocents.

Durand les six jours que dura ce drame, du 24 au 31 octobre, Lasource retrouvait avec bonheur ses anciens compagnons de combat, notamment Brissot, son intime ami.

Si l'imagination de Lamartine n'a pas décoré la réalité des couleurs de la poésie, Lasource aurait été par son rôle antérieur, sa tenue, sa jeunesse, l'objet de la curiosité particulière de la foule qui se pressait dans l'enceinte du tribunal..... « Elle se montrait Lasource, amené du » Luxembourg à chaque audience. C'était un homme de » bien, à la parole exaltée, à l'imagination tragique. Ses » cheveux ronds et sans poudre, son habit noir, son » maintien austère, sa physionomie ascétique et concen- » trée, rappelaient en lui le ministre du St-Évangile et » les puritains de Cromwel, qui cherchaient Dieu dans » la liberté et dans leur procès le martyre (1). »

Lasource fit preuve d'une urbanité remarquable et d'une modération qui n'était guère dans ses habitudes : d'avance résigné à la mort, son visage respirait la sérénité du ciel. Nous ne saurions donner, ici, le détail de ce haineux et captieux interrogatoire pour chacun des accusés ; l'essentiel pour nous est de connaître celui de Lasource. Du reste, il arrivait souvent que plusieurs, accusés des mêmes faits, avaient à répondre aux mêmes questions. Nous avons déjà vu dans le récit d'Héléna Williams, que tous les soirs, au retour du tribunal, Lasource s'empressait de rendre compte aux deux Anglaises de ce qui s'était passé. Et nous trouvons, dans un des passages du journal d'Héléna Williams, ce fragment saillant : « Brissot, comme on sait, se défendit avec tant » d'éloquence devant le tribunal révolutionnaire, que je » fus frappé de l'effet surprenant que son discours pro- » duisit sur son collègue Lasource, comme lui accusé, » et qui venait passer les soirées dans la chambre de la » prison du Luxembourg, où nous étions alors tous » enfermés (2). Il m'assura que l'auditoire, composé ce-

(1) v, 246.
(2) Les étrangers et ce qui restait de la brillante société du faubourg St-Germain.

» pendant de Jacobins, fut ému jusqu'aux larmes, et
» que le chef du jury révolutionnaire, Antonelle, était
» agité de convulsions nerveuses qui le secouaient sur
» son siège. « J'en avais presque pitié, me dit Lasource;
» il vaut bien mieux mourir. »

L'interrogatoire de Lasource commence dans la séance
du 5 brumaire, 26 octobre. C'est Chabot qui le charge
particulièrement lui, Brissot et Guadet ; c'est ce même
Chabot qui, commissaire dans le Tarn, l'avait déjà noirci
de ses calomnies (1). Il accuse Lasource d'avoir déversé
le mépris sur lui, pendant qu'il défendait le trio corde-
lier, Bazire, Merlin, Chabot. Certes, jamais mépris
mieux mérité, et ce n'était point là crime digne de mort.
Chabot l'accuse d'avoir été l'agent de Clavières et de
Roland dans le Tarn ; de l'avoir par sa correspondance
discrédité, lui, Chabot ; d'avoir engagé les administrations fédéralistes à annuler les arrêtés qu'il prenait contre
le fanatisme, le royalisme et l'aristocratie : il était, dit-il,
parvenu à détruire dans le Tarn et dans l'Aveyron l'effet
des calomnies que les correspondances et les journaux
de la faction avaient répandues sur « le vertueux ami du
» peuple » (Marat). Il l'accuse enfin d'avoir voulu chasser de Paris les fédérés ; d'avoir demandé un décret
d'accusation contre Robespierre (2).

(1) « Chabot, ex-moine, homme de chair, paillard, lâche et
bas.... » Michelet, VIII, 157.

(2) Voir *Procès* des députés traduits au tribunal révolutionnaire par décret du 13 vendémiaire, pour cause de manœuvres
contre-révolutionnaires, et condamnés à la peine de mort par
jugement de ce tribunal du 9 brumaire (30 octobre 1793), comme
auteurs et complices de conspirations contre l'unité et l'indivisibilité de la République, la liberté et la sûreté du Peuple Français.

L'accusé Lasource : « Chabot a cité quelques faits qui
» me sont personnels ; je vais y répondre. Il m'a accusé
» d'avoir fait aux Jacobins, quelques jours avant le 10
» août, la motion de chasser les fédérés de Paris. Le
» témoin est dans l'erreur. Après avoir manifesté les
» craintes que me causait la conduite de Lafayette, j'en-
» gageai les fédérés à se rendre à Soissons, et voici quel
» était mon motif : c'est que je croyais que la Cour dé-
» sirait qu'ils restassent à Paris, afin de les mettre dans
» l'impossibilité de s'opposer à l'entrée des Prussiens
» sur notre territoire.

» Chabot m'a reproché d'avoir, dans la réunion qui
» avait lieu rue d'Argenteuil, demandé le décret d'accu-
» sation contre Robespierre. Il s'est trompé ; je ne me
» rappelle pas si j'ai appuyé cette motion ; mais elle fut
» faite par Isnard. »

Fouquier-Tinville, accusateur public : « A l'époque
» du 8 août où l'accusé a proposé de chasser les fédérés
» de Paris, les préparatifs de la Cour étaient connus.
» Ces mêmes fédérés s'assemblaient dans le lieu des
» séances des Jacobins pour concerter entr'eux les me-
» sures propres à faire échouer les projets du tyran.
» Sans doute, Lasource était instruit des préparatifs de
» la Cour et des motifs des rassemblements des fédérés.
» Ainsi, l'interprétation qu'il vient de donner à la motion
» qu'il fit pour faire chasser les fédérés n'est pas la véri-
» table. »

L'accusé Lasource : « J'ignorais absolument la révolu-
» tion qui se préparait le 10 août, et je ne fus tranquille
» sur le sort des patriotes qu'après que la victoire se fut
» déclarée en leur faveur. »

TRIBUNAL RÉVOLUTIONNAIRE

Séance du 7 Brumaire 1793 (28 octobre)

. . . .

. . . .

Chabot : « J'interpelle Lasource de déclarer si, en
» parlant des fédérés, il n'a pas dit aux Jacobins qu'on
» les gardait ici pour consommer un grand crime. Je lui
» demande si, dans sa correspondance avec un ministre
» protestant de Castres (1), il ne s'exhalait pas beaucoup
» contre Marat et les monstres par lesquels il prétendait
» avoir été dénoncé. »

L'accusateur public : « J'ajoute à la première déclara-
» tion du témoin que, dans la séance des Jacobins qu'il
» a citée, Lasource ajouta le mot de : *Régicide* (2). »

L'accusé Lasource : J'ai dit, à la vérité, aux Jacobins
» qu'on cherchait à retenir ici les fédérés pour leur faire
» commettre un crime ; mais je croyais que la Cour
» cherchait à les exciter contre l'Assemblée. »

Un juré : « Lasource s'est entendu avec ses collègues

---

(1) Allusion à sa lettre écrite à Nazon, 14 novembre an Ier
(p. 108), et dans laquelle il s'épanchait contre les Jacobins. Or,
Chabot en mission à Castres, mars 1793 (voir aux *Archives de
Castres : — Registres des Procès-Verbaux du Conseil général de la
Commune de Castres*), dut avoir connaissance à Castres de cette
lettre ; Nazon faisait partie du Conseil général.

(2) La justification de Lasource sur le mot *Régicide* n'est pas
mentionnée dans sa réponse, ce qui prouve l'infidélité des procès-verbaux du Tribunal révolutionnaire ; car, ayant voté la mort
de Louis XVI, étant revenu de sa mission du Var dans ce but,
il lui était facile de démontrer qu'il ne pouvait incriminer ceux
qui avaient voté comme lui. C'est ce qu'il dut répondre ; mais
sa réponse est passée sous silence.

» pour dire que les massacres du 2 septembre étaient
» l'ouvrage de 50 brigands. Et tout le monde sait quelle
» faction a fait courir le bruit que ces brigands avaient
» été soudoyés par Robespierre et par Marat. Je de-
» mande à l'accusé Lasource où sont les preuves qu'il a
» de la vérité de ce fait. »

L'accusé Lasource : « Je n'ai jamais tenu ces propos. »

« Alors un juré se lève, et exhibe un discours de La-
» source, qui prouve qu'il a publié ses calomnies pour
» égarer l'opinion des départements », — dit un rédacteur du procès-verbal, qui joint ainsi les fonctions de
juge à celles de secrétaire.

Montaut (*Louis-Maribond*), député à la Convention
nationale, accuse Isnard et Lasource. « Il dit con-
» tre Lasource qu'il demanda le départ des fédérés pour
» Soissons, afin d'enlever tout appui aux sociétés popu-
» laires, devenues suspectes aux Girondins. C'étaient ces
» fédérés que les dangers de la patrie avaient appelés à
» Paris, à l'époque du 10 août.....................
» Après avoir représenté les Jacobins comme des fac-
» tieux, Lasource ajouta qu'il fallait envoyer les fédérés
» à Châlons, afin de rendre l'insurrection impossible...
» Si Isnard et Lasource eussent pu réussir dans leur pro-
» jet, la journée du 10 août n'aurait jamais eu lieu. »

L'accusé Lasource : « J'ai dit qu'on cherchait à égarer
» les fédérés ; mais je n'ai jamais dit que les fédérés fus-
» sent de mauvais citoyens ; quant au décret d'accusa-
» tion contre Robespierre, je ne le proposai pas, et, sur
» ce fait, j'interpelle Montaut lui-même. »

Montaut : Ce n'est point Lasource qui a proposé le
» décret d'accusation ; mais il a demandé qu'on prît des
» mesures pour empêcher ce qui se préparait aux Jaco-

» bins. Citoyens, ce qu'on préparait aux Jacobins, c'était
» l'insurrection du 10 août.

L'accusé Lasource : « Je déclare qu'il n'a jamais été
» dans mon intention d'empêcher l'insurrection contre le
» Château (1). »

Montaut : « Le 10 août, vers 6 heures du matin, les
» révoltés se portèrent au château, et moi à l'Assemblée
» nationale, où je trouvai Lasource, qui me dit : « Qu'al-
» lons-nous devenir ? Quoi ! tout le monde en armes ! »
» L'affaire allait s'engager ; alors, les propositions les
» plus extravagantes et dont un républicain doit rougir,
» furent faites, telles que d'envoyer une députation au
» roi. Le tyran réfugié dans l'Assemblée, Vergniaud lui
» fit une réponse extrêmement tendre et lui témoigna
» combien il était sensible à son malheur. »

L'accusé Lasource : « Je prends acte de ce que vient de
» dire le témoin ; il a prouvé que j'ignorais l'insurrection
» du 10 août. »

Chabot : « Brissot savait qu'il y avait un comité d'in-
» surrection ; Lasource le savait aussi ; ils savaient que
» ce comité demandait la déchéance du tyran. »

Montaut : « Je vais citer un autre fait..... Chargé par
» les Jacobins d'aller demander une explication à Du-
» mouriez, je le trouvai dans une maison où l'on don-
» nait une fête superbe, environné de Guadet, Ver-
» gniaud, Kersaint, Lasource et plusieurs autres ; il y
» était question d'assassiner Marat et quelques autres.

Vergniaud : « La fête où était Dumouriez était don-

(1) Réponse évidemment tronquée ; car il a dû ajouter qu'il y
était si peu opposé, *qu'il y avait participé,* — comme il résulte de
sa lettre à Nazon, où il dit : « *qu'il a bravé la mort, le 10 août, sous
le canon du château* », p. 153.

» née par Talma ; mais nul n'avait aucune intention d'as-
» sassinat (Q). »

. . . .

. . . .

Duhem : « Les Comités de défense et de sûreté géné-
» rale étaient un jour réunis ; plus de 100 membres de
» la Convention assistaient à cette séance. Le ministre
» Lebrun vint proposer l'arrestation de 39 conspira-
» teurs, parmi lesquels se trouvaient Dumouriez et les
» enfants du ci-devant duc d'Orléans ; je demandai qu'on
» ajoutât à cette liste le nom de Roland. A cette propo-
» sition, la faction ne put retenir son indignation ; La-
» source, tirant deux pistolets de sa poche et les posant
» sur la table, dit, en me menaçant, que ce mandat d'ar-
» rêt ne passerait point. On se borna donc à expédier
» des mandats d'arrêt contre les 39 individus désignés
» par Lebrun ; mais quand il fut question de les signer,
» Lasource, qui était alors membre du Comité de *Sûreté*
» *générale*, et d'autres membres avaient disparu. Ce fait
» prouve combien la faction avait peur qu'on brisât
» l'idole qu'elle avait élevée et devant laquelle elle avait
» fléchi le genou. »

Le procès-verbal ne porte pas de réponse de Lasource, ce qui ne prouve nullement qu'il n'en ait point
fait (1).

L'interrogatoire des autres Girondins est à l'avenant ;
on peut s'en assurer par celui de Lasource ; le résidu de
tout cela, c'est au pis-aller une série d'accusations qui,
à les croire même fondées, ne pouvaient entraîner un

____

(1) *Histoire de France de 1789 jusqu'à nos jours,* par H. Martin,
II, 67.

châtiment quelconque. Seule, l'accusation de guerre civile présentait quelque gravité. Mais, outre que plusieurs
des Girondins en étaient saufs, puisqu'ils s'étaient cons-
titués prisonniers, se refusant à courir la Province avec
leurs collègues pour la soulever, que pouvait avoir de
criminel une prise d'armes des départements contre les
scènes anarchiques du 31 mai au 2 juin, et contre l'illégal décret d'arrestation des Girondins, voté sous le
poignard de l'émeute et par l'émeute même ?

Les Girondins en appelaient à la France entière contre une tourbe démagogique qui opprimait la Convention ; ils aspiraient à restituer à la Convention son indépendance, à la réintégrer dans son autorité et son prestige légitime, à substituer, en un mot, l'empire normal
de la loi à la tyrannie usurpée de la rue. Cela, ce n'était
pas crime, mais devoir ; c'était agir en citoyens fidèles
et non en révoltés. Louis Blanc n'en prétend pas moins
« qu'ils avaient excité la guerre civile, *sous prétexte*
» *d'anarchie* (1) » ; comme si l'anarchie ne régnait pas en
souveraine et dans la rue et dans la Convention! Comme
si les scènes du 31 mai au 2 juin n'étaient pas le comble de l'anarchie ! Comme si le pouvoir n'était pas aux
plus forts, aux plus audacieux, au mépris des lois et
des mandats de la nation !

Mais reprenons le fil du drame. Malgré tant de circonstances adverses, l'attitude des accusés est si nette
et si digne, leur sort si intéressant, leurs réponses si to-
piques, leur innocence tellement éclatante, leur parole
si ferme, et l'impression sur la foule, sur Paris, sur les
jurés, si profonde, — que les chefs du Jacobinisme re-

(1) L. Blanc, IX, 70.

doutent de voir leur proie leur échapper. Excitant la populace, ils la poussent vers la Convention pour réclamer, dans les 24 heures, le jugement des accusés : « A quoi » bon des témoins et des formes pour juger des hommes » qu'il eût fallu juger tout de suite (1)? » Les Jacobins sollicitent une loi qui permette de guillotiner les débats, dès que les jurés seront suffisamment éclairés. D'autre part, Fouquier-Tinville se plaint, au nom du Tribunal, de la lenteur des formes judiciaires. La Convention s'incline avec docilité, et décrète qu'au bout de trois jours les jurés, dans tout procès politique, pourront mettre fin aux débats en se déclarant assez informés. « La minute » du décret s'est retrouvée écrite par Robespierre (2). » Oter la parole à la Gironde, autant aurait valu couper la langue à Cicéron, s'écrie Quinet.

L'accusateur public peut donc lire, dans la séance du 9 brumaire (30 octobre 1793), la loi, votée la veille, sur l'accélération des jugements criminels, loi inique et qui, d'ailleurs, n'aurait pas dû s'appliquer à un procès commencé sous une loi différente (3). Les jurés, par pudeur,

(1) Séance des Jacobins du 7 brumaire.

(2) Michelet, VIII, 159.

(3) ARTICLE Ier. — Si un procès pendant au Tribunal révolutionnaire a duré plus de trois jours, le Président du Tribunal est tenu de commencer la séance suivante en demandant au jury si sa conscience est suffisamment éclairée.

ART. 2. — Si les jurés répondent : *non*, l'instruction sera continuée jusqu'à ce qu'ils aient fait une déclaration contraire.

ART. 3. — Si le jury répond qu'il est suffisament instruit, il sera procédé sur le champ au jugement.

Ce décret, qui ne figure pas au *Moniteur*, se trouve dans : *La Justice révolutionnaire* à Paris, Bordeaux, Brest, Lyon, Nantes, Orange, Strasbourg, d'après les documents originaux, par Ch. Berriat St-Prix, p. 42, 1 vol. in-12, Paris, 1861; signalé par M. B. Tailhades.

se refusent à en bénéficier immédiatement et la discussion continue, mais pas longtemps ; car, une fois les apparences sauvegardées, à 2 heures l'audience est suspendue jusqu'à 5 heures. A 6 heures, réunion des juges et des jurés ; Antonelle, chef du jury (1) : « Je déclare que » la conscience des jurés est assez éclairée. »

Le Président : « Je vous invite, citoyens jurés, à vous » retirer dans la chambre du conseil pour y délibérer. » Les jurés sortent de l'audience et les gendarmes emmènent les accusés.

Après trois heures de délibération, les jurés rentrent et un silence glacial se fait dans l'Assemblée.

Le Président adresse aux jurés les questions suivantes, sans que le Président ait résumé les débats ;

Sans que l'accusateur public ait développé l'accusation ;

Sans que les accusés aient présenté leur défense :

« 1° Est-il constant qu'il a existé une conspiration » contre l'unité et l'indivisibilité de la République, con » tre la liberté et la sûreté du Peuple Français ?

» 2° Les accusés sont-ils convaincus d'en être les au » teurs ou les complices ? »

» Sur les questions posées par le Président, le jury a » fait unanimement les deux déclarations suivantes :

» Il a existé une conspiration contre l'unité et l'indi » visibilité de la République, contre la liberté et la » sûreté du Peuple Français ;

» Tous les individus dénommés au procès (2) sont

(1) « Ex-marquis, forcé par là d'être implacable, âpre d'ailleurs » de nature, sincère amant de la Terreur. » Michelet, VIII, p. 159.

(2) Brissot et Lasource repris après leur évasion ; — Vergniaud, Gensonné, Valazé, Lehardy, Gardien, Boileau et Vigée, prisonniers de la première heure, ayant refusé de fuir ; — Ducos

» convaincus d'être les auteurs ou complices de la con-
» juration. »

» L'accusateur public, Fouquier-Tinville, entendu
» sur l'application de la loi, le jugement suivant a été
» rendu :

» Le tribunal condamne à la peine de mort les ci-
» dessus désignés ; déclare leurs biens acquis et confis-
» qués au profit de la République ; ordonne que le pré-
» sent jugement sera exécuté sur la place de la Révolu-
» tion, à la diligence de l'accusateur public, imprimé et
» affiché partout où besoin sera. »

Il est minuit ; les flambeaux, l'angoisse de l'attente, la
terrible sentence, tout donne à cette scène un caractère
hautement tragique. A l'ouïe de ce jugement barbare,
Brissot laisse retomber la tête sur sa poitrine ; Vergniaud
prend un air de superbe dédain ; Ducos et Fonfrède,
amis intimes, s'embrassent ; Lasource s'écrie énergiquement : « Je meurs le jour où le peuple a perdu la raison ;
» vous mourrez le jour où il la retrouvera », et la suite
prouva la justesse de son intuition (1). Gensonné réclame
la parole contre l'application de la loi ; il en appelle ; il
déclare qu'il n'existe contre quelques-uns ni fait arti-

et Fonfrède qui avaient parlé contre la proscription du 2 juin ;
— Lacaze, Duprat, Duperret, Mainvielle, protestataires ; — l'abbé
Fauchet, Carra, prétendus complices de Charlotte Corday ; —
Duchâtel, Antiboul, Lesterpt-Beauvais, opposants au 31 mai ; —
Sillery, complice du général Dumouriez.

(1) Voir 9 thermidor ; en outre, sur la proposition de Thibaudeau, la Convention décréta, le 14 prairial an III, une fête an-
nuelle en l'honneur des martyrs de la liberté qui devait être célébrée le jour anniversaire de la mort des Girondins ; — enfin, une
pension fut, plus tard, accordée à la mère de Lasource par le
Conseil des Cinq-Cents.

culé, ni témoins ; Boileau, levant son chapeau en l'air :
« Je suis innocent ! »; et tous de faire écho : « Nous
» sommes innocents, peuple, on te trompe. » Sillery
laissant choir ses béquilles : « Ce jour est le plus beau
» jour de ma vie. » Valazé se traverse la poitrine d'un
stylet ; et, séance tenante, le tribunal ordonne que « son
» cadavre sera porté sur une charrette à la place de la
» Révolution pour être, avec les autres condamnés, pré-
» senté à l'échafaud et inhumé dans le même lieu. » Un
grand tumulte se produit ; les malheureux crient d'une
même voix : « Vive la République ! » Au sortir du
tribunal, ils entonnent la Marseillaise avec cette va-
riante :

> Contre nous de la tyrannie
> Le couteau sanglant est levé.

Et, en même temps, quelques-uns jettent des poignées
d'assignats au peuple qui les entoure, — non dans un but
de corruption et de délivrance, mais « à la manière des
» Princes », dit Quinet, et pour se débarrasser de papiers désormais inutiles ; le peuple, du reste, n'en témoigne que de la colère (1).

(1) Voir pour le procès des Girondins, Buchez et Roux,
vol. **XXX**, p. 43 et suivantes.

CHAPITRE X

MORT DES GIRONDINS

Réunion des prisonniers à la Conciergerie. — Authenticité de leur dernier repas en commun. — Les lugubres apprêts. — Ils remplissent l'air du chant de la Marseillaise. — L'exécution. — Stoïcisme de Lasource. — Note du fossoyeur. — Sort des Girondins fugitifs.

> « La mort n'est que le plus puissant acte de la
> » vie ; car elle enfante une vie supérieure. »
> VERGNIAUD.

LES condamnés à mort, y compris Lasource et Sillery, sont ramenés à la Conciergerie. Ce soir-là, les deux Anglaises ne virent pas revenir au Luxembourg leurs deux compagnons de captivité, qui devinrent, pour une nuit, les hôtes de la Conciergerie. C'est là que Paul Delaroche les représente dans son célèbre tableau, au moment de l'appel pour la guillotine. Ce *Dernier adieu des Girondins*, commencé en 1846 et terminé 10 ans après, était pour Delaroche son œuvre de prédilection. Lasource, au premier plan, est assis, absorbé, immobile au milieu du mouvement général, le visage ferme et grave, respirant la résignation du chrétien (1).

(1) *Lien,* 18 janvier 1868.

Pendant les débats de leur procès, les Girondins avaient manifesté la plus ferme sérénité; et, durant le reste de la nuit, ils firent preuve d'un admirable courage, d'un calme antique. Aussi, Thiers dit-il que « leur dernière » nuit fut sublime (1). » Ils prirent en commun, comme toujours, leur dernier repas. Ce dernier repas, à tort appelé banquet, que certains historiens ont étrangement poétisé et minutieusement décrit, comme s'ils y avaient assisté eux-mêmes, — a été, justement à cause de cela, contesté par quelques auteurs, notamment par Édouard Fournier (2) et Granier de Cassagnac (3).

Mais, s'il est évident que les formes, l'attitude, les gestes, les paroles des divers convives sont tout à fait contestables dans les récits de ce repas suprême, — ce qui ne peut être contesté, c'est le repas lui-même. Rien de plus naturel qu'après les émotions poignantes et prolongées d'une journée qu'ils ne terminaient qu'à minuit, les Girondins éprouvassent le besoin de prendre quelque

(1) iv, 390.

(2) *L'Esprit dans l'histoire*, 3ᵉ édit., p. 403 : « Je ne veux pas » faire grâce au fameux banquet des Girondins. C'est une inven- » tion de M. Thiers, enjolivée par Ch. Nodier (*Œuvres complèes*, » vii, 39), et pour que rien n'y manquât, *illustrée* par M. de La- » martine (vii, 47-54). Le récit que Riouffe, l'un de ceux qui sur- » vécurent, donna dans ses *Mémoires d'un détenu* (p. 51, 53), était » assez pathétique, sans qu'il fût besoin que ces trois historiens, » dont un romancier et un poète, vinssent y dresser le menu de » leurs mensonges. »

(3) Granier de Cassagnac, dans son *Histoire des Girondins et des massacres de septembre* (i, 48), reproduit les pages de Lamartine, et dit : « Il serait impossible de rien ajouter à ce récit; — rien, si ce n'est la vérité. »

Je dois ces notes à M. B. Tailhades.

nourriture ensemble, ainsi que, du reste, ensemble, ils
le faisaient chaque jour. Il y a plus : Ce dernier repas de
leur dernière nuit est confirmé par la déposition de l'abbé
Lambert de Bassancourt, prêtre assermenté, lié aux Girondins, leur consolateur, qui avait suivi ses amis du Tribunal à la prison, de la prison à l'échafaud ; et qui, deux
fois visité et interrogé par Lamartine dans sa cure, a
deux fois répété son témoignage à leur sujet (1). En
outre, le girondin Buzot, dans ses *Mémoires,* s'explique
catégoriquement : « Mes amis firent ensemble leur der-
» nier repas. Il fut aimable ; la gaieté même n'y manqua
» pas. Un domestique de Duprat qui les servait, pleu-
» rait ; son maître le consola, lui parla avec bonté de ses
» services, lui recommanda sa femme. Ce domestique
» a, depuis, vendu une petite rente qu'il possédait pour
» soutenir la femme de Duprat, réduite à la misère. Les
» faiseurs de romans se sont emparés de ce dernier re-
» pas ; l'un y a trouvé l'occasion d'un dialogue préten-
» tieux, l'autre en a fait un festin de Lucullus. Ah ! ne
» prêtons pas à de tels hommes et dans de pareils mo-
» ments des entretiens factices. Ne leur prêtons pas, en
» face de la mort, une sensualité qui ne fut ni dans leurs
» habitudes, ni dans leurs goûts (2).

Si l'on en croyait Lamartine, qui entre dans des détails trop circonstanciés pour n'être pas suspects, Vergniaud aurait prononcé à ce dernier repas un magnifique
discours sur l'immortalité ; et Lasource, là-dessus, de
s'écrier : « C'est bien dit, mais j'ai dans mon cœur une
» preuve plus certaine que l'éloquence du génie expi-

(1) Lamartine, *Critique de l'Hist. des Girondins,* vii, 97.
(2) Lamartine, v, 256 et suivants.

» rant : c'est la parole de Dieu. — A bas ! dit en sou-
» riant un des jeunes convives ; Lasource, — pas de son-
» ges avant le sommeil ; gardons notre bon sens jusqu'à
» demain. La raison pense ; les religions rêvent ; je ne
» crois qu'au raisonnement. — Et moi, dit Sillery, je
« crois aux deux. Le Christ, mourant sur un échafaud
» comme nous, n'est qu'un témoin divin de la raison hu-
» maine. Non, sa religion, que nous avons trop confon-
» due avec la tyrannie, n'est pas oppression, mais déli-
» vrance. Le Christ était le girondin de l'immortalité... »
« Le jour, poursuit Lamartine, commençait à faire pâ-
» lir les bougies. « Allons-nous coucher », dit Ducos...
» Veillons, dit Lasource à Sillery et à Fauchet, l'ancien
» évêque ; l'éternité est si certaine et si redoutable que
» mille vies ne suffiraient pas pour s'y préparer. » Et
s'approchant de Brissot, Lasource le questionne : « Crois-
» tu à l'immortalité de ton âme et à la Providence de
» Dieu ? » « Oui, répond Brissot, j'y crois ; et c'est
» parce que j'y crois, que je vais mourir. » « Eh bien,
» répartit Lasource, il n'y a qu'un pas de là à la reli-
» gion ; moi, ministre d'un autre culte que le tien, je
» n'ai jamais tant admiré les ministres de ta religion que
» dans les cachots où ils viennent apporter le pardon et
» l'espérance à des condamnés. A ta place, je me con-
» fesserais » ; allusion, ajoute Lamartine, à un refus qu'il
venait de faire des services de l'abbé Lambert ; mais Brissot observa le silence (1).

L'occasion était trop belle pour ne pas tenter un
poète, et la preuve qu'il a surtout puisé à la source de
son imagination, la preuve que ces dialogues notés avec

(1) Lamartine, v, 256 et suivantes.

tant de soin, ces airs altiers, ces sourires, ces soupirs,
ces flambeaux, ces vins rares, ces fleurs, la preuve
que tout cet assaisonnement du « *Banquet funéraire* »
n'est qu'une création de son cerveau, — je la trouve
dans la dernière prétendue parole de Lasource à Brissot.
Elle est tellement contraire à toutes les vraisemblances
morales, que force nous est bien de conclure qu'elle a
été supposée, inventée par le poète : « A ta place, fait-il
» dire à Lasource, je me confesserais. » Il fait parler
Lasource comme il eût parlé lui-même ; mais il oublie
de tenir compte de la différence d'éducation et de principes. Un ministre de la trempe de Lasource, fidèle à sa
foi jusqu'à sa dernière heure, ne peut avoir ainsi parlé
en catholique, en rénégat. Comme tout protestant, il
n'admettait que les deux seuls sacrements institués par
Jésus-Christ : le Baptême et la Sainte Cène ; il n'admettait que la confession à Dieu et non aux hommes ;
assurément, il repoussait cette dernière comme contraire
à la Bible (1); il la considérait comme une création tar-
dîve de l'esprit dominateur de l'Eglise (2) et comme une
dangereuse illusion, chacun pouvant d'une manière aussi
rapide que commode se décharger de ses péchés. Après
cela, Lasource pouvait-il engager Brissot à un acte qu'il
réprouvait ?

Cependant, si l'on retranche du tableau de Lamartine
les ornements poétiques et les amplifications oratoires,
— il reste que les Girondins se réunirent, la dernière
nuit, autour de la table commune. L`, ils ne devisèrent
sans doute pas dogmatiquement sur l'Immortalité comme

(1) Saint-Jacques, v, 16.
(3) Quatrième concile de Latran, 1215.

Socrate avec ses disciples en buvant la ciguë ; mais on peut croire, qu'à quelques propos de gaieté plus ou moins sincères échappés aux plus jeunes, se mêlèrent des accents de tristesse sur leurs familles, sur le sort de la patrie et de la République, de nobles indignations contre leurs bourreaux, comme aussi quelques paroles d'espérance et de consolation. Après cinq mois d'une poignante captivité et le lendemain de leur condamnation, les exécuteurs pénétrèrent dans leur prison, le 31 octobre 1793, à dix heures du matin, pour les lugubres apprêts. Leurs cheveux tombés et leurs mains liées, les Girondins montent sur cinq charrettes, quatre dans chacune et cinq dans la dernière, avec Valazé qui doit être jeté dans une fosse voisine de la leur. A midi, ils quittent la Conciergerie pour n'y plus rentrer : « Ils marchent à l'échafaud comme on marche à la gloire » (1).

Depuis la prison jusqu'à l'échafaud, ces nobles martyrs de la conscience politique, au milieu d'un peuple immense, ému, terrifié, malheureusement volage et versatile, ne songent plus qu'à la patrie, à la liberté, à la République ; et, préoccupés de servir encore la sainte cause par leur mort comme par leur vie, — ils entonnent avec enthousiasme l'hymne national :

> Allons, enfants de la patrie,
> Le jour de gloire est arrivé ;
> Contre nous de la tyrannie
> Le couteau sanglant est levé.

Ils l'alternent avec cet autre chant :

> Plutôt la mort que l'esclavage !
> C'est la devise du Français...

(1) *Mémoires* de Buzot, p. 173.

De temps en temps, ils poussent en chœur le cri:
« Vive la République ! » pour laquelle ils meurent, et à
laquelle ils restent fidèles quand même, en dépit des
scandales et des crimes dont on la déshonore.

Au pied de l'échafaud, ils s'embrassent tous, en signe
de suprême adieu. Et, reprenant le chant de la *Marseillaise*, qui va s'affaiblissant à chaque coup de couperet, ils
disparaissent un à un avec un stoïcisme antique : Sillery
décapité le premier, Lasource probablement le treizième, suivant l'ordre d'inscription et d'appel, « une
» pensée à la bouche, avec calme et dignité (1). » Vergniaud le dernier, — Vergniaud dont la bouche d'or
avait dit cette belle parole, qui pourrait être la devise du
noble parti dont il était le noble chef : « On cherche à
» consommer la Révolution par la terreur; j'aurais voulu
» la consommer par l'amour. »

« En 31 minutes, le bourreau fit tomber ces illustres
» têtes, et détruisit ainsi, en quelques instants, jeu-
» nesse, beauté, vertus, talents (2). »

Quatre avaient moins de 30 ans ; huit, moins de 40 ;
un seul plus de 50.

« C'est la première fois que l'on a massacré en masse
» tant d'hommes extraordinaires; tout ce qu'il y a d'in-
» téressant fut englouti d'un seul coup (3). » On a re-
trouvé dans les archives de la Madeleine la note du fossoyeur de ce cimetière, payée à la trésorerie générale :
« Pour 21 députés de la Gironde, — bières, 147 livres;
» fosses, 63 livres ; total, 210. »

---

(1) *Biographie des contemporains*, par Rabbe, Boisjolin et
Ste-Preuve, art. *Lasource*.

(2 et 3) *Mémoires d'un détenu*, par Honoré Riouffe, p. 50 à 53.

Ce crime national retombe de tout son poids sur les fondateurs du terrorisme, notamment, quoi qu'en dise Louis Blanc, sur Robespierre, « homme tyrannique, » sombre et cruel (1) », comme en témoigne cette parole révélatrice, prononcée par lui : « La Convention a vomi » de son sein les traîtres qui la déshonoraient. »

Ces prétendus traîtres sont morts pour la conscience, la liberté, la patrie, — biens suprêmes, auprès desquels la vie n'est rien. *Gloria victis !*

Désormais, la voie sanglante est ouverte. Vaincus et vainqueurs vont y entrer successivement, donnant raison à la ballade que « les morts vont vite », et faisant de la Révolution un vrai Saturne, qui dévore à tour de rôle tous ses enfants : Girondins, Hébertistes, Dantonistes, Robespierristes, jusqu'à ce que, de chute en chute, de Charybde en Scylla, elle vienne misérablement échouer sous les puissantes serres du despote Napoléon. « Celui » qui frappe de l'épée, meurt de l'épée »; jamais prophétique parole du Christ ne reçut un plus entier accomplissement : la République périt étouffée dans le sang quelle avait répandu (2).

Mais avant que ces assassins politiques s'anéantissent mutuellement, tout ce qu'il y avait encore de pur et de modéré devait frayer la voie : sinistre procession à l'échafaud, série de drames sanglants qui marquent la fin de la plupart des Girondins et de leurs amis. Chacun, en mourant, pouvait répéter ces vers de Condorcet :

> Ils m'ont dit : Choisis d'être oppresseur ou victime ;
> J'embrassai le malheur et leur laissai le crime.

(1) *Mémoires de Madame Roland.*
(2) « La terreur ouvrit ses portes triomphales ; la mort y passa » désormais, toute grande, les ailes déployées. » Quinet, II, 66.

C'est une décapitation à jet continu : 3 novembre 1793, supplice du député Coustard, sympathique à la Gironde, et de Philippe-Égalité, duc d'Orléans ; 6 novembre, c'est le tour de Mme Roland, la reine de la Gironde ; 15 novembre, suicide de son mari, qui se transperce d'une épée au pied d'un arbre, ne pouvant survivre à sa femme. Peu après, les corps de Buzot et de Pétion sont retrouvés à moitié dévorés par les loups, dans les champs, près de St-Émilion ; 5 décembre, Rabaut St-Étienne, trahi, est conduit à l'échafaud avec Kersaint (1) ; 14 décembre, Valady exécuté à Périgueux ; Salles, Guadet, Barbaroux, surpris dans la grotte où ils se cachent, près de Bordeaux, sont décapités en juin 1794.

Dans ce même mois, Condorcet découvert s'empoisonne pour ravir aux terroristes la joie de le voir monter sur l'échafaud. Je ne cite que les plus éminents ; c'est par centaines que les têtes roulent au panier. La nation est déflorée, épuisée, par cette épouvantable saignée qui lui fait perdre le meilleur de son sang. Pauvre France,

(1) Son frère, Rabaut-Pommier, l'un des onze pasteurs de la Convention, qui, avant d'être conventionnel élu du Gard, avait été pasteur à Montpellier, et qui avait signé la protestation en faveur des Girondins, fut emprisonné, libéré après le 9 thermidor, rentra à la Convention. Il fit, le 7 octobre 1795, l'éloge de son frère à la tribune, et la Convention décréta que les œuvres politiques de Rabaut-St-Étienne seraient imprimées aux frais de la nation et distribuées à tous les députés.

Rabaut-Pommier fit partie du Conseil des Cinq-Cents, fut sous-préfet au Vigan, exilé en 1816, rappelé en 1818, et mourut pasteur à Paris en 1820.

On lui attribue la première idée de la vaccine, avant que les Anglais eussent rien écrit à ce sujet.

que de saignées pareilles ! Au 24 août 1572, jour de la
Saint-Barthélemy, 100,000 victimes ; — au 18 octobre
1685, jour de la Révocation de l'Edit de Nantes, proscription d'un million de citoyens et des meilleurs par le
caractère, le talent, l'industrie, qui appauvrissent la
patrie de tous les trésors moraux, intellectuels, matériels
dont ils vont enrichir les peuples voisins, notamment
la Prusse (1).

(1) Weiss, *Les Réfugiés français,* 2 vol. --- Je rappelle, en outre, que dans les armées allemandes d'invasion en 1870-71, on
comptait 34 généraux et 65,000 soldats, descendants des Réfugiés
français proscrits par la Révocation de l'Edit de Nantes.

CHAPITRE XI

LASOURCE ET LA RÉPUBLIQUE IDÉALE

Si la France n'eût pas perdu ses meilleurs enfants !... — Le cri
de Buzot. — Les deux politiques. — De nos jours... — La
République et la vertu. — Virilité morale de Lasource. — Les
pasteurs de la Convention. — Fausse politique religieuse de la
Révolution. — Fidélité de Lasource à son ministère. — Son
talent et son caractère. — Gloire de son Eglise et de son pays.

> *Il faut, si elle veut vivre, qu'une*
> *démocratie soit honnête.*
> LOCKROY.

QUI peut assurer que si la Nation n'avait pas été
dépouillée de tant d'éléments de raison et de
contre-poids, de tant de forces morales, — vrai
levain social, — elle n'aurait point comme
d'autres avancé régulièrement dans une voie progressive
de sage liberté et de réformes sensées, au lieu de procéder par soubresauts, comme un corps malade ; par bonds
et reculs, par élans et par peurs, comme un esprit désé-
quilibré ? Nous sommes heureux de pouvoir, en ces ma-
tières nous appuyer sur l'autorité d'un penseur contem-
porain, qui écrivait naguère que : « Sans la Saint-Barthé-
» lemy et la Révocation de l'Edit de Nantes, nous au-
» aurions aujourd'hui le gouvernement parlementaire
» régulier et libéral (1).

(1) Taine, *Journal des Débats.*

Parfois, vraiment, à voir les révolutions si fréquentes qui nous agitent et le rêve de tant d'utopies qui nous désorientent, on se prend à craindre qu'ayant perdu le secret de sa pondération, la France n'en soit à jamais réduite à tourner dans le même cercle de chimères et de déceptions, incapable de poursuivre normalement un but normal.

Par le cri de douleur que pousse Buzot dans ses *Mémoires*, on peut juger de la perte immense que fit la patrie en perdant les Girondins : « Ils ne sont plus ! » Talents, patriotisme, vertus, le crime a tout dévoré ; » et quand ils sont morts, la calomnie s'attache encore » à leurs cadavres sanglants ; elle emploie les plus noires » perfidies, les plus lâches mensonges pour outrager leur » mémoire (1) ». Mais si leurs ennemis les poursuivent jusque dans la tombe, la lumière s'est faite après le trouble de la première heure ; et c'est à bon droit que la postérité vengeresse leur a rendu justice et leur a élevé à Bordeaux, sur les allées de Tourny, un monument digne d'eux.

Nul n'ignore à présent que, des deux grands partis qui, sous la Révolution, se disputent l'empire des esprits et le gouvernement de la France, — le premier, celui des Jacobins, a pour principe politique la force et la terreur ; disciples de Rousseau, les Jacobins représentent le farouche fanatisme, croient pouvoir régénérer la nation à coups de décrets et de lois et n'hésitent devant aucun des moyens qu'ils estiment utiles au salut de la patrie ; la fin, à leurs yeux aveuglés, justifie les moyens : jésuitisme retourné, et qui n'en vaut pas plus, rouge que

---

(1) *Mémoires de Buzot*, p. 5.

noir. Collot-d'Herbois, l'un de ses pontifes, n'avait-il pas dit que : « S'arrêter en Révolution, c'est être écrasé »; et Danton : « Qu'il n'y a pas de crimes en Révolution » ? Maximes détestables qui appellent tous les forfaits, en les justifiant.

Le deuxième parti, celui des Girondins, disciples de Voltaire et préoccupés surtout d'émancipation intellectuelle, de théories abstraites plus que de questions sociales, — le deuxième parti aspire, dans sa générosité naturelle, à ne développer la Révolution que par la liberté, la tolérance, le progrès. Les Girondins s'en tiennent à l'aphorisme de Montesquieu : « C'est la vertu » qui soutient les Républiques »; ils rappellent un peu, malgré leur voltairianisme, l'austérité, l'inflexibilité de conscience des Huguenots et des Puritains ; ils exaltent de préférence les *devoirs*, tandis que les Jacobins revendiquent surtout les *droits*.

De là, une double ligne : l'une qui s'inspire de la conscience et tend au but, en respectant tous les droits. L'autre qui, s'inspirant de l'égoïsme de l'individu ou du parti, ne connaît pour tout devoir que le triomphe absolu des droits, au mépris des principes et des scrupules.

Déjà, dans les *Mémoires* de Buzot se retrouvent, pris sur le vif, les germes de cette double appréciation : « Les » intentions des Girondins étaient pures..... Tout ce » que l'on pouvait leur reprocher, c'était d'avoir cru » pouvoir faire reposer le gouvernement républicain sur » les éternelles bases de la justice, de la vertu, de la » liberté; et de penser que la crainte, loin d'en être le » principe, en était le fléau. Dans le système des Jaco- » bins, il fallait emprisonner, piller, tuer, à l'instant.

20

» Dans notre système, il fallait faire aimer et observer
» les lois également par tout le monde... Il n'est pas un
» des scélérats qui tyrannisent aujourd'hui la France
» qui, dans le fond de son cœur, nous croie coupables,
» ne nous estime et ne respecte nos vertus. Jamais nous
» n'aurions eu la volonté ni l'audace de mépriser assez
» le peuple pour le gouverner, au nom de la liberté, par
» les moyens que les despotes d'Asie emploient pour
» gouverner leurs esclaves (1). »

Leur idéal n'était-il qu'un beau rêve? Et de nos jours
encore et toujours, nous bercerions-nous d'une illusion
naïve, en pensant que la noble devise: liberté, égalité,
fraternité, issue du Christ (2), que le respect des droits
et du mérite personnel, que l'éducation civique par la
conscience et la raison forment la pure couronne, le
plus solide fondement des Républiques?

Qui voudrait substituer au principe de Montesquieu
que « c'est la vertu qui soutient les Républiques », cet
autre adage, que c'est sous les Républiques que se donnent particulièrement libre carrière l'intrigue, le népotisme, le dénigrement implacable, la haine jalouse de
tout ce qui dépasse la taille ordinaire?

Qui voudrait, à l'instar des démocraties de la Grèce et
de Rome et du Jacobinisme de 93, abaisser toutes les
supériorités intellectuelles et morales sous un commun
niveau de médiocrité et de dépravation? pratiquer la
sélection Darwinienne en sens inverse, retenir la plati-
tude, éliminer la distinction? Proscrire l'un pour sa justice, comme Aristide ; — l'autre, pour son esprit ; un

(1) *Mémoires de Buzot,* p. 10.
(2) Gal., v, 3. Math., XXIII, 8. Actes, XVII, 26.

troisième, pour sa naissance ou ses manières ? transformer une large et hospitalière République qui doit embrasser la nation entière en une secte, étroite, âprement envieuse, autoritaire et inique ? se couvrir, en un mot, de la vieille défroque des Jacobins, et au lieu de gouverner par la justice et la liberté, gouverner par l'arbitraire et la terreur ? L'arbitraire et la terreur... ! Serait-ce donc là l'idéal républicain ? Qui le voudrait ? Il faut donc que tous ceux qui ont un autre rêve, en qui palpite l'amour sacré de la patrie et de la liberté, la passion d'une République juste, pure et généreuse, réagissent avec énergie, avec ensemble, contre les tendances opposées, les pratiques malsaines qui risqueraient d'amoindrir, de souiller, et partant, de compromettre l'idée républicaine.

Les leçons de l'histoire seront-elles toujours perdues ? L'histoire ne démontre-t-elle pas assez que les événements ont leur logique et que les principes pernicieux, les pratiques abusives, sans respect des lois et des droits, — ne produisent que ruines et mort ?

A la façon dont la généreuse Révolution de 1789 dégénéra en secte jacobine et terroriste de 1793, pour s'effondrer finalement dans l'abîme de la tyrannie napoléonienne, ne comprend-t-on pas que les principes, comme les semences, portent en eux leurs moissons futures, suivant qu'ils sont vrais ou faux, humains ou barbares, justes ou iniques ?

Aura-t-on sans cesse des yeux pour ne point voir ? Faudra-t-il, chaque 20 ans, assister à une nouvelle explosion du volcan révolutionnaire et recommencer les amères expériences des devanciers ? Ne sentira-t-on pas enfin, que si les gouvernants, moins préoccupés de la pa-

trie que de leurs petites affaires personnelles et des affaires de leurs clients électeurs, comme autrefois les grands
de la Rome déchue, font litière des plus légitimes revend-
dications et des titres les mieux établis ; — s'ils laissent s'accréditer l'opinion que la République est une
curée où, non les plus méritants, mais les plus habiles
sont le plus tôt et le mieux servis ; si l'on en vient
à s'imaginer que l'astuce et la voracité sont les premières conditions du succès et qu'il n'est qu'une dupe, celui qui, dans le sentiment de sa dignité, de sa valeur et
de ses droits, attend de la justice républicaine d'être
appelé à son tour et à son rang ; — il est à craindre alors
que le plus beau des régimes ne soit déconsidéré, que
le peuple ne saisisse plus la différence qui sépare la République de la Monarchie et qu'en voyant, sous la première, les privilèges et le népotisme fleurir aussi bien que
sous la seconde, il se demande s'il y a autre chose qu'un
changement d'enseigne sur la même boutique. Ce jour-
là, ce jour où l'illusion tombera, son affection tombera
aussi ; le délaissement suivra de près ; et comme de là,
à l'invocation du premier César d'aventure, la pente est
glissante, il se trouvera que ce seront les Républicains
eux-mêmes qui, par leurs inconséquences, leurs déplorables mœurs politiques, deviendront les pires ennemis de
la République, ses destructeurs, — en préparant ainsi
d'une manière inconsciente, les voies de l'anarchie et
du despotisme.

Il faut donc, il faut absolument (c'est une question de
vie ou de mort) que la République ne s'inspire que du
souverain mobile de la justice. « C'est le propre de la
» vertu républicaine d'exiger la subordination des inté-

» rêts à la justice (1). » Si la Monarchie n'est que l'exploitation d'une famille royale entourée de parasites, — la République, gouvernement de tous pour tous, est tenue, sous peine d'aboutir au pire des régimes, d'éviter les agissements ténébreux et tortueux ; de mettre au premier rang l'équité, l'honneur, la valeur propre des individus ; de garder la balance égale entre les citoyens, et de rendre à chacun selon ses titres, ses droits, son ancienneté. En un mot, la République, avant tout, doit être *morale*. Ce n'est point assez qu'elle soit *conservatrice* ou *athénienne*, comme le voulaient Thiers et J. Simon ; conservatrice... l'épithète manque de précision ; athénienne..., comme si la forme importait plus que le fond ! Non, la République doit être essentiellement morale, honnête. Si elle n'était qu'un régime d'arbitraire et d'iniquité ; si elle faisait de la faveur un moyen de gouvernement et de la chose publique une propriété de parti ; si elle pervertissait le sens moral, la conscience publique, — elle s'écroulerait immanquablement sous le mépris et le dégoût ; elle serait emportée, peut-être sans retour, par le flot populaire, — ce grand redresseur des grandes iniquités.

Il y a plus : On parle beaucoup du relèvement de la France..... Mais l'une des conditions n'est-elle pas l'inflexible équité, la haute moralité de ceux qui sont au pouvoir, — par où j'entends : les députés, les sénateurs, les ministres, et, au dessous, tous les fonctionnaires chargés de quelques fonctions publiques ? Parti de haut, l'exemple produit une rapide contagion, salutaire ou funeste, suivant qu'il est bon ou mauvais ; et, en particu-

(1) J. Jaurès, député, — discours à Castres, 22 juillet 1888.

lier, au milieu de notre peuple si impressionnable, également ouvert aux généreux enthousiasmes du bien et aux souffles empoisonnés du mal. Avant tout, pour le salut de la République et de la France, avant tout, — de l'honnêteté, de l'honneur ; non pas dans les *discours et dans les promesses*, mais dans les *faits*. Il est temps de passer, pour parler avec politesse, du régime abstrait au régime concret (1).

Lasource était un de ces républicains comme nous les voudrions tous, à l'antique, inébranlable en son âme, foncièrement droit et pur. Il avait puisé dans son éduca-

---

(1) Les hommes restant toujours hommes, très inférieurs aux principes qu'ils professent, il devrait être laissé *le moins possible* à leurs décisions personnelles. Et, pour couper court aux innombrables abus qui peuvent se produire du haut en bas de la machine administrative, --- il faudrait une loi réglant *dans toutes les branches* : 1º Les nominations, qui se feraient au concours, comme dans les grandes Écoles de l'État, --- sûr moyen d'être juste et d'obtenir la supériorité dans les fonctions ; 2º l'avancement, que détermineraient à la fois : les titres, l'ancienneté et le dossier. --- A la tête de chaque admnistration spéciale (Finances, Magistrature, Travaux publics, etc.), existerait une Commission, comme celle des généraux qui président aux promotions des officiers dans l'armée ; et, seule, elle prononcerait à la majorité, sur pièces. De la sorte, si l'on n'évitait pas tout abus, au moins aurait-on infiniment plus de garanties qu'on n'en a, quand tout est livré au pouvoir discrétionnaire d'un ministre, préoccupé de caser ses parents, ses amis, ou qui souvent signe, sans en connaître, ce que ses subordonnés des bureaux, irresponsables et casant aussi leurs amis, proposent à sa signature.

Un député s'honorerait de présenter une semblable loi ; et quel service ne rendrait-il pas à la moralité politique, au régime républicain, en la faisant sanctionner par l'Assemblée !

Serait-ce une chimère ? Mais puisque la loi existe déjà pour l'armée, pourquoi ne pourrait-elle pas être généralisée ?

tion huguenote et dans son spiritualisme chrétien, cette virilité morale, cette « rondeur de conscience » qui en fit, après une station rapide dans le jacobinisme, un des ennemis les plus résolus de la tyrannie démagogique. C'est bien à tort qu'on s'imagine justifier cette tyrannie, en alléguant qu'aux situations extrêmes, il faut des moyens extrêmes et que, sans le terrorisme de la guillotine, la France eût succombé sous la double étreinte des dissensions civiles et de la guerre extérieure. Cela serait-il vrai, — périr pour périr, — mieux eût valu périr dans l'honneur que dans la honte. Mais cela est-il vrai ? Les armées de la République auraient-elles moins vaillamment combattu pour la patrie pure que pour la patrie sanguinaire ? Qui peut soutenir que la guillotine a été le génie de la Révolution ? Hélas ! on en peut voir les lamentables conséquences. L'expiation, la catastrophe est venue à son heure. Soulevée par tant d'horreurs, la nation a salué Napoléon comme une providence libératrice. Napoléon a été l'héritier rationnel de tout ce passé de boue et de sang ; comme certaines plantes, la tyrannie ne pousse que sur le fumier. Qu'a-t-on gagné à terroriser la France et à la saigner à blanc ?

D'abord, la République en est morte ; puis, quinze années durant, le despote Corse a jeté la France dans la servitude et ruiné sa jeunesse, ses trésors, ses provinces. Il y a plus : N'est-ce pas de lui qu'est sorti le criminel du Mexique et de Sedan ?

Nos pères avaient reçu les premiers coups. Nous, par le second empire, n'avons-nous pas reçu les contrecoups ? N'est-ce pas le seul prestige de Napoléon dit le Grand, qui a enfanté Napoléon le Petit ? Donc, trois fois respect aux principes, à la grandeur morale, agent principal de la grandeur matérielle. Hors de là, une République ne peut que végéter misérablement, en proie aux factions et aux convulsions, jusqu'à ce qu'elle vienne expirer dans les bras d'un nouveau Sauveur.

Devons-nous, en terminant, nous étonner que Lasource n'ait pas fait sentir plus largement son influence au point de vue religieux? Mais, d'abord, n'en a-t-il pas été de même de tous ses collègues dans le ministère, des onze pasteurs, membres comme lui de la Convention? Parmi eux, s'en trouvaient quelques-uns de fort distingués et qui ont joué un grand rôle, notamment Rabaut-St-Étienne et Jean-Bon St-André. Il est vrai que le tort des autres n'est pas une excuse pour les torts de « ce » jeune ministre, qui marqua aux premiers rangs du parti » Girondin (1). »

On eût aimé l'entendre jeter dans les débats quelques principes chrétiens, quelques appels aux espérances supérieures, — reflets de sa première vocation. Il est vrai qu'il ne déserta point sa cause, pas plus que celle de la justice qu'il défendit toujours ; — qu'il prit le parti des prêtres persécutés et que, dans sa prison du Luxembourg, à l'heure solennelle, il composa une sorte de cantique, — il consola ses co-détenus, il pria avec les Anglaises et Sillery, — quand il fallut se séparer pour toujours.

Néanmoins, il faut dire que ni lui, ni ses onze collègues dans le ministère ne réagirent d'une manière énergique et suivie contre l'esprit du siècle, qui était un esprit d'indifférence profonde et de haine violente vis-à-vis de l'Evangile, de cet Evangile auquel pourtant la

---

(1) De Pressenssé, *L'Église et la Révolution*, p. 372.

Révolution devait ce qu'elle avait de pur et d'excellent.
Ils subirent en partie cet esprit plutôt qu'ils ne le com-
battirent, — absorbés qu'ils étaient par la politique et
les tempêtes quotidiennes. Quelques-uns même abjurèrent, à l'instar du clergé catholique de Paris (R), et les
autres laissèrent dormir leurs principes religieux sous
l'obstruction d'affaires dévorantes, de luttes acharnées.

Une circonstance atténuante, c'est que la Nation passionnée pour ses libertés et tout entière à la reconstitu-
tion de son état social — était devenue sourde à toutes les
voix du ciel : la terre l'occupait trop pour qu'elle songeât
aux choses de l'au-delà. Qui sait ce qu'aurait pu contre ce
courant d'irréligion qui régnait alors un parti protestant,
nombreux, à caractère de granit, dressé à la résistance
par deux cents ans de persécution ; — qui, par le poin-
çon d'une femme, avait gravé le mot « résister » sur la
pierre de la Tour de Constance ; — un parti qu'aiguil-
lonnait une intègre conscience, supérieur aux décourage-
ments et plus fort que la mort ? Ici encore, combien ne
doit-on pas déplorer la folle cruauté des hommes ! Cette
cruauté qui avait décimé les protestants, appauvri la nation de ses forces vives et dispersé sur tous les chemins
de l'étranger cette croyante et forte race huguenote
qui, dans une période d'entraînements révolutionnaires,
eût pu tout à la fois servir de stimulant et de frein !
Louis XIV, avant et après lui les rois persécuteurs
ayant semé le vent par les proscriptions et les gibets,
faut-il s'étonner que ce vent de la tyrannie ait déchaîné
la tempête des révolutions ? Ce fut un grand malheur
que la réduction des huguenots de huit millions à quelques centaines de mille, malheur plus grand pour la
France que pour eux-mêmes, — d'autant que c'est la

politique religieuse de la Révolution qui devint sa pierre d'achoppement.

Cette politique, par la Constitution civile du clergé, sépara la Royauté du mouvement libéral, scinda la France en deux par la guerre de la Vendée ; et, en froissant vivement les consciences, s'aliéna des populations qui, sans cela, lui fussent demeurées sympathiques et fidèles.

Dès le début, sans doute, on ne pressentait pas ces funestes résultats. Faute énorme que cette guerre à outrance contre la Religion ; « Dieu est aussi nécessaire » que la liberté au peuple Français », a dit avec raison Mirabeau. Les peuples sans foi sont des peuples sans ressort, mûrs pour l'esclavage. En outre, quoi qu'on en ait, la Religion est une réalité naturelle, intérieure, puissante, que ne soupçonnent pas ceux en qui est émoussé le sens spirituel. En tout temps, il a fallu compter avec elle. L'histoire montre qu'en comprimant les besoins de la conscience, on ne les détruit pas ; et que, source d'enthousiasme et d'héroïsme, ils l'emportent à la longue sur la violence et la force la mieux disciplinée ; le sang versé les rend même invincibles ; et le mot de l'abbé Maury est toujours actuel : « Prenez garde, il » n'est pas bon de faire des martyrs. »

Mais dans le tourbillon révolutionnaire, roulés dans l'engrenage des émotions, des combats et des drames, les cœurs se déprenaient du monde invisible. Les ecclésiastiques de tout bord se laissaient envahir et surmener par les plus brûlantes questions du jour, — oubliant trop qu'avant d'être députés ils avaient été ministres et que le mandat politique ne devait pas détruire le divin Apostolat dont la consécration les avait revêtus. Lasource en était là, comme tous ses collègues. On aimerait que, dans les deux Assemblées dont il a été membre, il eût fait preuve de modération, comme l'exigeait son titre de ministre du Christ, — de zèle pour une religion qu'il avait servie non sans éclat et qui devait lui être chère ; — et qu'en particulier, dans ses rapports avec ses co-détenus, notamment les derniers jours où tout espoir s'était envolé, — il eût été le viril prédicateur du pardon, de l'espérance et de la vie éternelle.

C'est un regret qu'il est permis de formuler ; mais qui donc est sans péché pour jeter la pierre aux géants de 89 ? A leur place, eût-on mieux fait ? Le jugement des consciences, n'appartient qu'à Dieu et nul ne doit être jugé d'une manière absolue, — les circonstances ambiantes étant des circonstances atténuantes, en temps de révolution surtout.

En somme, Lasource est digne de toute sympathie. » A un sens droit, à un cœur honnête, il unissait un grand fond d'instruction en plus d'un genre » (1). Nous saluons en lui non-seulement un talent peu commun de penseur, de dialecticien, de prédicateur chrétien, d'orateur politique ; mais encore un beau caractère, une admirable unité de vie, une pure et inflexible conscience d'une trempe d'acier ; un martyr, mort à 30 ans, héroïquement, sur l'échafaud pour sa foi politique, comme il serait mort sur le gibet pour sa foi Réformée.

Ne sont-ce pas là des titres suffisants pour que sa mémoire survive et que sa conduite, en bien des points, soit donnée comme exemple ? Entré dans la vie publique

(1) *Biographie des Contemporains*, par Rabbe, Boisjolin et Ste-Preuve, art. *Lasource*.

grâce à ses talents supérieurs et à sa fougue du bien public, — il joua un rôle utile et brillant dans la Législative et la Convention, un des premiers rôles à côté des chefs de la Gironde. Membre des Comités importants; mêlé aux plus grands débats ; chargé de missions lointaines, de nombreux *Rapports* (1), — il a honoré la tribune par son éloquence enflammée, les Assemblées par sa personnalité morale, l'Eglise Réformée par sa fidélité, en des jours difficiles. Après cela, n'a-t-on pas le droit de dire avec quelque fierté qu'il a été la gloire de son pays ? Et ne peut-on pas se demander si la ville de Castres, au lieu de donner à une de ses places le nom flétri du vénal Pélisson — fondateur de la *Caisse des Conversions,* — ne s'honorerait pas davantage en lui donnant le nom de Lasource, l'éloquent et loyal Girondin, l'ami et l'émule de Brissot et de Vergniaud ?

Le fera-t-elle ? — Si la justice était de ce monde, elle le ferait (2).

(1) Voir, après les Pièces Justificatives, son fameux *Rapport* sur les instructions aux généraux.

(2) Nos pères ne l'auraient point fait, eux qui applaudirent à la Révolution du 31 mai. Mais l'histoire marche, et rien d'aussi beau que la réhabilitation des martyrs.

On aura une idée de l'esprit qui animait nos pères, à cette époque, par l'*Adresse* suivante du *Conseil général de la commune de Castres aux 48 sections de Paris :*

« *Séance du 9 Juin 1793.*

. . . .
. . . .

» Parisiens, ouvrez enfin les yeux ; reconnaissez parmi vous
» ces factieux qui vous souillent de crimes et montrez-vous cons-
» tamment dignes de partager la souveraineté nationale........
» Vous avez bien mérité de la patrie à l'époque terrible du

» 31 mai, jour mémorable, qui peut-être avait été désigné pour
» être le dernier de la République. Votre attitude fière en a im-
» posé aux malveillants, et vous avez fait avorter leurs projets
» liberticides. Au nom de la Patrie, que tous les bons citoyens
» se pressent de nouveau autour de la Convention. Frères et
» amis, comme nous, ayez le courage de faire le bien ; nous
» viendrons, s'il le faut, vous aider à exterminer les agitateurs et
» les anarchistes, qui ne cherchent à nous diviser que pour élever
» leur trône sur les ruines de la liberté. »

(Délibérations du Conseil municipal de Castres. 1792-93, vol. II,
page 483. — *Archives de Castres.)*

A Mazamet, alors, on pensait aussi de même ; car on lit dans
les *Révolutions de Paris,* vol. XVII, p. 20 :

CONVENTION NATIONALE.

Séance du mercredi 10 Juillet 1793.

Chabot donne lecture d'une *Adresse* des citoyens de la ville de
Mazamet, département du Tarn :

« Nous dénonçons, comme des fédéralistes et des contre-ré-
» volutionnaires, les départements en rébellion et schismatiques ;
» nous les vouons à l'anathème, et nous vouons aux braves Pa-
» risiens amitié et fraternité. Nous reconnaissons qu'ils ont bien
» mérité de la Patrie, dans l'insurrection nécessaire, mais tar-
» dive, du 31 mai. »

Et la Convention décrète pour cette *Adresse* une mention honorable.

Ces deux *Extraits* m'ont été communiqués par M. Bélisaire
Tailhades.

Il ne reste plus qu'une dernière question d'affaire sans importance sur les biens de Lasource, confisqués, — comme de
droit, — par le Tribunal révolutionnaire ; on la trouvera aux
Pièces Justificatives (S).

Par un juste retour des choses d'ici-bas, il fut alloué à la mère
de Lasource, le 24 germinal an V, une pension pareille à celle
qu'on accordait « aux femmes, enfants et mères des représen-
» tants morts victimes de la tyrannie. » (T)

PIÈCES JUSTIFICATIVES

A

FAMILLE DE MARC-DAVID-ALBA LASOURCE ET SON BULLETIN DE NAISSANCE

Registre servant aux déclarations de mariages, naissances et sépultures des non catholiques de la chatelainie d'Anglès, contenant dix-sept feuillets ; dixième feuillet, au verso, la déclaration suivante faite en dix-sept cent quatre-vingt-huit, et le sixième jour du mois d'octobre, sont comparus : M. César-Alba Lasource, bourgeois, résidant à son domicile de Crouzet, paroisse de La Souque, et dame Esther Amalric, lesquels pour satisfaire aux dispositions de l'Édit du mois de novembre dernier, ont déclaré avoir contracté mariage le trentième août mil sept cent cinquante-trois, ainsi qu'il résulte du contrat de mariage entre eux passé le même jour devant Mᵉ Chabaud, notaire de la Salvetat, dont ils nous ont représenté l'extrait ; avoir cohabité ensemble depuis le susdit jour, et avoir de leur mariage trois garçons et trois filles, savoir : Jean-Alba La Source, né le vingt-neuf juillet mil sept cent cinquante-quatre, et baptisé le même jour dans l'église paroissiale du présent lieu ; Louis-César, né le dix-neuvième mai mil sept cent cinquante-neuf, baptisé le lendemain dans la même église paroissiale ; *Marc-David* La Source, né le vingt-deux janvier mil

sept cent soixante-trois, et baptisé le même jour; Esther
La Source, née le 14 janvier mil sept cent cinquante-six,
et baptisée le même jour dans l'église paroissiale du présent lieu; Marie La Source, née le dix-septième mars
mil sept cent soixante-sept, et baptisée le lendemain; et
Henriette La Source, née le trente et un octobre mil sept
cent soixante et quatorze, et baptisée le lendemain: toutes lesquelles déclarations nous ont été attestées par les
sieurs Paul Fargués, résidant au moulin de Montahut,
paroisse de la Souque; David Farran, menuisier; Jean
Amalric, bourgeois, tous deux du présent lieu, et Jacques Béziat, menuisier, aussi du présent lieu, témoins
requis, avons donné acte aux susdits comparants de leurs
déclarations, et avons signé avec eux. — Suivent les signatures: La Source, Esther Amalric, Béziat, Amalric,
Fargués, Farran, Peyronnet.

Ces déclarations ont été faites par devant nous Jean-
Joseph Peyronet, conseiller du roi, son juge châtelain
de la ville, et châtelainie d'Anglès, dans l'auditoire de
ladite châtelainie.

B

Baptême au désert de David Lasource.

« L'an mil sept cent soixante-trois et le dix-neuf mars
» a été baptisé au désert par M. Sicard, ministre du
» St-Évangile; David, fils de César Alba et de dame
» Amalric, mariés, habitants d'Anglès, né le vingt-deux
» janvier dernier. Parrain : François Corbière; mar-
» raine, Marie des Cambous.

» SICARD, *ministre du St-Évangile.* » (1)

(1) Registre de St-Amans-Val-Thoré, 1753-1792.

C

Envoi de Lasource a Lausanne.

Synode de Haut-Languedoc, tenu à la Teillardié, près Roquecourbe, le 3 mai 1781.

Art. IX. — Des témoignages très avantageux ayant été rendus par M. Bonifas, pasteur, à M. Marc-David-Alba Lasource, originaire d'Anglès, son élève, et cet élève désirant aller cette année au Séminaire pour s'y perfectionner, le présent Synode lui accorde sa demande avec un vrai plaisir ; — vu surtout que ledit Alba Lasource lui a fait une promesse très expresse qu'il se consacrera au service de cette province, qui, pour se l'attacher d'autant plus, lui fait présent de 150 livres pour se rendre à Lausanne, et charge le secrétaire d'écrire au Comité de cette ville, pour qu'il veuille l'admettre au Séminaire.

D

Lettre de condoléance de Lasource à M. de Caudaval.

Réalmont, 5 juin 1788.

Monsieur, je suis désolé que des engagements pris ne m'aient point permis d'aller vous témoigner de suite la part que je prends à l'affliction qui vous navre ; elle est juste, cette affliction. Mais vous savez, Monsieur, aussi bien que moi, qu'au langage de la nature doit succéder bientôt celui de la religion. J'implore de toute

mon âme sur vous et sur Mme de Caudaval, tout ce
que cette religion a d'efficace pour nous soutenir dans
nos maux, et je désire avec ardeur que le Dieu tout sage
qui vous frappe, veuille vous fournir dans vos autres
enfants des motifs de vous consoler d'avoir perdu celui
dont la mort vous abat et déchire votre cœur. C'est en
formant ces vœux sincères que j'ai l'honneur d'être avec
autant d'attachement que de respect,

Monsieur,

Votre très humble et obéissant serviteur,

LASOURCE.

E

EXTRAIT D'UN VIEUX REGISTRE ECCLÉSIASTIQUE DE LACAUNE.

*Premier Mariage d'Alba Lasource. — Naissance et décès
de son fils César-Alexandre-Antoine-Bienvenu.*

L'an mille sept cens quatre-vingt-six, et le vingtqua-
trième avril a été béni par nous, pasteur soussigné, le
mariage contracté entre M. Marc-David D'Alba de la
Source, bourgeois, fils légitime de Monsieur César
D'Alba de la Source, bourgeois, et de Dame Esther
Amalric D'Hugonin, mariés, habit^s à leur domaine du
Crouzet, près Anglès, et ledit sier (*sic*) Marc-David
D'Alba de la Source, leur fils, résidant à Lacaune, d'une
part, et de demoiselle Jeanne-Antoinette-Catherine de
Galtier de la Roque, fille légitime de noble Jean-Jacques
de Galtier de la Roque, et de dame Jeanne-Antoinette
de Blachon, mariés, habitans de la Caune, d'autre part;

après avoir observé les formalités usitées en pareil cas et sans qu'il ait paru d'oppositions. Témoins : les sieurs Jean-Paul de Cariés, sieur de Senilhes ; Jean Chabert, négoc¹ ; Antoine-Charles Cambon, bourgeois ; et Étienne Durand, maître-chapelier, tous habitans dudit Lacaune, qui ont signés avec nous ; ainsi que les parties, quelques parens et amis ; signés : Alba, Antoinette de Laroqııe, Senilhes, Jean Chabert, Étienne Durand, J. Cambon fils, Bassevergne, Montegre, Bonnaffé, Bossevergne, Cambon, Cambon duminis (?) Corbière, né Sabrier, Constant (?)

BONIFASSE, pasteur.

NAISSANCE :

César-Alexandre-Antoine-Bienvenu, fils de Marc-David d'Alba de Lassource (sic), ministre du susdit évangile, né le 27 janvier 1787, a été baptisé le 28 dudit.

DÉCÈS :

En 1787, le 9 mars, mourut à Lacaune, Jeanne-Antoinette-Catherine de Galtier de Laroque, femme du pasteur Alba de la Source.

F

Blâme de Lasource par l'Assemblée ecclésiastique de la Province.

Syn. H. L., quartier de Vabre, 3 mai 1787.

Art. II. Par l'art. V de notre dernier Synode, le sieur Mathieu Pomier d'Espérausses, ayant été autorisé à requérir le ministère de tel pasteur de la Province qu'il jugera à propos pour faire bénir son mariage avec Marie

Roucayrol, veuve Julien, — l'Assemblée désapprouve la conduite du pasteur et du Consistoire de Lacaune, qui, malgré les motifs de l'édification et de l'ordre qui auraient dû les porter à remplir les vœux du Synode, se sont obstinés à refuser aux dites personnes la bénédiction de leur mariage. L'Assemblée confirme, en même temps, les jugements de la Commission relatifs à cette affaire et qu'on trouvera ci-après.

Premier arrêté sur le mariage Pomier.

Copie du 1er arrêté du 23 mai 1786, de la Commission assemblée le 23 mai 1786, pour délibérer sur le mariage de M. Mathieu Pomier d'Espérausses.

MM. Blanc et Lasource, indûment assignés par l'Église d'Espérausses à ne pas publier les bans du mariage du sieur Mathieu Pomier et de Marie Roucayrol, veuve Julien, quoiqu'ils fussent autorisés par le Synode. Ces Messieurs ayant requis l'avis de la Commission, elle a décidé conjointement avec le Consistoire de Castres, qui l'a aidée de ses lumières, que la soi-disant assignation donnée à cette occasion, étant de la même nature que les oppositions faites l'année dernière qui furent reconnues invalides, doit être regardée comme n'ayant aucune force et comme ne pouvant porter aucun retardement au susdit mariage. En conséquence, elle autorise et somme MM. les Pasteurs chargés de la publication desdits bans de remplir au plus tôt les vœux du Synode et le désir des parties contractantes.

Ainsi conclu et arrêté, le 23 mai 1786.

CRÉBESSAC, *past.* ; DURAND, *past.* : LAUTHOIS, *past.*

2° *Arrêté sur le mariage Pomier.*

M. Pomier s'étant présenté à M. La Source, pasteur de l'Église de Lacaune pour réclamer la bénédiction nuptiale, selon l'autorisation que le dernier Synode lui en donna, ce pasteur s'est refusé de se prêter à sa demande sur des raisons qui, pesées par la Commission assemblée, ont paru insuffisantes et déplacées. Elle a même jugé que son refus est une désobéissance formelle que le Synode appréciera ; et comme il est essentiel d'avoir égard à la demande du sieur Pomier et de terminer un scandale qui n'a duré que trop longtemps, nous autorisons le suppliant de s'adresser à tel autre pasteur de la paroisse qu'il jugera à propos, — persuadé qu'il n'en est aucun, — M. Lasource excepté, — qui ne fasse ce que le devoir lui prescrit.

Ainsi conclu et arrêté, le 12 octobre 1786.

> CRÉBESSAC, DURAND, LAUTHOIS, *past. et secrét.;*
> FABRE cadet, Jacques MARTIN, J. AUSTRY,
> GUIBAL aîné, anciens.

G

Roquecourbe, 5 octobre 1790.

A M. *Lafon, ci-devant de Caudaval, à son domaine de la Fabrié.*

Mon cher Monsieur et digne ami,

Je ne peux pas vous donner des nouvelles satisfaisantes de ma santé. Les accès qui avaient eu l'air de me manquer deux fois, n'ont fait que se retarder ; — je les ai régulièrement. Je n'ai pu sortir encore de Roquecourbe, malgré toute l'envie que j'avais eue d'aller me promener à la campagne. Cependant, tous les campagnards ont grand soin de s'informer de mon état. Donnez-moi des nouvelles de toute votre famille et en particulier de Mme de Caudaval, à laquelle je présente ici mes plus affectueux hommages ; n'oubliez pas que vous m'avez promis une visite que j'attends avec la plus vive impatience. J'ai pris les eaux aujourd'hui pour la cinquième fois... Recevez les assurances de l'attachement éternel et sans réserve avec lequel j'ai l'honneur d'être, mon cher Monsieur et digne ami, votre très humble serviteur (1).

ALBA.

H

Procès-verbal de MM. les Commissaires envoyés à Roquecourbe sur le conflit de Lasource.

Nous étant transportés à Roquecourbe, M. Nazon, l'un de nous, s'est d'abord rendu auprès de M. Lasource pour le prévenir officiellement de l'objet de notre mission. Il lui a été dit qu'il était venu dans cette ville avec MM. Job, pasteur, et Martin, ancien, dans le dessein d'arranger, si c'était possible, l'affaire qu'il avait avec certains jeunes gens, à raison de l'excommunication qu'il avait fulminée contr'eux, Sur quoi, M. Lasource a paru extrêmement surpris et a répondu qu'il trouvait plaisant que, sans en avoir été requis par lui, nous

(1) Archives de l'Eglise Réf. de Réalmont.

nous mélassions d'une affaire qui ne nous regardait pas ; qu'il trouvait plus plaisant encore que nous fussions venus dans son Eglise sans l'en avoir prévenu ; que nous devions nous aviser de ce qui concernait notre troupeau et lui laisser la direction du sien ; qu'il ne voulait absolument ni médiation, ni conciliation. M. Nazon, après avoir fait plusieurs observations à M. Lasource sur les désagréments que pourrait lui causer son obstination et n'ayant pu en rien obtenir de satisfaisant ; ayant vu même ses sentiments et ceux de ses adjoints attaqués de la manière la plus injurieuse, lui a dit que, faisant dans cette circonstance les offices d'amis, ils étaient néanmoins revêtus d'une mission légale et qu'ils étaient députés par la Commission pour prendre connaissance du démêlé qu'il avait avec certains membres de son Eglise. A cela, M. Lasource a répondu qu'il ne connaissait point de Commission : qu'elle n'avait pu s'assembler sans l'en avoir prévenu puisqu'il en était membre et qu'il lui paraissait singulier que ceux qui prétendaient former ce tribunal s'ingérassent dans une affaire qui lui était personnelle, sans en avoir été requis par qui que ce fut. Taxés de faire une démarche inconséquente M. Nazon s'est vu obligé de justifier la conduite de la Commission, en produisant à M. Lasource la plainte qui avait été formée contre lui par les membres de son Eglise qu'il avait excommuniés. A la lecture de cette requête, M. Lasource s'est livré aux plus vifs emportements, en disant que nous n'aurions pas dû accueillir cette plainte où l'on se permettait de l'offenser personnellement ; qu'au reste, il méprisait cette plainte, qu'il avait porté un jugement et que toutes les puissances de la terre ne pouvaient le lui faire rétracter. Après quoi, il s'est répandu en invectives et en menaces contre quiconque entreprendrait de s'immiscer dans cette affaire ou qui oserait porter un jugement contre lui. Sur ces entrefaites, MM. Jaffard et Martin sont survenus et après avoir reçu l'accueil le plus mortifiant, M. Lasource s'est expliqué en leur présence à peu près de la même manière en ajoutant plusieurs choses que la charité chrétienne ne nous permet pas de rapporter. Nous étant retirés à l'auberge, M. Lasource est venu bientôt nous y joindre ; là, nous lui avons fait plusieurs remontrances pour tâcher de lui inspirer des dispositions plus pacifiques ; mais, malgré nos efforts, nous n'avons pu en obtenir qu'une déclaration qu'il a donnée par écrit. »

Ont signé : Nazon, Job Jaffard, Crebessac, Bonifas, Mingaud, pasteurs.
Jacques Fabre cadet, J. Austry. Martin, anciens.

I

Second Mariage de Lasource

Extrait des registres de l'état civil de la commune de Roquebrune (Tarn).

L'an mil sept cent quatre-vingt-onze, et le neuvième septembre, a été béni par nous, pasteur, soussigné, le mariage contracté entre le sieur David-Alba La Source, fils de feu Cézar-Alba La Source, bourgeois, et de dame Esther Amalric, mariés, natifs de la ville d'Anglès, district de St-Pons, département de l'Hérault, ledit sieur Alba la Source, habitant actuellement, depuis plus d'un an, en la ville de Roquecourbe, district de Castres, département du Tarn, d'une part ; — et demoiselle Jeanne-Antoinette de Noir de Cambon, fille à feu sieur Honoré de Noir de Cambon, ancien capitaine d'infanterie, et de Dame Jeanne-Esther de Rotolp de la Devèze, habitant au château de Cambon, susdit district de Castres, département du Tarn, d'autre part ; après avoir vu la dispense de deux publications de bans, délivrée par M. Debrus, ainsi que le certificat de publication faite à la porte de l'église paroissiale dudit Roquecourbe, sans opposition, et cela en vertu de l'édit du roi du mois de novembre mil sept cent quatre-vingt-sept ; après avoir aussi publié ledit ban dans ladite église de Roquecourbe, sans opposition. Témoins les sieurs Pierre Bonafous, Pierre Mahuziès, tous dudit Roquecourbe ; Jean et Pierre Sire, père et fils, qui ont signé avec nous ; Mme de Cambon, requise de signer, a dit ne savoir. — Alba Lasource, Pierre Sire, S. Sire, Jeanne-Antoinette de Noir de Cambon, Douzal, Mahuzies, Bonafous.

BONIFACE, pasteur.

Extrait de l'acte de rectification de l'acte de naissance de M. Arthur de Noir de Cambon.

Le Tribunal de première instance a rendu le jugement suivant :

Etc.....

(Énumération de tous les ascendants avec la particule *de* Noir.)

Acte de naissance de demoiselle Jeanne-Antoinette de Noir de Cambon, 10 novembre 1752.

2° Jeanne de Noir de Cambon, née le dix novembre

mil sept cent cinquante-deux, suivant son acte de baptême de ladite paroisse de la Platé, où elle est désignée
sous le nom de noble Jeanne-Antoinette, fille de noble
de noir de Cambon et de Jeanne-Esther de Ladeveze
de Rotolp.

. . . .

Pour copie conforme : Roquecourbe, 15 février 1861.

J

*Mariage de la veuve de Lasource et son testament. —
Jeanne-Antoinette de Noir de Cambon.*

La veuve de Lasource (Mlle de Cambon) se remaria
avec M. Houlès, père d'Elie Houlès de Baradière. A
la tête du mouvement révolutionnaire de Castres, il con-
traignit par peur la veuve de Lasource à l'épouser ; mais,
aussitôt que les circonstances le lui permirent, elle di-
vorça.

C'est elle qui, par testament olographe donne au Consistoire de l'Église Réformée de Roquecourbe la nue
propriété de la métairie de Bouïssou, pour, le revenu
en être annuellement distribué aux pauvres des communes de Roquecourbe et de Lacrouzette, mais seulement
après le décès de Marguerite Faure, à laquelle la testa-
trice donne la jouissance de la dite métairie ; à la charge
par le Consistoire de payer, six ans après le décès de
cette dernière, une somme de 3,000 fr. à M. Arthur de
Noir de Cambon, neveu de la donatrice.

Celle-ci étant morte le 21 février 1836, ses héritiers
voulant se libérer en mars 1840, et la part revenant à Lacrouzette étant distribuée, le Bureau de bienfaisance

Consistorial de Roquecourbe fut constitué. Ses revenus, dont le fonds primitif est le domaine du Bouïssou se sont accrus par des dons successifs faits par divers aux pauvres sans distinction de culte et malgré des tentatives hostiles pour frustrer le Conseil Presbytéral de ses justes droits, celui-ci, grâce à la persévérante énergie de son pasteur M. Houlès, a conservé la distribution de ces ressources ; et, de la sorte, les volontés de la veuve Lasource sont respectées.

(Registres de l'État Civil et du Conseil
Presbytéral de Roquecourbe.)

K

LISTE ET ANALYSE DE SES SERMONS CONNUS

— 1 Sermon sur *Les récompenses promises à ta pureté chrétienne* (Apoc. III, v. 4) : 1° Qui sont ceux qui ne se souillent pas ? 2° Quelle récompense leur est promise ? Il a l'occasion de dire que, quoi que nous fassions, nous ne sommes jamais que des serviteurs inutiles, et que nos vertus, étant toujours très imparfaites, n'ont par elles-mêmes aucun mérite devant Dieu. Elles ne peuvent donc être méritoires ni donner quelque droit à la vie éternelle qu'autant que Dieu le veut.

— 1 Sermon pour le 2ᵉ *dimanche avant Pâques* (Matth. XXVI, 17-23) : 1° Conduite des disciples ; 2° Prédiction du Sauveur ; 3° Son effet sur les disciples.

— 1 Sermon sur la *Calomnie*, sa nature, ses causes, ses effets, sa punition (Ps. LVIII, 1-8).

— 1 Sermon sur la *Préférence de Jacob* pour Joseph et la *jalousie* de ses frères (Gen. XXXVII, 3-4).

— 1 Sermon sur le *Jeûne* : Repentir, — efforts, — résolutions (Isaïe, VIII, 6).

— 1 Sermon sur la *Résurrection de J.-Christ* : Certitude, Conséquences (Act. II, 3).

— 1 Sermon sur *Jésus-Christ mourant, modèle à suivre :* il meurt avec foi, patience, détachement (Luc, XXIII, 46).

— 2 Sermons sur : *Motifs de rendre la conscience pure ;* on doit l'éclairer, la conseiller, suivre ses directions. — Comparution devant Dieu, Consolation dans les peines et à la mort (Act. XXIV, 15, 16).

— 1 Sermon sur : *L'abus des délais que Dieu donne* (Ecclés. VIII, 11) : Dieu n'exécute pas soudain sa justice ; — l'homme abuse de ce fait ; — crime et danger de cet abus.

— 1 Sermon sur *Christ précurseur des vrais Chrétiens* (Héb., VI, 20). Nature de la qualité de Précurseur. — Christ est réellement entré au Ciel en cette qualité.

— 1 Sermon sur : *L'obligation d'acquérir les biens célestes* (Jean VI, 8, 27). Christ nous y exhorte en nous donnant les *motifs.* Nous sommes créés pour eux ; — la religion nous y élève ; — donnent seuls le bonheur ; — sont seuls éternels.

— 1 Sermon sur : *Examen de soi-même* (Cor. XI, 28). En quoi consiste-t-il ? — Porte sur trois points ; — Principe dont il procède ; — Son effet.

— 1 Sermon de *Jeûne* (Isaïe, I, 2) : Conduite de Dieu envers nous ; — de nous envers Dieu ; — Dangers.

— 1 Sermon de *Vendredi-Saint* (Matth. XXVII, 51, 52). Succession d'événements importants (Voile du Temple, Tremblement de terre, Rochers qui se fendent, tombeaux ouverts) ; — Conséquences de chacun.

— 1 Sermon sur : *Fête du Tabernacle* pour Communion de septembre (Jean, VII, 37).

' — 2 Sermons sur *La Piété et le Contentement d'esprit* (1 Tim. VI, 6).

En quoi consiste le Contentement d'esprit ? il est un grand gain. La piété produit le Contentement ; hors d'elle, il n'existe pas.

— 1 Sermon de *Pentecôte* (Act. II, 37). Discours de Saint Pierre et son effet. — Nous tenons le même discours ; le même effet doit suivre.

— 2 Sermons sur : *la Décadence de la religion* (Jérémie, V, 16).

I. La religion est une couronne pour l'homme et procure plus de privilèges qu'une couronne aux potentats.

Cette couronne est tombée ; plus de foi, plus de culte, plus de moralité ; comparaison avec le Désert. L'un des plus beaux du répertoire où apparaissent manifestement les qualités et les défauts de Lasource : clarté, force, abondance, antithèses ; rudesse, emphase, théologie vengeresse.

II. La couronne est tombée en ce que l'on ne pratique plus les vertus de la religion : — Vertus envers nos semblables, humilité et charité ; — Vertus envers nous-même, Sainteté ; — vertus envers Dieu, détachement du monde et repentance.

— 1 Sermon : *Sur les Soucis rongeurs* (Math. VI, 23, 26). Restriction au texte ; — nature du devoir. — Motifs.

— 1 Sermon sur : *L'épreuve* (Ps. XI, II, 6) *a*). Effet produit sur nous par les maux ; *b*) remède à l'abattement ; *c*) ce qu'on doit faire envers Dieu. — Il est à remarquer qu'il tire souvent du texte même sa division, comme ici par exemple ; ce genre a quelque chose d'artificiel et

de forcé. Cette habitude venait sans doute de la Théop-
neustie plénière : on supposait que ce qui est dicté par
Dieu même, mot pour mot, ne pouvait être mieux dit,
— soit quant à l'expression de la pensée, soit quant à
l'ordre logique ; il en résultait une absolue servitude du
texte.

Ce sermon sur *l'Epreuve*, de l'écriture de Lasource,
est annoté par lui, à la dernière feuille, comme ayant
été prêché deux fois à Castres en août 1784, deux fois à
Lacaune en décembre 1784, trois fois en Suisse, une
fois à Anglès.

Il fut relu à Anglès en 1813 et 1814. Il est surchargé
de divisions tranchées qui rompent le fil et égarent l'audi-
teur dont la mémoire accablée renonce à tout embrasser.

— 1 Sermon sur : *le Recours à Dieu* (Math. VI, 11).
Ecrasé de subdivisions : longue amplification de Rhéto-
rique ; ne serrant pas le sujet de près.

— 1 Sermon sur : *Le danger des mauvaises compa-
gnies* (I Cor. XV, 33).

1° On s'abuse en faisant un mauvais choix ;

2° On s'abuse en se flattant de corriger les pécheurs ;

3° On s'abuse en se flattant de leur résister.

Un de ses premiers si l'on en juge par ce mot : « Jeu-
» nes gens, c'est à vous que je m'adresse ; c'est *nous*, en
» particulier, qui avons le plus à craindre ».

— 1 Sermon sur : *Joseph vendu par ses frères* (Gen.
XXVII.)

1° Noir complot ; 2° Manière dont ils l'exécutent ;
3° Leur calme inhumain ; 4° Leur dernier moyen.... Ici,
sur la vente de Joseph se trouve un substantiel et magnifique développement.

— 1 Sermon sur : *David pleurant Absalon*, ou sur :

L'Affliction où nous jette la mort des personnes qui nous sont chères (2 Sam. XVIII, 33).

1° Regrets permis et regrets défendus ;

2° Motifs de ne point murmurer ;

3° Conduite à tenir lors des séparations.

Du commencement à la fin, c'est une ardente chaleur, un entraînement soutenu,— comme toujours du reste,— et qui, la diction aidant, devait, malgré l'absence d'onction, produire de grands effets. Son éloquence avait un grand souffle.

— 1 Sermon d'*Action de grâce* pour le Dimanche après la Communion sur : *Mon âme bénis l'Eternel et que tout ce qui est en moi bénisse le nom de sa sainteté*. (Ps. 103 ; 1. 22).

Applique à Dieu les appellations d'Arbitre suprême, Être suprême, Être des êtres, etc. L'influence de Rousseau perce dans sa déclamation humanitaire, et celle de la Révolution dans son style religieux.

— 1 Sermon pour *Pentecôte* sur I Thess. v, 19. L'apôtre suppose que l'esprit divin habite en nous ; 1° Voir s'il y habite ; 2° Comment on l'éteint ; 3° Motifs qui doivent empêcher de l'éteindre.

— 1 Sermon pour *Noël*, Grandeur de Jésus-Christ (Luc, 1, 32, 33).

1° Jésus-Christ grand par sa nature divine ;

2° Jésus-Christ grand par sa qualité de Roi ;

3° Jésus-Christ grand par l'éternité de son sceptre.

— 1 Sermon pour le *Dimanche après Pâques* (Jean, XX, 26).

1° Commentaire du Texte ; 2° Examen de la paix donnée.

— 3 Sermons sur : *Le pardon des injures* (Matth. VI, 15).

I. *Caractère du pardon* : *a*) Pardon universel accordé à tous et pour tout ; *b*) Sincère et constant ; *c*) Actif dans ses effets.

II. *Nécessité du pardon* par l'examen de ce que le ressentiment et la vengeance ont d'odieux.

III. *Nécessité du pardon* prouvée par l'Ecriture.

a) Esprit, but, exemple de Jésus-Christ ;

b) Vengeance rejaillissant sur Dieu dont les hommes sont les représentants.

— 1 Sermon sur : *La guérison de la main sèche* (Luc, VI, 10).

I. C'est un vrai miracle ;

II. Il en ressort plusieurs leçons.

— 2 Sermons sur : *La médisance* (I Tite, III, 1, 2).

I. Les principaux traits qui la caractérisent.

II. Réfutation des prétextes de médire. Conseils. Excellents sermons, dignes de l'impression.

— 1 Sermon sur : *Le charme de la vie* (Ecclés. XI, 17).

a) Supériorité de notre nature ; *b*) Beauté du spectacle de l'univers ; *c*) Nos innombrables jouissances ; *d*) Le commerce de nos semblables. — Conclusion.

Théâtral ; rempli d'apostrophes.

— 1 Sermon controverse sur : *La Séparation de la Communion Romaine* (I Cor. VI, 17).

a) Incompatibilité de l'idolâtrie avec la pure religion ;

b) Habitation du Saint-Esprit dans le cœur du chrétien ;

c) Danger auquel on s'expose en pratiquant de fausses maximes ;

d) Autorité de celui qui ordonne une telle séparation ;

e) Avantages qui en résultent.

Péroraison historique.

L

CLUBS DE CASTRES

Dans le Tarn, il y avait 19 Sociétés populaires en
1792 (1), et ce nombre dut encore s'accroître en 1793.
Castres était alors le chef-lieu du département. Son
Club des Jacobins avait une origine très ancienne, et
on peut le tenir pour le doyen des clubs politiques de
France.

Le 7 avril 1782, dans la maison d'un M. Daubian,
plus tard chez M. Rey ; — le 11 août 90 chez M. Laval-
longue, il se créa un cercle, dont les actes et le règlement forment la première partie du registre des Jacobins. Q. G., citoyens intelligents et libéraux, l'avaient
fondé pour y causer politique à leur aise, comme le laisse
entendre, autant que c'était possible, l'article 1er de leur
règlement ainsi conçu :

« Le Cercle de Castres est une société composée
d'un certain nombre de citoyens unis, qui ont fondé un
lieu d'assemblée pour s'y réunir, s'y délasser de leurs
occupations, pour lire diverses feuilles périodiques, politiques ou littéraires, pour s'y entretenir des nouveautés,
et y apprendre les principaux événements de l'Europe,

---

(1) Liste des sociétés affiliées : Castres, Mazamet, Labruguière,
Sorèze, Lautrec, Graulhet, La Bessonnié, Roquecourbe, Lavaur, Puy-Laurens, St-Paul-Cap-de-Joux, Lampaut, Albi, Réalmont, Gaillac, Lacaune, Vabre, Brassac, St-Gervais.

Ramifications dans la France.

(Notes dues à l'obligeance de M. Aulard, prof. d'hist. à la Sor-
bonne.)

pour s'y amuser encore à des jeux permis et modérés, et y gouter enfin les douceurs d'une association aussi louable que décente. »

« En janvier 1785, ce cercle recevait tous les journaux confinant à la politique, qu'il était possible de lire en France, 9 en tout.

» Le 11 août 1790, le Cercle de Castres décide de s'appeler *Société des amis de la Constitution*. Le 27 octobre 1790, il s'adjoint la *Société des Jeunes Gens*, et fusionne avec elle. La première séance publique a lieu le 21 novembre 1790, présidée par Fabre ; secrétaire, Nazon, Baric, Couchet, Guibal aîné; trésorier, Azaïs ; archiviste, Crébessac. Peu-à-peu, cette société devient complètement montagnarde ; le 7 octobre 1793, elle installe le buste de Marat dans le lieu de ses séances.

En février 1789, L. Guibal aîné, président ; en mai 1790, M. Lavaisse.

M

Nous avons trouvé un détail qui a son intérêt : c'est un billet signé de Lasource, le 5 septembre 1791 (une vingtaine de jours avant son départ pour Paris), dans lequel il emprunte à sa mère la somme de 1,000 livres, contre cession faite par lui d'un champ et d'un pré qu'il possédait à Anglès.

Sa mère, Esther Amalric, Veuve Lasource, cède, à son tour, champ et pré à son autre fils, Jean-Alba Lasource, notaire à Anglès, contre même somme, le 1er octobre 1791.

« Je déclare devoir à dame Esther Amalric, Veuve Lasource, la somme de mille livres, de laquelle somme je lui cède les champ et pré à moi vendus par le sieur Jean-Alba Lasource, mon frère, par acte passé le 29 juin dernier, par-devant M. Vincent, notaire royal à Castres, et me désiste en faveur de ladite Veuve Lasource, ma mère, de toute possession et jouissance desdits champ et pré, la subrogeant à mon lieu et place, et lui conférant tous mes droits d'entrer en possession et jouissance dudit champ et pré, que je reconnais lui appartenir d'hors et déjà.

A Anglès, le 5 septembre 1791.

LASOURCE. »

« Je cède l'utilité de la cession et subrogation ci-dessus faite en ma faveur au citoyen Jean-Alba Lasource, mon fils, notaire à Anglès, moyennant pareille somme de mille livres, qu'il m'a cejourd'hui payée en numéraire.

A Anglès, le 18 octobre 1791.

Esther AMALRIC, Veuve LASOURCE. »

N

Destruction de la correspondance de Lasource.

Montauban, le 19 décembre 1887.

Monsieur,

Je regrette de ne pouvoir vous communiquer les lettres écrites à mon grand-père Nazon, par son ami Lasource, pendant la révolution. Ces lettres ainsi que celles adressées à mon aïeul par plusieurs députés Girondins, dont il avait fait la connaissance à Paris par l'intermédiaire de Lasource, furent détruites par les amis de mon grand-père, lors de son arrestation. Espérant que quelques-unes de ces lettres auraient échappé à la destruction, je fis, après la mort de mon aïeul, de minutieuses recherches parmi ses papiers. Ces recherches furent infructueuses ; toute la correspondance avait été malheureusement détruite.

Veuillez agréer, Monsieur, l'assurance de mes sentiments distingués. NAZON (1).

O

Art. 1. Les Assemblées primaires se réuniront dans toute la République, le dimanche 5 mai.

Art. 2. Il sera envoyé à chaque Assemblée primaire des listes imprimées, contenant les noms de tous les Députés qui composent la Convention Nationale.

Art. 3. Chacune des Assemblées primaires sera consultée sur chacun des Membres de la Convention Nationale. A cet effet, le Président de l'Assemblée primaire lira les noms contenus dans la liste, un par un et dans l'ordre où ils se trouveront placés, et il interrogera l'Assemblée en ces termes: Le Député que je viens de nommer a-t-il perdu votre confiance, oui ou non ?

Le vœu de l'Assemblée sera exprimé par assis et levé, et, en cas de doute, par appel nominal.

Art. 4. Le Procès-verbal de chaque Assemblée primaire contiendra deux colonnes. Sur l'une seront inscrits les Membres qui auront obtenu le témoignage de l'Assemblée ; sur l'autre, les Membres qui ne l'auront pas obtenu. Les procès-verbaux seront envoyés dans les trois jours de leur confection à l'administration du Département, qui les fera passer sans aucun délai à la Convention Nationale.

(1) Notaire à Montauban.

Art. 5. Il sera nommé par la Convention Nationale une Commission pour recevoir, vérifier et recenser les procès-verbaux de chaque Assemblée primaire et le recensement général sera imprimé.

Ar. 6. Les Membres qui auront contre eux le vœu de la majorité des Assemblées primaires seront de droit exclus et remplacés par leur suppléants.

Art. 7. Il sera fait une adresse aux Assemblées primaires pour leur exposer les motifs de cette convocation.

P

GIRONDINS ÉCROUÉS AU LUXEMBOURG

Sillery et Lasource, vu leur mauvaise santé, furent conduits l'un et l'autre au Luxembourg, pendant que leurs compagnons étaient à la Conciergerie.

1° *Entrée de Sillery au Luxembourg :*

Du 17 août 1793, 2ᵉ de la République.

Le citoyen Sillery, député, a été transféré des prisons de l'Abbaye en celle du Luxembourg pour y être tenu en arrestation, tel qu'il était à l'Abbaye, par ordre du Comité de sûreté générale, pour sûreté générale de police, et ordre de lui laisser voir toutes les personnes qui le demanderaient, n'étant point au secret. L'ordre de transfèrement, envoyé le 11 du présent, n'a pu être mis en exécution, attendu que le malade n'était pas en état de soutenir le transfèrement.

Signé : DELARAQUERIE, Greffier-Concierge. (1)

(1) Registre d'Ecrou du Luxembourg, du 24 juillet 1793 au 30 mai 1794. (Archives de la Préfecture de Police.)

2° *Ecrou de Lasource :*

Du 19 août 1793, 2ᵉ de la République.

Le citoyen Lasource, député à la Convention Nationale, a été écroué en prison d'arrêt, en vertu d'un Décret de la Convention Nationale du 24 juin 1793, et transféré par ordre de l'administration de Police, par le citoyen Deffaut, officier de paix.

Signés : FROIDURE, JOBERT. (1)

Q

Mémoires de Régnier

Talma donnait, rue de la Victoire, octobre 1792, une fête à Dumouriez, de retour de l'armée du Nord, et aux principaux députés de la Gironde. Les Jacobins, alors, avaient pris le dessus sur les Girondins, et ce fut Marat qui porta les premiers coups à Talma, leur ami. Il accusait Dumouriez d'avoir fait conduire disciplinairement des bataillons de volontaires parisiens dans les places fortes, pour cause d'insubordination ; et il raconte dans l'*Ami du Peuple*, qu'il avait voulu éclaircir les faits, en interrogeant Dumouriez lui-même. Il demande à la tribune des Jacobins deux commissaires pour l'accompagner chez Dumouriez et entendre ses réponses ; il le cherche chez lui, au spectacle, au Club, mais en vain.

(1) Registre d'Ecrou du Luxembourg, du 26 juillet 1793 au 30 mai 1794. (Archives de la Préfecture de Police.) --- Ces deux curieuses pièces m'ont été fournies par M. Bélisaire Tailhade.

Il apprend qu'il soupe chez Talma : « Une file de voi-
» tures et de brillantes illuminations m'indiquèrent le
» Temple où le fils de Thalie fêtait un enfant de Mars.
. . . .
» On m'annonçe tout haut ; indiscrétion qui me dé-
» plut fort, en ce qu'elle pouvait faire éclipser quelques
» masques intéressants à connaître. Cependant, j'en vis
» assez pour tenir le fil des intrigues. . . . .
» De l'auguste compagnie était Kersaint, Lebrun,
» Roland, *Lasource*, tous suppots de la République
» fédératrice. Comme il y avait cohue, je n'ai distingué
» que ces conjurés..... »

R

Michelet se trompe évidemment lorsque (VIII, 155) il
dit que tous les Girondins, imbus de l'esprit du siècle,
étaient de la « religion de Voltaire », sauf deux, Fauchet
(ancien évêque) et le marquis de Silléry.

Rabaut St-Étienne et Lasource, tout au moins, non
seulement n'abjurèrent pas leur foi, mais restèrent fidèles jusqu'au bout et à leurs convictions spiritualistes et
à leur titre de pasteurs.

Nous ne connaissons d'apostasie que celle de Julien
de Toulouse, qui emboîta le pas du clergé catholique.
Voici, du reste, quelques faits connus :

17 brumaire, an II de la République (9 novembre
1793), abjuration solennelle de Gobel, archevêque de
Paris, de ses vicaires et de plusieurs autres curés, sous
cette forme : « Aujourd'hui qu'il ne doit plus y avoir
» d'autre culte national que celui de la liberté et de
» l'égalité, nous déposons sur le bureau nos lettres de

» prêtrise. » On coiffa l'ex-évêque du bonnet Phrygien ;
le président l'embrassa, et l'appela « un être de raison »,
aux applaudissements publics.

Lindet, évêque aussi, apostasia de cette manièr e :
« Que ceux qui ont fait la profession de prêtres renon-
» cent au charlatanisme... Le moment est arrivé ; j'abdi-
» que. Mes sentiments ne peuvent être équivoques ;
» toute la France sait que j'ai été le premier à me don-
» ner une épouse. »

Le curé de Vaugirard : « Revenu des préjugés du fa-
» natisme, je dépose mes lettres de prêtrise. »

Le curé Coupé, de l'Oise, *id.*

Le curé Villers : « Après 12 ans, je renonce à ma
qualité de prêtre. »

Deux autres prêtres, dans la même séance, renoncent
également à leurs fonctions.

Julien de Toulouse, pasteur : « Gobel vient de manifester les sentiments qui sont dans mon âme. Je désire de
m'identifier à ce grand exemple. On sait que les ministres
du culte protestant n'étaient guère que des officiers de morale. Mais il faut en convenir, il y a eu dans tous les cultes du plus au moins un peu de charlatanisme. J'ai exercé
pendant vingt ans les fonctions de ministre protestant.
Je déclare que je ne les professerai plus, que je n'aurai
désormais d'autre Temple que le sanctuaire des lois,
d'autre Divinité que la liberté, d'autre culte que celui
de la patrie, d'autre Évangile que la Constitution républicaine.

24 septembre 1793, l'évêque de Périgueux présente à
la Convention son épouse, qu'il a choisie... dans la classe
des sans-culottes. Il la conduit au fauteuil du Président,
qui l'embrasse au milieu des plus vifs applaudissements.

Julien..... Voilà la seule apostasie de pasteur conventionnel, à nous connue; il ne lui suffit pas d'abjurer lâchement (ce qui ne l'empêcha pas d'être mis hors la loi,
et de finir misérablement en exil sa vie si tourmentée);
il diffame sa religion, en l'assimilant à une simple morale et les pasteurs à des charlatans. Qu'il eût été char-
latan et que son christianisme ne fût qu'une morale, —
il faut bien le croire, puisqu'il le dit; mais en faisant de
son cas un cas général, il tombe dans la calomnie.

Ce fait isolé démontre l'erreur de Michelet, déclarant
que tous les Girondins étaient disciples de Voltaire;
Lasource est demeuré jusqu'à la fin disciple de J.-Christ.

S

Sur la fin de la captivité de Lasource, au Luxembourg, et pendant que son procès se débattait, sa veuve
lui envoya une lettre de change de 5,000, par l'entre-
mise de l'un de ces trois conventionnels, nous ne savons
lequel : Périés de l'Aude, Sers de la Gironde, ou Pérès
du Gers, tous trois hostiles à la Montagne et liés d'une
étroite amitié avec Lasource.

Lasource, condamné et exécuté, ne toucha point
cette somme.

Dans la deuxième décade de Brumaire, dans la séance
du 13 Brumaire de la Convention, l'an II de la République une et indivisible (5 novembre 1793, vieux
style (1), — Groullaud lit le *Rapport* suivant, au nom du
Comité de Sûreté générale : « Le nommé Lasource, mort
» le 10° de ce mois, ci-devant membre de la Convention

____

(1) *Moniteur,* N° 45.

» nationale, avait demandé à sa femme de lui faire une
» somme de 5,ooo livres. Cette femme se hâta de se
» procurer cette somme, et d'adresser à un nos col-
» lègues, le citoyen X..., une lettre de change de la va-
» leur de 5,ooo livres, passée à son ordre ; elle l'avait
» prévenu que le montant était destiné pour son mari, à
» qui elle espérait que notre collègue voudrait bien le
» faire toucher.

» X... ayant reçu la lettre de change passée à son
» ordre par la femme Lasource, au moment où son mari
» était en jugement au Tribunal révolutionnaire, crut
» qu'il devait informer votre Comité de surveillance de
» la résolution où il était de ne se faire payer la lettre
» qui lui était confiée, qu'après l'évènement des débats
» du grand procès qui s'instruisait au tribunal révolu-
» tionnaire. Lasource a été jugé ; il est mort ; ses biens
» sont tous confisqués et acquis au profit de la Répu-
» blique. Le montant de la lettre de change que sa
» femme voulait lui faire passer, fait partie de son avoir
» qui appartient à la République.

» Dans cette circonstance, votre Comité pense et me
» charge de vous proposer que la lettre de change passée
» à l'ordre du citoyen X... par la femme de Lasource,
» qui l'avait confidentiellement chargé d'en procurer le
» montant à son mari, sera passée à l'ordre de l'agent de
« la Trésorerie nationale, qui demeure chargé de s'en
» faire payer le prix. »

Ainsi fut fait.

Mais l'an VI, une pétition (qui est aux archives d'Albi)
fut adressée aux administrateurs du Tarn par le sieur
Houlès, fondé de pouvoir de la veuve Lasource, qu'il
avait épousée en secondes noces. Cette pétition a pour

but de réclamer « la somme de 5,000 livres que Mme La-
» source avait envoyée à son mari par le député X...,
» lorsqu'il était en prison, somme qui avait été saisie
» entre les mains de X..., par ordre de la Convention. »

La pétition est renvoyée aux héritiers Lasource ; la
réponse de ceux-ci est relatée sur l'arrêté de renvoi ;
puis aussi, l'avis de la municipalité d'Anglès ; enfin, l'arrêté de l'administration qui repousse la réclamation.

T

CONSEIL DES CINQ CENTS

Séance du 24 Germinal an V

Daubermesnil (1) : Représentants du peuple, je viens
fixer votre intérêt, appeler votre justice en faveur de la
mère infortunée de votre collègue Lasource, dont le
nom rappelle le courage et les malheurs. Englouti dans
l'abîme qui a dévoré tant de talents, tant de vertus, il a
laissé une mère plus que septuagénaire, infirme, indi-
gente et chargée de plusieurs enfants. Elle réclame, par
ma voix, les secours que l'équité reconnaissante a accor-
dés aux veuves et aux mères de nos illustres collègues,
morts victimes de leur dévouement à la liberté.

Renfermée dans ces rochers solitaires de la montagne
noire, elle est nourrie de la modique portion que deux
de ses enfants enlèvent à leurs propres besoins, et c'est

---

(1) Député du Tarn à la Convention, en 1792 ; membre du
Conseil des Cinq-Cents ; né à Tulle, près Perpignan, et mort
dans cette dernière ville, en 1802.

avec ces faibles moyens qu'elle survit à ses douleurs, uniquement afin de pourvoir à la subsistance. à l'entretien des deux autres. Vous ne laisserez pas dans l'indigence celle qui a perdu le fils qui faisait sa gloire, et qui réclame l'acte de justice que vous avez exercé en faveur de la mère du courageux Barbaroux.

Je ne chercherai pas à exciter votre sensibilité en sa faveur ; je ne réveillerai pas vos souvenirs ; je n'irriterai pas vos douleurs sur des temps dont nous avons été plus ou moins les victimes. Ce ne sont pas des vengeances qu'il faut appeler aujourd'hui ; les amis de la République ne doivent connaître que l'oubli des crimes, et laisser aux autres les remords. Versons, d'abord, du baume sur les plaies de la révolution, au lieu d'en occasionner de nouvelles ; versons des larmes avec les malheureux, qu'il ne dépend pas de nous de dédommager, qu'aucune puissance humaine ne peut guérir ; mais répandons toutes les consolations de l'amitié et de la justice sur ceux à qui nous sommes trop heureux de pouvoir en faire sentir la douceur.

Daubermesnil présente, et le Conseil adopte un projet de résolution qui accorde à la mère de Lasource une pension semblable à celles qui ont déjà été accordées aux femmes, enfants, mères des représentants morts victimes de la tyrannie (1).

(1) Extrait du *Moniteur* de l'an V, N° 208, page 834.

RAPPORT

FAIT AU NOM DU COMITÉ DIPLOMATIQUE

Sur la conduite à prescrire aux Généraux français en pays ennemi,

PAR MARC-DAVID-ALBA LASOURCE,

Député du Tarn,

Le 24 octobre, l'an premier de la République

(Imprimé par ordre de la Convention nationale).

CITOYENS,

A peine entré en Savoie, le général Montesquiou demanda des instructions sur la conduite qu'il devoit tenir envers un peuple qui l'avoit reçu plutôt en frère et en libérateur, qu'en ennemi et en conquérant.

On vous proposa de déclarer d'une manière solennelle, que, conformément à votre renonciation aux conquêtes, vous n'entendiez point dicter des lois aux habitants de la Savoie, mais seulement les protéger contre les efforts de leurs tyrans, et leur prêter la force de vos armes pour conquérir leur liberté.

En appuyant cette déclaration, on vous proposa de l'amender par la condition expresse que vous ne prêteriez aux Savoisiens l'appui de vos forces qu'autant qu'ils renonceraient, comme vous, à la royauté.

Justement en défiance contre cet enthousiasme du moment, aussi naturel à des Français que funeste à des législateurs, vous chargeâtes votre Comité diplomatique d'examiner la question, et de vous faire son rapport.

Pour le rendre clair et précis, et pour éviter des discussions, ou étrangères ou prématurées, il faut bien poser la question. Les propositions qui vous furent faites, prouvent qu'elle fut mal saisie au moment où l'on vous lut la lettre du général Montesquiou.

On confondit deux objets essentiellement distincts : le parti que vous aurez à prendre, comme représentants de la France, lorsque la Nation savoisienne aura manifesté son vœu; et la conduite que doit tenir le général français en Savoie, en attendant que ce vœu soit émis. La conduite du général n'est qu'un provisoire dont une délibération politique, que la Convention nationale aura à prendre dans la suite, sera le définitif. La conduite du général s'applique en détail à chaque ville où il entre : la vôtre sera générale, et embrassera toute la Savoie. La conduite du général se compose d'une multitude d'actions successives : la vôtre ne se composera que d'une grande décision.

La question ainsi posée, les propositions qui vous furent faites doivent naturellement disparaître, n'ayant qu'un rapport très éloigné avec l'objet dont il s'agit : y fussent-elles liées, votre Comité ne croit point qu'elles dussent vous arrêter. La première est inutile ; la seconde, si elle n'est point injuste, est tout au moins prématurée.

L'un de vos membres veu vous faire déclarer que vous
ne gênerez jamais la liberté des peuples, et que loin de
porter atteinte à celle des Savoisiens, vous leur aiderez
à la conquérir ; mais ce qu'on veut vous faire dire, vous
l'avez déjà dit mille fois : vous avez fait de la souveraineté des peuples, la base de votre constitution, et le
symbole de votre foi politique.

L'autre veut que vous ne promettiez paix, amitié et
protection aux peuples de Savoie, qu'autant qu'ils con-
sentiront comme vous à abolir la royauté. Mais cette
proposition n'est-elle pas contradictoire à la première ?
n'est-ce pas porter quelque atteinte à la liberté d'un
peuple, que d'exclure de son choix une forme de gouvernement ? Une condition prescrite laisse-t-elle la liberté
tout entière ? Eussiez-vous incontestablement le droit
d'imposer cette condition sans attenter à la liberté, rien
ne serait à la fois plus prématuré et plus inutile.

Les Savoisiens voudront conserver ou abolir la royauté.
S'ils veulent l'abolir comme vous, laissez-leur le soin de
le délibérer, et la gloire de le proclamer solennellement ;
s'il était possible qu'ils voulussent conserver un trône,
ne seriez-vous pas à temps pour leur déclarer alors ce
qn'on voudrait vous porter à leur déclarer aujourd'hui ?
Votre Comité n'a donc pas cru devoir s'occuper de cette
question. Jusqu'à ce que la Savoie ait émis un vœu sur
la forme du gouvernement qu'elle croira devoir adopter,
le silence est le seul parti convenable aux représentants
d'un peuple qui n'aspire qu'à rendre tous ses voisins libres, qui n'entend point les contraindre d'adopter sa
constitution, et qui ne veut influencer leurs délibérations
que par son exemple. Mais en attendant que le souverain ait fait connaître sa volonté, et pendant que la révo-

lution s'opérera en Savoie, quelle conduite y tiendra le général francais ? Voilà, Citoyens, la seule question dont l'examen soit important et la solution pressante. Dans le moment où vous la renvoyâtes à votre Comité diplomatique, il ne s'agissait encore que du général Montesquiou : lui seul avait alors porté les armes hors des limites de la République ; lui seul demandait des ordres ; et c'était sa conduite seule que votre Comité devait tracer : mais bientôt Custine fut à Spire, Anselme à Nice. Dumouriez marche en Brabant. Ce n'est plus un rapport restreint au général Montesquiou que nous croyons devoir vous offrir, mais un rapport applicable à tous les généraux de la République qui sont déjà, ou vont être sur le territoire des tyrans. Agents du même souverain, chargés de la même mission, leur conduite, aux localités près, doit être aussi identique que le but pour lequel les représentants du peuple leur laissent l'honneur de commander les soldats de la liberté.

Quelque ennemi du pouvoir arbitraire que soit votre Comité, il n'a pu se dissimuler qu'il fallait laisser beaucoup à la prudence des généraux : la connaissance qu'ils ont des principes qui vous animent, et du fruit que vous voulez recueillir de vos victoires, est plus propre à les diriger que tous les plans de conduite que vous pourriez leur prescrire ; aussi, le conseil exécutif provisoire ne leur a-t-il rien prescrit.

Cependant, Citoyens, s'il est impossible de donner des ordres précis pour des circonstances imprévues, il est possible et nécessaire de poser des bases qui préviennent l'arbitraire dans la conduite des généraux, et qui convainquent évidemment tous les peuples que nous sommes dans la ferme et inébranlable résolution de ne frapper que la tyrannie qui les opprime, et de respecter religieusement leur indépendance après avoir brisé leurs fers.

Faites donc que les généraux de la République française ne puissent jamais déployer un pouvoir tyrannique. Que dans la salutaire impuissance d'être les oppresseurs d'un seul, ils soient constamment forcés d'être les protecteurs de tous. Pour les mettre dans cette position, la seule où ils puissent être sans crime, et où vous puissiez les placer sans honte, vous avez trois mots à prononcer; ils auront trois ordres à suivre : *sûreté des personnes, respect pour les propriétés, indépendance des opinions.*

Les révolutions sont le sommeil des lois. Lorsqu'elles arrivent, des mouvements produits par des passions viles se mêlent au mouvement général que produit la sublime passion de la liberté; les haines individuelles se joignent à la haine des tyrans, la férocité des monstres à la colère des hommes, et les poignards des assassins à la massue des peuples. Une révolution n'est souvent ensanglantée que par les crimes qui se couvrent de son manteau; et ce que l'opinion et l'histoire mettent sur le compte des nations, n'est que l'œuvre sourdement méditée de quelques scélérats obscurs qui en sont à la fois l'opprobre et le fléau.

Epargnez aux scélérats des crimes, aux hommes séduits des erreurs, aux patriotes ardens des excès, aux peuples du sang et de la honte; que votre protection, administrée par les généraux de la République, supplée à la loi qui se taira momentanément, ou plutôt la fasse parler et la maintienne jusqu'à ce que le vrai, le seul souverain, le peuple entier la modifie ou la change. Est-il des assassins dans les pays où entreront vos généraux? Qu'ils trem-

blent devant une force protectrice de l'innocence, et
que si la terreur ne fait pas tomber le couteau de leurs
mains, vos armées le leur arrachent. Y a-t-il des ligues
de nobles, de grands, de conspirateurs ? Que la présence
des armées françaises glace d'effroi ces ennemis des peuples ; qu'elles les arrêtent et les frappent, s'ils ont la
sacrilège audace de tenter l'exécution de leurs complots
liberticides.

Quand le peuple aura parlé dans chaque pays occupé
par les soldats de la République ; quand les volontés individuelles seront recensées, et la volonté générale connue, si la majorité veut être libre, ce sera à elle seule de
faire justice des coupables, des traîtres, des conspirateurs, des ennemis privés ou publics, d'exercer le ministère des lois et le pouvoir souverain des vengeances
nationales.

Jusqu'alors nul individu, nul parti ne peut usurper le
droit de se faire justice à lui-même. L'empêcher, Citoyens, ce n'est pas porter atteinte à la liberté, c'est la
servir. Quiconque verrait dans la sûreté des personnes
un obstacle à la révolution, une entrave à l'élan des peuples vers la liberté, prendrait crime pour insurrection,
brigandage pour révolution, licence pour liberté ; et, s'il
n'était le plus ignorant, il serait le plus odieux, le plus
exécrable des hommes.

Par quelle fatalité faudrait-il que la liberté fût précédée par le désordre comme le monde par le chaos, ou
comme le calme des mers par les horreurs des tempêtes ?
Ne pourrait-elle pas une seule fois naître dans le sein de
la paix, et sortir pure de son berceau ? Cette divinité si
douce, si bienfaisante, ne peut-elle jamais recevoir pour
premiers actes de son culte que des sacrifices de sang
humain ?

Citoyens, il vous était réservé de démentir l'expérience et d'arrêter la fatalité qui a toujours condamné les peuples à ne rompre leurs fers qu'en pleurant des victimes, et à ne pousser des chants de triomphe qu'après avoir fait entendre des accents funèbres. Faites scrupuleusement respecter la sûreté des personnes, et vous rendrez les peuples qui vous entourent plus heureux que vous-mêmes (car vous avez eu des pleurs à verser) ; vous donnerez aux nations le plus intéressant des spectacles, celui d'une révolution sans troubles, sans désordres, d'une révolution opérée par la seule manifestation, la seule force des volontés. On verra une fois un peuple se régénérer sans combattre, et conquérir la liberté sans l'avoir ensanglantée. Ce sera vous qui l'aurez fait : ce sera votre plus belle œuvre et le plus beau triomphe de l'humanité, si longtemps désolée par les calamités qui souillent les époques tristement célèbres de la régénération des peuples.

En assurant la vie des individus, les généraux de la République doivent maintenir le respect sacré des propriétés. Les révolutions, mêmes les plus salutaires, ne favorisent pas moins les voleurs que les assassins. La faim du carnage et de l'or est souvent dans le même cœur. Celui qui frappe d'une main, saisit de l'autre ; quand il ne peut saisir qu'en frappant, il égorge pour dépouiller ; il n'enfonce des poignards que pour se frayer un chemin, et pour aller au pillage par la terreur et le sang. La trop grande inégalité des fortunes peut être un vice de l'état social, mais le pillage est toujours un crime : le laisser commettre en présence de vos armées, ce serait le commander.

Que les anarchistes ne viennent point étaler leurs révoltantes maximes. Vous n'entendez pas, Citoyens, que, sous prétexte de révolution, chacun qui n'a pas prétende *avoir droit à tout ce qu'il désire et qu'il peut atteindre.* Ceux qui oseraient prêcher cette infernale doctrine, en la couvrant fallacieusement du grand principe de l'égalité des droits, ne seraient point à vos yeux des patriotes, mais des brigands. S'il existe des usurpateurs, ce n'est point à tels individus, ni à telle section du peuple qu'il appartient de les dépouiller ; le peuple entier en a seul le droit : s'il existe ailleurs, comme en France, des ligues de conjurés, dont les biens doivent expier les crimes, et indemniser les nations des maux qu'ils leur auront fait souffrir par leurs vexations ou leurs complots, ce sera encore à elles seules de rendre les propriétés de quelques-uns des propriétés communes. Jusqu'alors, que tout soit sacré et que la force de vos armes, protégeant indistinctement toutes les propriétés, soit un frein que ne puissent rompre les efforts et les violences des brigands qui voudraient tenter le pillage.

Enfin, les généraux de la République ne doivent cesser de maintenir l'indépendance des opinions. Voulez-vous, Représentants de la France, connaître le vœu de vos voisins, ou le dominer ? Dans le dernier cas, vous avez menti à la terre quand vous avez pris l'engagement de ne porter jamais atteinte à la liberté des peuples. Dans le premier, il n'est qu'un seul moyen à prendre : c'est de laisser à chaque individu le droit d'énoncer son opinion aussi librement qu'il l'a conçue. Là où l'opinion ne serait pas libre, régnerait le plus révoltant et le plus insupportable des despotismes. Vous ne voudrez pas, sans doute, délivrer vos voisins de la tyrannie, comme la tyrannie elle-même a feint longtemps de les rendre heureux. Vous n'imiterez pas la conduite de ces exécrables ministres, qui, au nom des Rois, donnaient des chaînes aux peuples pour leur épargner des désordres, et leur faisaient dévorer tous les tourments de l'esclavage pour les préserver des maux de l'anarchie. La Nation française ne ressuscitera point cet affreux souvenir : il doit périr avec les siècles barbares qui enfantèrent le despotisme.

Qne chaque citoyen des pays où entreront les soldats français, soit donc aussi maître de son opinion en présence de vos armées, que dans le secret de sa conscience. Si la moindre atteinte était portée à cette sainte indépendance, les révolutions que vous voulez faire ne s'opéreraient que par la terreur qu'inspirent les armes. Ce ne seraient point des révolutions ; et les infortunés habitants des contrées où entreraient vos phalanges, n'auraient fait que changer de tyrans

Mais, pour former l'opinion des peuples, les généraux, en entrant chez eux, pourront-ils leur adresser des instructions, des invitations ? Devront-ils chasser les tyrans et se taire, ou bien attaqueront-ils l'empire des préjugés, et municipaliseront-ils les peuples, aprỳs avoir brisé la verge de leurs oppresseurs ?

Effrayé d'une question si délicate, votre Comité, Citoyens, a longtemps reculé devant la discussion ; mais il a fallu l'aborder, après avoir entendu la lettre du général Anselme ; et les raisons de sagesse qui nous faisaient garder le silence, cèdent à la nécessité qui force une décision. Votre Comité est loin de faire un crime à ce général de ce qui n'est qu'une erreur, dont la cause est même louable. Entraîné par l'impulsion du patriotisme bien connu qui l'anime, plus versé dans l'art des combats que dans la théorie des principes ; pressé, sans doute, par les vœux que formaient des hommes impatients d'être libres, Anselme, en prenant possession du Comté de Nice, au nom de la Nation française, s'est occupé à municipaliser cette contrée, et à lui donner des administrations et des tribunaux.

Citoyens, c'est un droit que vous n'avez pas ; vous ne sauriez le transmettre ; laissez l'exercer aux conquérants qui dominent au nom des rois, mais prohibez-le sévèrement aux généraux de la République. Donner des lois, c'est conquérir ; et vous avez autant de répugnance pour les conquêtes, que de mépris et de haine pour les conquérants.

Que les Français armés qui vont embrasser des frères, leur parlent de la liberté : ils la leur rendront aimable, n'en doutez pas, par la discipline, par l'humanité, par les vertus dont ils seront toujours jaloux de donner l'exemple partout où, ayant chassé les tyrans, ils ne verront plus que des amis. Que les généraux sèment l'instruction, qu'ils proclament les droits de l'homme, qu'ils fassent retentir le territoire des despotes vaincus, du principe éternel de la souveraineté des peuples ; qu'ils ouvrent les yeux, qu'ils arment les bras de ces peuples, trop longtemps ensevelis dans l'apathique sommeil d'une honteuse servitude ; qu'ils les invitent à briser leur joug, à se donner des lois qui soient l'expression de leur vœu et l'émanation sacrée de leur volonté suprême ; qu'ils les assurent surtout, au nom d'une nation au dessus de l'égoïsme et du parjure, que nous abhorrons cette ténébreuse et atroce politique des rois qui faisait un jeu du sort des nations ; que nous n'abandonnerons jamais celles qui se seront levées à notre voix, et que nous péririons avec elles plutôt que de souffrir qu'elles succombassent sous la réaction de la tyrannie.

Mais qu'ils se taisent quand il s'agira du choix ; qu'ils ne puissent jamais proposer aux peuples une forme de gouvernement ; qu'ils n'ayent pas même le droit de les inviter à adopter les lois françaises ; car leurs propositions ressembleraient à des ordres, et leurs invitations à des lois. La force n'a point d'avis. Un général qui conseille à la tête d'une armée, est un maître qui commande.

Rien ne peut empêcher les généraux de faire connaître les lois de la République française, de payer un tribut d'éloges au gouvernement paternel et doux qu'elle a adopté ; mais là est placée la limite qu'il leur est défendu de franchir ; là expirent à la fois, et les droits que vous leur conférez, et les devoirs que leur mission leur impose.

Quant à la prise de possession des pays où entreront vos armées, votre Comité a pensé que vous deviez proscrire cet acte commandé par les lois de la guerre, mais réprouvé par la philanthropie de vos principes et la pureté de vos vues. Vous ne voulez point, comme les Romains, être les vainqueurs de la terre, mais les bienfaiteurs du genre humain. Vous ne voulez point asservir, mais délivrer. Hors des limites de son empire, la République française ne veut avoir d'autre domaine que la reconnaissance des peuples, d'autres possessions que celle des cœurs. Prendre possession d'un territoire au nom de la Nation française, ce serait en même temps, et insulter au désintéressement de cette nation grande et généreuse, et violer la souveraineté des peuples chez lesquels flotteraient ses étendards.

Vous défendrez donc à vos généraux de prendre possession d'aucun territoire au nom de la Nation française, qui ne veut posséder que ce qu'elle a ; mais vous leur ordonnerez de proclamer, en entrant dans un pays, que la Nation française le déclare affranchi du joug de ses tyrans, et libre de se donner, sous la protection des armées de la République, telle organisation provisoire, telle forme de gouvernement qu'il lui plaira d'adopter.

Voilà, Citoyens, la conduite que vous devez tracer à vos généraux ; voilà la réponse sans réplique aux clameurs de la perfidie, qui vous accuse d'avoir la fureur des conquêtes et la soif de la domination ; voilà votre titre à une gloire qu'aucun peuple n'eut jamais, que les calomnies ne sauraient ternir, que les siècles n'efface-ront point.

Soyez assez grands pour être vus des nations, et bien-tôt elles seront libres. Le bruit du canon qui foudroya e palais de Louis XVI a retenti dans l'Europe et a éveillé les peuples, qui, étonnés de leur long sommeil, honteux de leur humiliation, indignés de leur esclavage, sont impatients de rompre leurs fers. Déjà le drapeau tricolore flotte aux sources de l'Isère, au bord de la Méditerranée et sur les deux rives du Rhin. Le Génie de la liberté a pris l'essor ; il plane sur l'univers ; les nations l'ont aperçu ; elles le fixent, le contemplent, lui tendent es bras, s'embrasent de son feu sacré, le supplient de fixer son séjour au milieu d'elles ; et les vœux bien prononcés des nations sont des arrêts du destin, que ne changent point les tyrans. Le genre humain commence à croire qu'il n'est point né tout exprès pour les sanguinaires jouissances d'une centaine d'anthropophages en possession de le dévorer. Bientôt, on ne montrera les sceptres et les couronnes que comme on montre les dépouilles des animaux féroces qu'on a détruits.

Votre Comité vous propose le projet de décret suivant :

PROJET DE DÉCRET

La Convention nationale, après avoir entendu le rapport de son Comité diplomatique, persévérant dans la renonciation aux conquêtes, consacrée par la Nation française ; invariablement décidée à ne jamais méconnaître le principe éternel et sacré de la souveraineté des peuples ; jalouse de dissiper toutes les inquiétudes que la présence des armées françaises pourrait faire concevoir ; considérant la nécessité de prescrire aux généraux des règles de conduite qui préviennent toute atteinte à la liberté des peuples chez lesquels ils ont porté ou porteront à l'avenir les armes de la République, décrète ce qui suit :

ARTICLE Ier. — Dans tous les pays où pénétreront les armées françaises, les généraux feront respecter la sûreté des personnes et des propriétés, et l'indépendance des opinions.

ART. II. — Les généraux français pourront adresser aux peuples dont ils occuperont le territoire, les proclamations, instructions et invitations nécessaires pour les porter à se donner un gouvernement libre ; mais ils ne pourront ni les inviter à adopter les lois françaises, ni leur proposer telle autre forme de gouvernement.

ART. III. — La Convention nationale défend expressément aux généraux de la République de prendre possession d'aucun territoire au nom de la Nation française.

Art. IV. — En entrant en pays ennemi, les généraux
feront proclamer, au nom de la Nation française, que le
pays est affranchi de la domination de son ci-devant souverain, et libre de se donner, sous la protection des armes de le République, telle organisation provisoire et
telle forme de gouvernement qu'il lui plaira d'adopter.

Art. V. — Les généraux français actuellement en
pays ennemi feront faire la même proclamation.

Art. VI.— Le Comité diplomatique présentera incessamment un projet d'adresse aux Peuples, sur l'exercice
de leur souveraineté. Les généraux seront tenus de la
faire promulguer dans tous les pays où ils entreront.

LISTE DES SOURCES

1. Papiers de la famille Lasource; Sermons, Rapports, Discours du Girondin.
2. Archives communales d'Anglès, St-Amans, Lacaune, Roquecourbe et Castres.
3. Archives du Conseil Presbytéral de Castres.
4. Archives Départementales d'Albi : 1° un registre des procès-verbaux du Comité Révolutionnaire de Castres, ans II et III, — du troisième jour des sans-culottes, de l'an II de la République, jusqu'au 25 septembre 1793 ; — 2° un registre du 30 octobre 1793 au 1er novembre 1793 ; — 3° un cahier des procès-verbaux du Comité de Salut Public du Tarn, du 2 juillet, an II, au 10 juillet, an II ; 4° Cercle de Castres, du 1er avril 1782 au 28 octobre 1793.
5. Procès-verbaux inédits des synodes du Haut-Languedoc.
6. Le *Moniteur* (1).

(1) Il n'est plus possible d'accepter que sous bénéfice d'inventaire et contrôlés par les *Mémoires* du temps la rédaction et les discours souvent dénaturés et tronqués du *Moniteur*.

Le rédacteur en chef de la partie du *Moniteur* concernant la Convention, écrit en effet le 18 juin, an II, à Robespierre auquel on supposait le projet de demander la suppression des *Feuilles publiques*... :

« Il y a deux mois, on avait l'opinion qu'un journal devait éga-

7. *Mémoires sur la Révol. Franç.*, par Buzot, 1823.

8. *Mémoires de Thibaudeau*, 1826.

9. *Mémoires de Brissot sur la Révol. Franç.*, 1830.

10. *Mémoires de Madame Roland*, 1863.

11. *Histoire et vie de Vergniaud*, par Touchard-Lafosse, 1847.

12. *Œuvres de Vergniaud, Guadet, Gensonné*, par Vermorel.

13. *Lettres sur les événements qui se sont passés en France depuis le 31 mai jusqu'au 9 thermidor*, — par Miss Héléna-Marie Williams ; traduit de l'anglais.

14. *Jean-Bon Sᵗ-André, sa vie et ses écrits*, mis en ordre et publiés par Michel Nicolas, 1848.

15. Buchez et Roux, *Hist. Parlementaire*.

16. *Biographie Castraise*, par Magloire-Mayral, 1834.

17. *Histoire de la Terreur*, par Mortimer-Ternaux.

18. *L'Église et la Révolution*, par de Presenssé.

19. *Histoire religieuse de la Révol. Franç.*, par Gazier.

20. Collection du journal *Le Lien*.

» lement publier tout ce qui s'est dit dans une séance, pour ou
» contre ; en sorte que nous étions forcés de publier les diatri-
» bes les plus absurdes des imbéciles ou des intrigants du côté
» droit. Cependant, vous devez avoir remarqué que toujours le
» *Moniteur* a rapporté avec beaucoup plus d'étendue les discours
» de la Montagne que les autres. Je n'ai donné qu'un court
» extrait de l'accusation qui fut faite contre vous par Louvet,
» tandis que j'ai inséré en entier votre réponse. J'ai rapporté
» presque en entier tous les discours qui ont été prononcés
» pour la mort du roi, et je ne citais que quelques extraits des
» autres, qu'autant que j'y étais indispensablement obligé, pour
» conserver quelque caractère d'impartialité... »

(Mémoires de Buzot, p. 362).

21. *Histoire de la Révolution Française*, par F.-A. Mignet.
22. *Histoire de la Révolution Française*, par L. Blanc.
23. *Histoire de la Révolution Française*, par Thiers.
24. *Histoire de la Révolution Française*, par Michelet.
25. *La Révolution*, par Edgard Quinet.
26. *Histoire de France depuis 1789 jusqu'à 1875*, par H. Martin, 2 vol.
27. *Histoire de Robespierre et du coup d'état du 9 thermidor*, par Ernest Hamel.
28. *Histoire des Girondins*, par Lamartine.
29. *Mémoires d'un détenu* (Honoré Riouffe) (1).

(1) Les *Mémoires* et *ouvrages* cités comme sources sont trop connus, pour qu'il soit nécessaire de les mentionner avec plus de détail et de précision.

TABLE DES MATIÈRES

PREMIÈRE PARTIE

LE PASTEUR

CHAPITRE PREMIER

SES ÉTUDES. — SON MINISTÈRE

CHAPITRE SECOND

LE PRÉDICATEUR

BIBLIOTHÈQUE NATIONALE R.F. IMPRIMÉS

SECONDE PARTIE

L'HOMME POLITIQUE. — L'ASSEMBLÉE LÉGISLATIVE

—

CHAPITRE I

LASOURCE DANS SA VIE POLITIQUE

CHAPITRE II

LASOURCE ET LES TRAVAUX DE L'ASSEMBLÉE

TROISIÈME PARTIE

L'HOMME POLITIQUE. — LA CONVENTION

—

[CHAPITRE I

LASOURCE PASSE A LA GIRONDE

CHAPITRE II

LASOURCE ET LE PROCÈS DE LOUIS XVI

CHAPITRE III

LASOURCE ET LES COMMISSAIRES DU TARN

CHAPITRE IV

LASOURCE, DANTON ET MARAT

CHAPITRE V

LASOURCE ET LES PÉRILS DE LA SITUATION

CHAPITRE VI

ARRESTATION DES GIRONDINS

CHAPITRE VII

LA TERREUR ET LES DÉPUTÉS FUGITIFS

CHAPITRE VIII

LASOURCE ET LA PRISON DU LUXEMBOURG

CHAPITRE IX

LASOURCE AU TRIBUNAL RÉVOLUTIONNAIRE

CHAPITRE X

MORT DES GIRONDINS

CHAPITRE XI

LASOURCE ET LA RÉPUBLIQUE IDÉALE

Montpellier, imprimerie Grollier et Fils, boulevard du Peyrou.

www.ingramcontent.com/pod-product-compliance
Lightning Source LLC
LaVergne TN
LVHW050956200726
843508LV00001B/69